Jesus

Série Biografias **L&PM** POCKET:

Albert Einstein – Laurent Seksik
Andy Warhol – Mériam Korichi
Átila – Éric Deschodt / Prêmio "Coup de coeur en poche" 2006 (França)
Balzac – François Taillandier
Baudelaire – Jean-Baptiste Baronian
Beethoven – Bernard Fauconnier
Billie Holiday – Sylvia Fol
Cézanne – Bernard Fauconnier / Prêmio de biografia da cidade de Hossegor 2007 (França)
Freud – René Major e Chantal Talagrand
Gandhi – Christine Jordis / Prêmio do livro de história da cidade de Courbevoie 2008 (França)
Jesus – Christiane Rancé
Júlio César – Joël Schmidt
Kafka – Gérard-Georges Lemaire
Kerouac – Yves Buin
Leonardo da Vinci – Sophie Chauveau
Luís XVI – Bernard Vincent
Marilyn Monroe – Anne Plantagenet
Michelangelo – Nadine Sautel
Modigliani – Christian Parisot
Oscar Wilde – Daniel Salvatore Schiffer
Picasso – Gilles Plazy
Rimbaud – Jean-Baptiste Baronian
Shakespeare – Claude Mourthé
Van Gogh – David Haziot / Prêmio da Academia Francesa 2008
Virginia Woolf – Alexandra Lemasson

Christiane Rancé

Jesus

Tradução de ANA BAN

www.lpm.com.br

L&PM POCKET

Coleção **L&PM** POCKET, vol. 956
Série Biografias/22

Texto de acordo com a nova ortografia.
Título original: *Jésus*

Primeira edição na Coleção **L&PM** POCKET: fevereiro de 2012

Tradução: Ana Ban
Capa e projeto gráfico: Editora Gallimard
Ilustrações da capa: Cristo abraçado à cruz (1590-1595), de El Greco. Óleo sobre tela, 105 x 67 cm, Museu Nacional de Arte da Catalunha, Barcelona (acima); Pietà de Villeneuve-lès-Avignon (1455), de Enguerrand Quarton. Têmpera sobre madeira, 163 x 218 cm, Museu do Louvre, Paris.
Preparação: Jó Saldanha
Revisão: Ana Maria Montardo e Gustavo de Azambuja Feix

CIP-Brasil. Catalogação na Fonte
Sindicato Nacional dos Editores de Livros, RJ

R151j

Rancé, Christiane
    Jesus / Christiane Rancé; tradução de Ana Ban. – Porto Alegre: L&PM, 2012.
    288p.   (Coleção L&PM POCKET; v. 956)

    Tradução de: *Jésus*
    Inclui bibliografia
    Apêndice
    ISBN 978-85-254-2228-6

    1. Jesus Cristo - Biografia. I. Título. II. Série.

11-1478.   CDD: 232.9
                              CDU: 27-312

© Éditions Gallimard 2008

Todos os direitos desta edição reservados a L&PM Editores
Rua Comendador Coruja, 314, loja 9 – Floresta – 90220-180
Porto Alegre – RS – Brasil / Fone: 51.3225.5777 – Fax: 51.3221.5380

Pedidos & Depto. comercial: vendas@lpm.com.br
Fale conosco: info@lpm.com.br
www.lpm.com.br

Impresso no Brasil
Verão de 2012

*Para Martine,
minha irmã, minha luz*

Como Deus é sua vida, o fato de Jesus ter vivido e ter tido sua vivência é infinitamente mais decisivo do que qualquer outra coisa que tenha derivado disso para a história.
SÖREN KIERKEGAARD

Sumário

Abordagens de Jesus / 11
"No início..." / 26
"Eis o homem" / 49
O Deus oculto / 72
A nova vida / 97
O Reino de Deus / 116
"Jesus realizava ações admiráveis..." / 137
"E muitos assim creram nele..." / 156
"E eu vos digo..." / 177
"E vós, quem dizeis que sou?" / 200
A Paixão / 219
"O galo não cantará sem que me renegues três vezes" / 243
"Tudo estava consumado" / 247

ANEXOS / 271
Cronologia / 273
Referências / 276
Notas / 282
Sobre o autor / 286

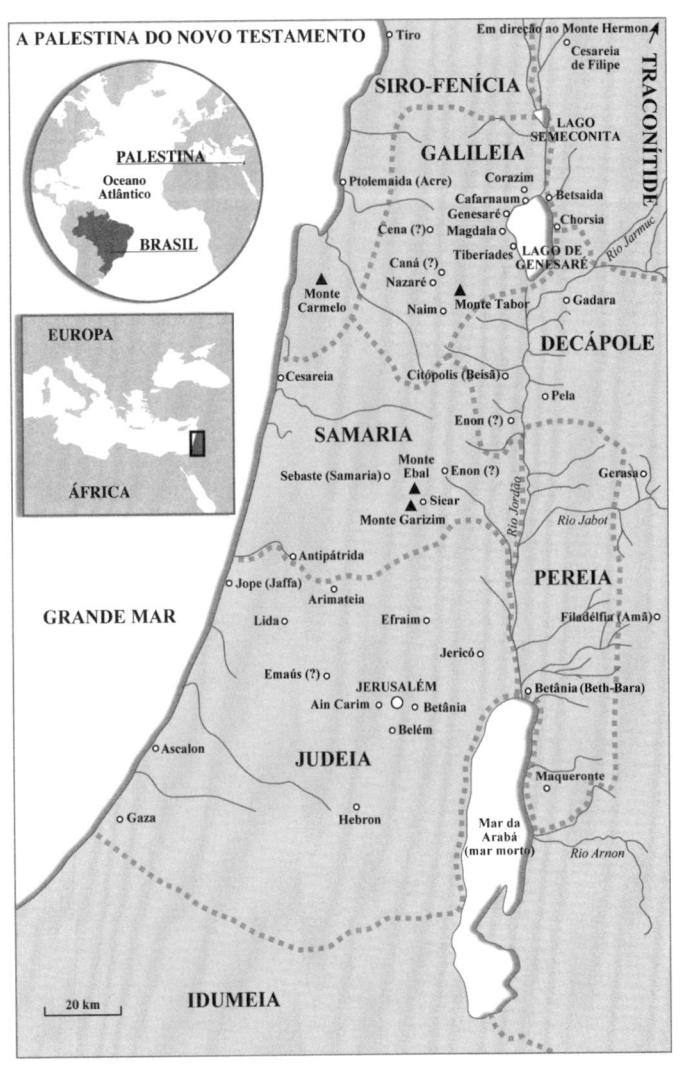

A Palestina do Novo Testamento

Abordagens de Jesus

"Quem dizem os homens que eu sou? (...) E vós, (...) quem dizeis que eu sou?"[1]* (Marcos, 8, 27-29), Jesus pergunta aos discípulos. Essas duas perguntas continuam sendo absolutamente intrigantes – como uma novidade que não se desmente, que se perpetua de era em era. Elas resumem os dois grandes debates que agitaram a história relativa a Jesus de Nazaré. Quem foi ele? Seria possível traçar seu retrato com base em textos e testemunhos de sua época? O que seus discípulos e, de modo mais amplo, os homens teriam dito a respeito dele no decorrer da longa história do cristianismo? Como é praticamente impossível responder a essas perguntas com absoluta certeza, e é necessário fazer escolhas – para compreender esta ideia, basta examinar os cismas, as heresias e as guerras que as tentativas de resposta desencadearam –, compor uma biografia de Jesus passou a ser considerado, a partir do século XIX, uma tarefa improvável ou que, no mínimo, devia ser abordada com a maior prudência possível. Parece inevitável que uma biografia deva estar sujeita a interpretações subjetivas ou que faça um recorte arbitrário demais sobre o Jesus da fé e o Jesus da História.

De fato, examinando-se de hagiografias a dogmas, esta figura fora do comum foi pintada milhares de vezes em cores diferentes, coberta milhares de vezes de lendas, de exegeses e de dogmas – se a julgarmos com base nas conversões que sua mensagem operou. Jesus é inspirador. Ao longo dos séculos, cada civilização tentou extrair dele seu mistério e adaptá-lo a si. A razão disso está conectada à modernidade radical de suas palavras. Jesus desencadeou uma revolução histórica, de são Paulo ao Iluminismo, chegando até os nossos dias. E ninguém se surpreendeu ao vê-lo como asceta albigense, como *sans-culotte* em 1791, e nem no núcleo da teologia da libertação. Talvez essa galeria de figuras cristãs esteja relacionada a

---

* As notas bibliográficas estão agrupadas no final do volume, à p. 282. (N.E.)

uma outra revolução, a de seus ensinamentos: uma revolução religiosa formidável; Jesus é "Deus em forma de homem", "palavra em forma de carne". Em Jesus, Deus encarnou. Desde então, como observa o teólogo Alain Houziaux, "o que conta em Jesus é o significado de seu nascimento milagroso (nasceu do Espírito de Deus), seu batismo, sua transfiguração (foi consagrado Filho de Deus), sua ressurreição (é legitimado e reconhecido como Filho de Deus)"[2]. Jesus é Deus ao encontrar sua criação, o homem. Esta relação abriga em si o ponto de partida do humanismo, e até mesmo o da criação dos direitos do homem. O desejo de explicar esse mistério por meio de sua adaptação ao espírito de cada época deu trabalho a muitos escritores, filósofos e historiadores. No século XIX, as biografias de Jesus foram cercadas de muito entusiasmo. Em relação a isso, Albert Schweitzer constatou que, cada vez que um autor escrevia sobre Jesus, uma nova imagem se desenhava. Ele deduziu que essa multiplicação de figuras de Cristo – Zelota perigoso, companheiro alegre, humanista ingênuo, profeta apocalíptico e sombrio – refletia na verdade a expectativa de seus inventores, cada um deles baseado em seus próprios preconceitos.

Algumas dessas obras causaram escândalo: por exemplo, *La Vie de Jésus*, de Ernest Renan, lançada em 1863. Renan quis apresentar o lado humano de Jesus por meio de uma obra rigorosamente científica, em sintonia com o positivismo, do qual era adepto. Com deferência infinita e de acordo com o que era possível saber naquela época, ele buscou descrever um Jesus leigo ("Todos os séculos proclamarão que, entre os filhos dos homens, não houve nascimento mais grandioso[3]") que, ao mesmo tempo, libertou-se das pressões da doutrina católica e do racionalismo do século XVIII ("Não se diz: 'O milagre é impossível'; o que se diz é: 'Até agora, não existiu constatação de milagre[4].'"). Paradoxalmente, os críticos mais virulentos que transformam Jesus em alvo são exatamente historiadores e filólogos como Friedrich Nietzsche, que o ridiculariza em *O anticristo*[5]: "Falsificação *in psychologicis*". Antes de Renan, existiram tentativas ancoradas no racionalismo: eram negações do sobrenatural que se esforçavam para manter um fundo histórico em cada episódio evangélico. Em 1835, o *Jesus* de David Friedrich Strauss também teve como intenção erradicar o sobrenatural para provar que os Evangelhos – obras de pura ficção segundo ele – não tinham feito nada além de modernizar os mitos do Antigo Testamento.

Quase um século depois, o exegeta alemão Rudolf Bultmann* quis fazer um recorte sobre a questão dos fundamentos de uma biografia de Jesus: "Não se pode saber nada a respeito da vida e da personalidade de Jesus porque as fontes cristãs que possuímos, muito fragmentadas e contaminadas por lendas, não demonstram nenhum interesse manifesto em relação a este ponto e porque não existe nenhuma outra fonte de pesquisa relativa a Jesus[6]". No entanto, essas são as convicções pessoais de Bultmann, arraigadas na teologia luterana do *Sola fides*: "Apenas a fé basta, não há necessidade de indícios históricos para ela[7]". Depois da década de 1950 (e graças a diversas descobertas arqueológicas como Qunran e Nag Hammadi), exegetas e historiadores encontraram o caminho estreito que permitiria elaborar a reconstrução da vida de Jesus, a articulação justa entre o Jesus da História e o Jesus da fé, convencidos de que um não poderia existir sem o outro. Para tanto, o ponto de partida nunca foi estabelecer uma cronologia rigorosa das ações e das palavras de Jesus, mas sim compreender como seus discípulos sentiam nele aquele *mistério* que fez com que o reconhecessem como o Messias e, em seguida, como o Filho de Deus.

Então, por que uma nova biografia? Simplesmente para tentar retratar o homem que viveu na Palestina há dois mil anos, incentivado por uma fé viva e vigorosa, que também revigorou seus contemporâneos – judeus de quem ele era firme correligionário e que aguardavam o emissário de seu

---

* Em sua obra *Jésus de Nazareth* (Flammarion, 2007), Bento XVI observa que "foram feitos muitos esforços para explicar a existência de Cristo hoje, a perspectiva escatológica iminente que não é imediatamente inteligível para nós. Bultmann, por exemplo, recorreu à filosofia de Martin Heidegger: o que conta seria uma atitude existencial, a 'disponibilidade permanente'".

Deus único. Sem se lembrar dessa crença em um Deus inscrito na história de todos os hebreus, Jesus, que já é difícil de entender em sua realidade, torna-se incompreensível. Claro, não há aqui o propósito de provar a existência de Deus (ou, ao contrário, de querer demonstrar por meio das ciências da história, da arqueologia, da filologia e da etnografia que Deus não existe) nem de mostrar se Jesus era ou não Seu filho, profeta ou Messias; também não há intuito de apresentar um retrato definitivo e sem retoques do homem Jesus, do que ele foi e do que ele fez – um projeto tão irrealista quanto irrealizável. Este não é o objetivo desta biografia, cuja finalidade é simplesmente dar vida aos feitos e aos gestos de Jesus ao inseri-los em seu contexto, da maneira como podemos supor que eles se deram, sem a pretensão de apresentar a verdade histórica ou teológica dessa figura; sem buscar, também, diferenciar o Jesus da História do Jesus da crença, já que os dois são evidentemente indissociáveis. François Mauriac, Nikos Kazantzakis ou José Saramago, sem falar nos filmes de Pier Paolo Pasolini, Martin Scorsese ou Mel Gibson, assinaram, cada um a seu tempo, obras romanceadas muito diferentes, todas inspiradas por Jesus. Neste livro nada há de romance; há, sim, a intenção assumidamente despojada de narrar uma vida que não excluiria nem os elementos considerados básicos (como o nascimento em um estábulo, a visita dos Reis Magos ou a fuga ao Egito) nem as reservas manifestadas pelos historiadores exatamente a respeito dos acontecimentos dos quais não encontraram vestígios, ou que tenham sido comprovados como de caráter errôneo (o massacre dos inocentes). Em cada ocasião, será indicado a que gênero a parte em questão pertence. Esta biografia tem apenas uma ambição: traçar o retrato *em movimento* desse homem tão singular que todo mundo conhece pelo menos de nome, que viveu há mais de dois mil anos na Palestina, que se chamava Jesus e a quem algumas pessoas deram o nome de Cristo.

Eu gostaria de dizer também que a redação do presente texto começou com o projeto de analisar os últimos dois mil anos, com o intuito de tentar compreender as palavras e os passos de Jesus à luz do judaísmo do século I – se é que isso ainda é perceptível e inteligível; e que prosseguiu então ao espetáculo surpreendente de sua silhueta que, à medida que ia se definindo de uma palavra à outra, transbordava para fora de seu tempo e invadia o nosso, ultrapassando-o e se colocando muito à frente, muito mais adiante do que qualquer um será capaz de prever – como uma figura *do futuro*, uma luz no horizonte.

Convém, de todo modo, responder a algumas questões preliminares para ser capaz de desenhar adequadamente o quadro desta biografia. Em primeiro lugar, responder às questões relativas à existência de Jesus e das fontes que o descrevem. Será que Jesus de fato existiu? Nenhum historiador de hoje duvida disso. A ideia de que ele nunca existiu, propagada por alguns modernos, já não tem mais nenhum crédito nos tempos atuais. Até mesmo os polemistas mais antigos – tanto Celso, no século II, quanto Porfírio, no século III –, que reuniram uma quantidade impressionante de argumentos contra o cristianismo, apoiados em leitura aprofundada da Bíblia e em análise crítica das tradições orais, jamais tiveram a menor dúvida em relação ao testemunho dos discípulos que conheceram Jesus, nem sobre aquele elaborado por Paulo, o primeiro apóstolo e primeiro escritor cristão. A existência histórica de Jesus nunca foi muito questionada pela tradição judaica. As menções muito polêmicas do Talmude jamais utilizaram esse argumento, nem mesmo as *Toledot Yeshu*, paródias dos Evangelhos que, redigidas no início da Idade Média em aramaico, hebraico, iídiche e alemão, tinham como intuito desacreditar seu nascimento virginal, sua filiação divina, sua taumaturgia e, enfim, sua ressurreição; ele não foi nem mesmo desmentido pelo Corão, que vê em Jesus um profeta que anuncia Maomé. Além disso, existem textos que testemunham a existência de Cristo e, apesar de nenhum deles ter sido escrito durante sua vida, foram compostos logo em seguida a sua morte, no máximo vinte anos depois. Entre os textos não cristãos, *A guerra dos judeus* e *Antiguidades judaicas*, obras redigidas pelo historiador Flávio Josefo*, fazem referência, duas vezes, à existência de Cristo. Em *Antiquités* (XX, 200), Flávio Josefo menciona pela primeira vez o nome de Jesus ao evocar o martírio de Jacó, executado no ano 62: "O Sumo Sacerdote Anan convocou uma assembleia de juízes e mandou trazer aquele chamado Jacó, irmão de Jesus, o dito Cristo, e alguns outros, acusou-os de terem transgredido a Lei e os entregou ao apedrejamento[8]".

É necessário fazer uma observação a respeito desse texto curto, a propósito da palavra Cristo: sob a pena desse autor judeu a serviço de Roma, Cristo é empregado de maneira pejorativa e designa, de acordo com a terminologia corrente da época, um causador de confusão que atuou na Judeia. Uma segunda menção a Jesus e a alguns discípulos aparece em *O testemunho de Flávio*, como se encontra nos três grandes manuscritos conhecidos desse livro:

> Naquela época surgiu Jesus, um homem sábio, se é que pode ser chamado de homem, porque se tratava de um realizador de prodígios, um mestre que recebia com alegria a verdade. Ele arrebatou muitos judeus e também muitos gregos. Aquele era o Cristo. E quando Pilatos o condenou à cruz depois da denúncia dos primeiros entre nós, aqueles que o amavam anteriormente não deixaram de fazê-lo. Porque ele surgiu no terceiro dia, vivo outra vez; os profetas divinos tinham dito essas coisas e dez mil outras maravilhas a seu respeito. Até hoje ainda, o grupo dos cristãos, assim nomeados por causa dele, não desapareceu[9].

---

* Aristocrata nascido em 37 ou 38 e morto em Roma, por volta de 100. Filho do sacerdote Matias, Josefo foi incumbido em 66 de defender a Galileia na ocasião da insurreição judaica contra Roma. Como a única pessoa que escapou do suicídio coletivo em Massada, ele se rendeu ao general romano Vespasiano e fez a previsão de que este seria imperador. Libertado em 69, acompanhou Tito ao cerco de Jerusalém e serviu como intermediário entre os beligerantes. Depois da queda do templo, em 70, assumiu o nome de seu protetor (Flávio), estabeleceu-se em Roma e compôs importante obra literária, ao mesmo tempo para se defender e para responder aos ataques contra o povo judeu, que ele nunca renegou. A obra de Flávio Josefo foi totalmente ignorada pelo judaísmo tradicional. Os cristãos o estudaram, transcreveram e traduziram amplamente. Até hoje ele é, apesar das descobertas de Qunran, a principal fonte de conhecimento sobre o judaísmo na época de Jesus.

Embora a autenticidade de algumas passagens deste texto tenha sido contestada, com suspeita de terem sido inseridas no século III, ninguém nega a legitimidade desta referência a Jesus. Assim, uma reavaliação do texto, executada por Agápio, um bispo melquita de Hierápolis no século X, retoma alguns de seus elementos:

> Naquela época, existiu um homem sábio, chamado Jesus, cuja conduta era boa; suas virtudes foram reconhecidas. E muitos judeus e outras nações se tornaram seus discípulos. E Pilatos o condenou a ser crucificado e a morrer. Mas aqueles que se tornaram seus discípulos passaram a pregar sua doutrina. Contaram que ele lhes apareceu três dias após sua ressurreição e que estava vivo. Era considerado por eles o messias sobre o qual profetas tinham dito maravilhas[10].

Enfim, para concluir as fontes judaicas, no Talmude da Babilônia, que data do século II, está escrito: "Eis o que foi transmitido: no dia da preparação para a Páscoa, Yeshu de Nazaré foi pendurado. Um arauto marchara a frente dele durante quarenta dias, dizendo: Ele deve ser apedrejado".

Em *Anais* (15, 44), o historiador romano Tácito relata as primeiras perseguições contra os cristãos: "Nero retrata como culpadas e entrega a tormentos dos mais refinados as pessoas, detestadas por suas infâmias, que a turba chamava de cristãos. Este nome deriva de Cristo, a quem o procurador Pôncio Pilatos, sob o principado de Tibério, entregou ao suplício[12]". No século II, Suetônio relata, em *A vida dos doze césares*, a expulsão de Roma dos judeus que pertenciam à "seita de Chrestos", ordenada pelo imperador Cláudio, entre 40 e 49. Já Plínio, o Jovem, na época em que era governador da Bitínia, no noroeste da Ásia Menor, enviou uma carta ao imperador Trajano descrevendo o progresso do cristianismo em sua província para saber que conduta deveria adotar em relação a isso. Esse texto, que data de 111, lança uma luz especial sobre o cristianismo do século I, já que atesta a propagação muito rápida dos ensinamentos de Cristo até os confins do Império Romano.

Entre os textos cristãos, os primeiros a mencionar a existência de Cristo são as *epístolas* de Paulo, redigidas entre 50 e 64; mais precisamente a epístola aos tessalonicenses, sabidamente escrita em 50 ou 51. Nessa carta, que constitui o primeiro testemunho literário datado do Novo Testamento, Paulo, que mal tinha vinte anos quando Jesus morreu, apresenta o personagem como o Messias, o Filho de Deus, e o Senhor. Essas cartas esclarecem os ensinamentos de Jesus e dão início à ruptura definitiva entre o judaísmo e o cristianismo, que aconteceria no século III, apesar de nelas serem raros os elementos de ordem biográfica sobre a vida de Jesus – mas isso tem um bom motivo: Paulo não o conheceu. Aliás, se Moisés "inventou" o monoteísmo na época de Ramsés II – o que representou uma etapa fundamental, mas que era privilégio do povo escolhido –, são Paulo, ao seguir o exemplo de Jesus, propôs um monoteísmo do qual ninguém se exclui.

Nesta tentativa de biografia, poucos textos cristãos são utilizados para esclarecer os fatos e os gestos de Jesus. Em contrapartida, o Antigo Testamento é amplamente consultado. O fato é que Jesus foi judeu, e decididamente judeu. Toda a sua pregação foi feita no enquadramento da Lei de Moisés, apesar de tomar grandes liberdades em relação a ela. Jesus não conheceu o cristianismo da maneira como o consideramos hoje. De fato, seria necessária a genialidade do apóstolo Paulo e cem anos de polêmicas para que fossem cimentadas as primeiras pedras da religião cristã. Primeiro ponto: até 135-150, o cristianismo ainda não existia como religião, apesar de o termo ter aparecido pela primeira vez em um texto de Inácio de Antioquia, por volta de 110-120. A diferenciação entre o cristianismo e o judaísmo começou a se estabelecer em 70, e a se afirmar nos anos 135-150. Antes dessas datas, a trama se dava no quadro preciso das relações judaico-hebraicas, elas próprias sujeitas às relações internacionais da época: o vínculo entre Roma e a Judeia. Deste modo, depois da destruição do templo pelas legiões romanas, em 70, o judaísmo se uniria ao redor de uma corrente majoritária: a dos fariseus, que passaram a marginalizar todas as outras correntes – dos essênios, dos Zelotas e dos saduceus.

A partir dessa data, cristãos e fariseus se declaram os únicos e verdadeiros representantes de Israel, e as dissensões não param mais de explodir. De fato, trata-se do primeiro cisma, a ruptura original, fundamentada sobre dois pontos cruciais: a observação rigorosa da Lei, ou seja, a Torá oral, e as interpretações das Escrituras, ou seja, a Torá escrita. Convém lembrar que, até então, não existia nenhuma autoridade eclesiástica superior no judaísmo, e cada corrente observava e interpretava essas duas leis de acordo com seu próprio funcionamento interno. Os conflitos que opuseram cristãos e fariseus se davam principalmente sobre a interpretação da Torá escrita (o Antigo Testamento para os cristãos), já que apenas ela permite o reconhecimento ou não de Jesus como o Messias. Mas, muito antes de existirem essas divergências entre cristãos e fariseus, uma ruptura se deu no próprio interior da comunidade cristã, entre as pessoas que tinham origem pagã e as de origem judaica. Essa divisão tinha como base o cumprimento da Lei e o conhecimento das Escrituras: os primeiros, os pagãos-cristãos, consideram que a crença em Jesus como Messias dispensa essas questões; os segundos, os judeus-cristãos, creem que elas continuam indispensáveis. O ponto é apresentado logo de início por Paulo de Tarso (Saulo). Esse judeu, perseguidor de cristãos, convertido depois de cair de um cavalo no caminho de Damasco, juntou-se rapidamente à comunidade cristã de Jerusalém, agrupada ao redor de Pedro, de Jacó e dos filhos de Zebedeu no que diz respeito a esse caráter estrito da teologia.

Aliás, ele fala sobre essas dissensões na Epístola aos Romanos. Seus textos, principalmente a Epístola aos Gálatas, refletem essas relações conflituosas: Paulo evangeliza e batiza os pagãos sem exigir em contrapartida que se convertam ao judaísmo, e faz isso por conta da Igreja de Antióquia (hoje Antakya, na Turquia). Isso porque, para Paulo, como ele escreveu em sua Epístola aos Gálatas, em Cristo "não há judeu nem grego, não há escravo nem livre, não há homem nem mulher".

Somente a fé em Jesus, cuja morte e ressurreição inauguraram os novos tempos, é capaz de salvar. Em 50, Paulo e Barnabé, representando a Igreja de Antióquia, vão até Jerusalém para interpelar Jacó, Pedro e João, para discutir essa questão (o encontro foi chamado de "concílio de Jerusalém" e está relatado no capítulo 15 de Atos dos Apóstolos). As discussões são passionais: para o conjunto da comunidade cristã de Jerusalém, nenhum convertido herdará o reino de Deus se não for circuncidado e se não respeitar a Lei de Moisés. A decisão final dos líderes da Igreja de Jerusalém foi a seguinte: para não estragar as iniciativas missionárias e as evangelizações efetuadas por Paulo e Barnabé, a circuncisão deixa de ser necessária, mas continua valendo o respeito a certas obrigações (proibição das relações sexuais fora do casamento, do consumo de carnes de animais sufocados e de sangue, e o contato com qualquer coisa que tenha encostado em ídolos) continua sendo indispensável. Mas essa decisão não serve para eliminar a polêmica nem para dissipar as ambiguidades.

Aos olhos da comunidade de Jerusalém, os pagãos que reconhecem Jesus como o salvador estariam associados, e não integrados, à Israel autêntica – a não ser que se tornassem judeus. Oitenta anos depois do concílio, as cartas de Inácio de Antióquia testemunham que essa polêmica ainda permanece no âmago da sociedade cristã. Com temor de conciliar essas duas correntes, Inácio de Antióquia inventa uma terceira via que ele chama de cristianismo – é a primeira vez que o termo aparece. Em nome disso, ele afirma que a crença em Jesus como Messias está definitivamente embasada na interpretação das escrituras, e que o Messias é o fundador de uma nova aliança, um princípio superior que dispensa seus discípulos da obediência estrita à Lei e do conhecimento das Escrituras. A resposta de Inácio de Antióquia dirige-se apenas à comunidade cristã. Ora, na tentativa de consolidá-la, Inácio radicaliza pela primeira vez a ruptura entre os pagãos-cristãos e os judeus-cristãos. Por outro lado, o conflito entre cristãos e fariseus é colocado pelo Evangelho de Mateus. Depois que os fariseus fundam uma escola rabínica em Yaune (após a destruição do templo de Jerusalém e a supressão que os romanos executam de instituições de direção tradicionais como o posto de Sumo Sacerdote e o Sinédrio), os cristãos (que, lembremos, ainda se consideram judeus) e os fariseus debatem com virulência a questão do caráter messiânico de Jesus, que é argumentado por autores cristãos como Justino de Nablus, ou em textos anônimos como *A exortação de Pedro*. Mateus sustenta que Jesus, de acordo com as interpretações da Escritura, é definitivamente o Messias e, por conta disso, é o intérprete supremo da Torá – ele teria dado a si próprio autoridade não para destruí-la, mas sim para executá-la (Mateus, 5, 17-20). Essa posição desencadeia, de fato, um conflito de autoridade no cerne do judaísmo: a do Messias dos cristãos frente à Torá dos fariseus. Dessa polêmica que ainda levanta a questão de saber o que salva (pertencer ao povo escolhido ou acreditar em Jesus Cristo) nasceria a ruptura entre os fariseus e os cristãos, e a opção pelo judaísmo unívoco. Fora da doutrina dos fariseus, não existe salvação, como declara com clareza a "Bênção dos hereges": prece que, ao maldizê-los, exclui todos os judeus que se afastam da ortodoxia dos fariseus. E é no meio do vaivém dessas duas polêmicas, imbricadas uma na outra, a primeira no interior do cristianismo, e ela mesma imbricada no interior do judaísmo, que nasceria, por volta de 135, essa terceira via que não é judaica nem pagã, mas sim cristã.

E, depois, há os Evangelhos. Eles continuam sendo a fonte de informação mais extensa para os historiadores. A partir do século II, o termo derivado do grego *evangelion**, "boa notícia" – a saber, a vinda do Messias –, passa a designar os livros que transmitem a vida e os ensinamentos de Jesus Cristo.

---

* Em grego clássico, a palavra tem sentido corrente: anunciar em praça pública, quer dizer, proclamar, coisa que compreendemos melhor por seu lado negativo: não fazer mistério disto ou daquilo. Jean Beaufret (*Dialogues avec Heidegger*, t. IV, Paris: Éditions de Minuit, 1985) cita, a esse propósito, Martin Heidegger: "A palavra do Evangelho está muito mais próxima da palavra grega do que dos filósofos que, na Idade Média, tentaram interpretá-lo graças a um 'material de conceitos' derivados e desviados do grego".

Vinte e sete livros escritos em grego – um grego corrente, que se designa pelo nome de *koiné*, algo que estimulou muito a ironia de Nietzsche – compõem o Novo Testamento, mas suas origens desapareceram por completo, da mesma maneira que as obras essenciais da Antiguidade se perderam. A título de comparação, lembremos que Ésquilo teria composto perto de noventa tragédias, sendo que apenas sete chegaram até nós... É necessário observar por alto que o latim *Novum testamentum*, de onde saiu esse título, é traduzido do grego *kainê dianthêkê*, ele próprio tirado do hebraico *berit haddashah*, que significa nova aliança: "Eis que dias virão – oráculo de Iahweh – em que concluirei com a casa de Israel (e com a casa de Judá) uma aliança nova [*berit haddashah*][13]" (Jeremias, 31, 31).

Esse Novo Testamento é classificado em quatro partes: os quatro Evangelhos, os Atos dos Apóstolos, as epístolas dos Apóstolos e o Apocalipse de João. As cópias de que dispomos hoje são datadas pelos historiadores como sendo do século IV (mas, afinal, treze séculos separam as primeiras recensões de Platão de sua obra original). Um trabalho rigoroso, operado por paleógrafos, permitiu que fossem restabelecidas, com exatidão, as duas ou três formas do texto do Novo Testamento que circulavam no século II (e isso foi feito a partir dos cerca de cinco mil manuscritos de que os cientistas dispõem). É essencial lembrar que esses textos nunca buscaram reconstituir a linha da vida de Jesus de maneira cronológica. Como observa o exegeta Ennio Floris: "Os autores dos Evangelhos não escreveram para que nós conhecêssemos Jesus em sua história, mas para que acreditássemos nele como Cristo. Trata-se de um discurso em que os enunciados não são julgamentos históricos, mas sim julgamentos de valor[14]". Os Evangelhos não são, portanto, em nenhuma circunstância, uma "biografia" de Jesus; afinal, essa nunca foi sua vocação.

Eles lembram e revivem, essencialmente, as *logia*, quer dizer, as palavras de Jesus, e tentam esclarecê-las para ajudar a consolidar o trabalho dos primeiros missionários. E, com frequência, apesar de trazerem os mesmos propósitos de Jesus, seu fundamento é inconciliável. Quem tem razão,

Marcos ou Mateus? O primeiro relata "quem não é contra nós é por nós" (Marcos, 9, 40), e o segundo, "quem não está a meu favor, está contra mim" (Mateus, 12, 30). É exatamente por essa razão que o padre Lagrange se negou, no início do século XX, a escrever uma biografia de Jesus – algo que quase todos os especialistas do Novo Testamento acabaram fazendo. De fato, cada Evangelho situa as palavras do Cristo em uma certa ordem que corresponde a um fio condutor específico: a saber, o argumento teológico que se deseja desenvolver em função do público ao qual se destina. Como observa o professor John Paul Meier:

> Pode-se ter praticamente certeza de que a pregação de Jesus começou depois de seu batismo por João, às margens do Jordão, e que teve seu fim na última viagem fatal a Jerusalém, para a festa da Páscoa. A duração exata do tempo que se passou entre os dois fatos e a ordem exata dos acontecimentos durante o período de pregação pública não podem ser conhecidas. Na ausência da noção de "antes e depois", nenhuma biografia de Jesus, no sentido moderno do termo, é possível, nem, portanto, qualquer esboço de sua evolução psicológica ou religiosa[15].

Seja como for, os historiadores, com base em todos os trabalhos sobre o Novo Testamento, concordam hoje em reconhecer Marcos como o primeiro redator e em datar seu texto em aproximadamente 70 d.C. Marcos teria composto sua narrativa a partir de testemunhos orais, tradições e, provavelmente, alguns apanhados de textos. A passagem da tradição oral das primeiras comunidades que repetiam entre si as palavras do Cristo enquanto esperavam seu retorno (a Parúsia) – que acreditavam iminente – para a redação desses textos e dessas palavras se explica, sem dúvida, pela perseguição aos cristãos, pelo incêndio da cidade de Roma ordenado por Nero em 68 e pela segunda destruição do templo de Jerusalém em 70, efetuada pelas tropas de Tito. Com a comunidade judaica massacrada ou escravizada e expulsa da Palestina, e a dispersão das diversas escolas do judaísmo, de fato era conveniente fixar as informações pertencentes a uma tradição oral transmitida com rigor. Os dois outros evangelistas que apareceram foram Mateus e Lucas. É muito provável que eles tenham redigido seus Evangelhos entre 80 e 90 d.C. Mateus e Lucas se inspiraram em uma coleção de palavras de Jesus chamada, de maneira arbitrária, de fonte Q (derivada da palavra alemã *Quelle*, que significa origem) e de uma parte dos dados apresentados por Marcos. O Evangelho de João é mais tardio e tem conteúdo diferente em relação a muitos pontos, e também na apresentação da pregação pública de Jesus, já que o texto é escrito em perspectiva radicalmente simbólica, e as palavras de Cristo são recompostas em visão claramente teológica. Parece, no entanto, que o desenrolar da Paixão, sobretudo em relação à data de seus episódios, está apresentado com mais exatidão precisamente neste quarto Evangelho. Quanto às cartas e epístolas de Paulo, os textos mais próximos dos fatos no Novo Testamento, pode-se dizer que apresentam pouquíssimos elementos daquele que se convencionou chamar "Jesus histórico". Centradas na Paixão e na Ressurreição de Cristo, elas evocam sempre Cristo em sua glória, e não Jesus em sua pregação pública.

Além do mais, os escritos de Paulo se dirigem a seus contemporâneos. Eram lidos para um público que conhecia a vida de Jesus, de modo que não era necessário lembrar todos os acontecimentos. E quando essa lembrança às vezes ocorre, tem a intenção de refrescar a memória de comunidades cristãs afastadas ou elucidar algum ponto litigioso*. Essas alusões atestam, de fato, a existência de um fundo de conhecimentos comuns e a forte tradição oral que se repetia de uma comunidade cristã a outra, de maneira extremamente rápida. Em relação à veracidade desse fundo, apesar de essas serem as primeiras fontes, é sempre necessário ter em mente um fato essencial: a crença na Parúsia. Apóstolos e discípulos esperavam

---

* Paulo lembra aos Coríntios o ensinamento de Jesus sobre o divórcio (1 Coríntios, 7, 10-11), sobre o trato com os missionários (1 Coríntios, 9, 14), suas palavras na ocasião da Última Ceia (1 Coríntios, 11, 23-26), sua morte e seu enterro (1 Coríntios 15, 3).

com fervor que Jesus retornasse; eles acreditavam, ou melhor, *sabiam*, que o Cristo havia ressuscitado dos mortos, que ele era Filho do Homem: quem seria capaz de inventar fatos no meio dessa espera, da qual dependia a salvação de todos – de Israel e dos convertidos?

"No início..."

A fé, a fé em um Deus único com quem o povo escolhido fez uma aliança. Este é o horizonte em que devemos manter os olhos quando embarcamos na época bíblica e em regiões tão únicas em que até mesmo o sol parece brilhar de outra maneira. Essa fé que parece tão estranha para o restante dos homens daquela época, que jamais poderia ser anulada por qualquer dominação, qualquer tentação ou qualquer riqueza. A fé dos hebreus em um Deus cujo nome eles nem se atrevem a pronunciar cobre toda a Palestina de Jesus – *Ieschua* – de Nazaré de maneira como talvez nunca tivesse coberto antes. Os homens e as mulheres que vivem na terra que Deus lhes prometeu, na região de Canaã que "mana leite e mel", não são corroídos por absolutamente nenhuma dúvida durante um único período de concordância total. Retomando uma imagem do poeta Giuseppe Ungaretti, Deus ilumina com sua imensidão. Ele se revela por meio da voz dos profetas. É único e invisível, indizível e inefável. Com Ele, o povo fez uma aliança, renovada diversas vezes. A aliança com Noé, com Abraão e, depois, principalmente, com Moisés no monte Sinai: nesse local foi constituído o ato do nascimento da comunidade de Israel.*

Essa comunidade acredita no amor trazido pelo Deus que vem a seu encontro. É um amor exigente, vigilante e desprovido de qualquer concessão. Desde sua origem, na brisa da noite, Deus chamou de homem a criatura feita à Sua imagem e semelhança. Ele o chamou: "Onde estás?" (Gênesis, 3, 9).

---

* O pensador inglês Christopher Dawson observa em *Progresso e religião* (*Progress and Religion*, Sheed and Ward: Londres, 1929) que, pela primeira vez na história da humanidade, um povo concebeu Deus como detentor da história das nações e como objetivo final desta história. "A lei eterna que os gregos enxergavam no desenvolvimento ordenado e no movimento da matéria era executada pelas vicissitudes da história humana no ponto de vista dos judeus. Os filósofos da Índia e da Grécia meditavam sobre o caráter ilusório e o objetivo moral eterno da história e interpretavam as circunstâncias passageiras de sua época com base em sua relação com a vontade de Deus."

Sobre o Sinai, Moisés o escutou.

Ele escutou a vontade expressa por Iahweh de ver o povo escolhido por Ele se adequar à Lei ditada por Ele, cuja primeira regra é a lealdade.

Mas lealdade a quê? Lealdade a uma entidade vaga a quem de vez em quando se suplica, que também se adora sob a forma de bezerro de ouro ou de criatura fabulosa? Não. Trata-se da lealdade à Lei cujos dez primeiros mandamentos, o Decálogo, foram ditados por Deus e à santidade que Ele manifesta e à qual os hebreus devem testemunhar perante as nações.* "Agora, se ouvirdes a minha voz e guardardes a minha aliança, sereis para mim uma propriedade peculiar entre todos os povos, porque toda a terra é minha. Vós sereis para mim um reino de sacerdotes, uma nação santa" (Êxodo, 19, 5-6). O povo de Abraão é assim escolhido por Deus para ser santo e, em troca desse exemplo de excelência dado às nações, Iahweh promete uma terra de leite e de mel. Era necessário que os hebreus acreditassem nEle e O temessem para aceitar a aliança! Mas que abnegação desejar ser sacerdote; que loucura querer ser santo! Era necessário também que desejassem de maneira ardente a terra prometida que Moisés busca durante os quarenta anos que vagou pelo deserto. Depois de libertar seu povo da escravidão e do faraó! Quarenta anos antes de finalmente chegar ao Jordão, de atravessar a correnteza e de colocar os pés "em seu lar". A terra com a qual eles sonham é um oásis fértil no meio do deserto. Deslumbrante "por sua natureza magnífica e por sua beleza[1]", como observa Flávio Josefo, ela é semeada de pomares, de palmeirais e de vinhedos, de olivedos. Os jardins cedem sob o peso dos loureiros-rosas e das acácias em flor. O mirto perfuma o ar. O lago de Tiberíades pulula de peixes e a clemência do clima permite diversas colheitas por ano.

---

* O nome "hebreus" é dado na Bíblia ao clã de Abraão e depois ao povo descendente dele até sua instalação em Canaã, no século XIII a.C. O termo Israel e israelitas aparece em Gênesis 32. É o nome dado por Iahweh a Jacó e depois a seus descendentes até se instalarem na Terra Prometida. Depois do cisma de 931, a tribo de Judá, berço da monarquia de Davi, deu seu nome ao reino do Sul. No retorno do exílio, no século V, chama-se de Judeia a região de Jerusalém, e de judeus os seus habitantes.

As doze tribos nômades que se tornam sedentárias pela primeira vez na terra de Canaã são descendentes dos doze filhos de Jacó. Estavam unidas por um pacto solene. Algumas tribos desapareceriam, outras se sobressairiam, como a de Judá, na qual nasceu Davi. Por volta de 1030 a.C., exaustos devido às disputas internas e às invasões de povos como os filisteus, decidiram que precisavam de um rei. Diferentemente da realeza da Mesopotâmia, que é uma dádiva dos deuses desde o nascimento da história, e da realeza egípcia, que tem origem divina e consubstanciada ao mundo, a realeza de Israel é uma instituição estabelecida pelo homem, e Deus se acautela: apenas ele deve ser o mestre e inspirador de seu povo. Iahweh, através da boca do profeta Samuel, logo alerta os hebreus em relação aos limites e aos perigos do poder monárquico. O rei não passa de um emissário dEle perante o povo que deve defender e conduzir de acordo com o respeito absoluto à Aliança e à Lei, às quais o rei deve se submeter mais do que qualquer outra pessoa. Só assim Deus lhe concederia ajuda e proteção. Sob esta condição, o rei receberia a unção. O rei se torna o Ungido do Senhor – quer dizer, o Messias, também chamado de *Mechiah*.

O primeiro rei foi Saul, sucedido por Davi. Ungido pelo profeta Samuel*, Davi reina de 1010 a 970 a.C., expande o reino, toma Jerusalém e a transforma em sua capital, transportando para lá e ali instalando a Arca da Aliança**, assim inaugurando uma era de paz e prosperidade. Davi se revela o rei ideal. Suas qualidades, segundo a Bíblia (livro de Samuel) asseguram a ele a aliança indefectível de Deus, e sua "casa" se beneficiaria dessa proteção. Os descendentes de Davi herdam

---

* *Mashiah* em hebraico, que se torna "Messias" em português. Saul e Davi são ungidos pelo profeta Samuel; Salomão, filho de Davi, é ungido por Nata e pelo sacerdote Sadoque.

** Baú de madeira de acácia chapeado a ouro, construído de acordo com as recomendações de Iahweh, que tranca ali dentro as Tábuas da Lei. Ele repousa no Santo dos Santos, sob uma barraca no deserto e depois no templo construído por Salomão. Tinha por cima dois querubins de ouro, entre os quais Deus fazia sua voz audível a Moisés. Quando o templo foi saqueado por Nabucodonosor, a Arca desapareceu, escondida pelo profeta Jeremias ou pelo rei Josias para que não caísse nas mãos dos babilônios, fosse roubada e levada para a Babilônia. E depois ela reapareceria com a chegada do Messias.

as promessas divinas. Salomão, o filho que Davi escolheu como sucessor, manda construir o templo em Jerusalém, antiga cidadezinha fortificada de Canaã que agora é a capital do reino de Israel. Mas, com a morte de Salomão, a unidade política do país e, por consequência, todo o reino, desintegram-se. No entanto, Jerusalém continua sendo a capital religiosa do povo e do pequeno reino do sul, o chamado reino de Judá; o reino do norte toma então o nome de Israel. Ao mesmo tempo, nas proximidades do templo, surgem outros cultos. Outros altares são construídos para adorar Baal e Astarte.

Apesar de Jerusalém ter resistido em 700 a.C. ao cerco dos assírios, caiu sob os golpes de Nabucodonosor um século depois, em 587 a.C. Nabucodonosor destruiu o templo e deportou grande parte da população para a Babilônia. Os reinos de Israel e de Judá foram apagados do mapa. A monarquia humana falhou em sua tarefa. É assim que começa o Exílio. Mas os hebreus não renunciam a suas crenças, um fenômeno estranho que não deixa de surpreender e de maravilhar as populações para o meio das quais eles são deportados. Minoritários nos outros impérios, eles ainda assim não assimilam os rituais locais nem os cultos correntes, como acontece com a maior parte dos outros povos na história. Da mesma maneira, esse povo também não inventou novos deuses de fertilidade quando trocou o nomadismo pela agricultura. Arraigado em sua fé, o povo de Israel inventou um destino para si próprio. Invadido, deportado, massacrado, quase aniquilado, ele sempre volta a se levantar.

O que anima e garante determinação a essa gente é a espera do restabelecimento. De fato, o reino de Davi se torna a encarnação de um objetivo a ser atingido: um povo unido ao redor do templo e unido na fé inabalável em Iahweh, honrado unicamente na cidade de Jerusalém. Esse reino desejado, verdadeiro arquétipo do reino de Deus, é o modelo que todos os reinos de seus sucessores teriam que confrontar a partir de então. À medida que o tempo passa e que as desgraças se abatem sobre os hebreus, eles se voltam para o Céu, imploram e escutam as profecias que respondem: "Em breve".

Depois da deportação para a Babilônia, é Ezequiel que faz reviver a fé e a aliança em espírito com Iahweh. Se os filhos que Nabucodonosor obrigou a nascer longe de Jerusalém realizarem uma verdadeira conversão, se eles se purificarem, se eles se santificarem, poderão voltar a ver Jerusalém, tão renovada na pureza de sua fé que irá se chamar "Iahweh está aqui". Os cativos escutaram Ezequiel. Eles se reuniam para ler a Escritura – e assim surgiram as primeiras sinagogas. Eles respeitavam com rigidez o mandamento do sabá de não fazer nada no sétimo dia e de dedicá-lo a Iahweh. A circuncisão, símbolo da aliança exigido por Deus a Abraão, que tinha caído em desuso, voltou a ser praticada. Como se Deus os tivesse escutado, o novo rei da Pérsia, Ciro, conquista a Babilônia e libera os judeus, que recebem autorização de retornar a Jerusalém. Lá, eles reconstituem aquilo que Nabucodonosor havia destruído: as moradias, as fortificações, o templo. Administrados pelo império persa, os judeus concentram suas atividades na reconstrução física e espiritual da cidade. O escriba Esdras funda a consciência nacional em torno de um eixo triplo: a Aliança, a Lei, o templo. Ele exalta a fé que a funde.

Durante a dominação grega, entre os séculos IV e II a.C., a Palestina passa por mudanças profundas. A epopeia formidável de Alexandre – de 334 a 323 a.C. – conduziu a civilização grega por todo o Império Persa. Novas cidades foram construídas. A língua grega se difundiu. Uma arte de viver composta de estádios, disputas esportivas e teatro converte os povos conquistados por Alexandre. Colonos gregos se apropriam de terras até então exploradas por policulturas familiares e as agrupam em imensos *latifundia* que dedicam a monoculturas voltadas ao lucro. Pela primeira vez, pastores e agricultores passam fome apesar de o Céu fornecer abundância de colheita. O descontentamento se dissemina.

Depois da morte de Alexandre, falecido na Babilônia sem deixar herdeiro direto, seus generais entram em disputas entre si pela divisão do império. Antígono fica com a Grécia e uma parte da Ásia Menor, Seleuco pega a Mesopotâmia e a Síria, Ptolomeu toma o Egito. Os três sonham com a imposição do modelo que herdaram do conquistador – a monarquia de caráter divino. Todos eles conseguem atingir suas ambições grandiosas, menos na Palestina, onde os judeus louvam seu Deus único em um templo supostamente cheio de ouro e de riquezas. O argumento basta a Antíoco Epifânio, descendente da dinastia selêucida. Ele precisa de dinheiro para financiar suas guerras e seus exércitos. No ano de 167 a.C. ele invade Jerusalém, saqueia e profana o templo ao colocar uma estátua de Zeus no Santo dos Santos, à qual ele sacrifica porcos antes da celebração das festas dionisíacas. Por decreto, proíbe o culto judaico. Os fiéis que observam a Lei são perseguidos e executados, e todos os livros são queimados.

Entre o povo, primeiro se instala o terror e, em seguida, a insurreição. Sob a liderança de Judas Macabeu, a multidão se rebela. Os homens tomam as armas, atraídos pelos anúncios de um novo profeta, Daniel, que estigmatiza as pessoas que detêm poder no mundo, descrevendo-as em um livro como um bando de selvagens sedentos do sangue de Israel. Ele anuncia que a paz chegará, trazida pelo "Filho de Homem" (Daniel, 7, 13). A Fé é tão forte, e a blasfêmia, tão odiosa, que os judeus se excedem: Judas Macabeu apresenta resistência sangrenta a Antíoco Epifânio e, depois que ele morre em combate, seus irmãos Jônatas e Simão conquistam a vitória*. Estes expulsam

---

* Os dois livros dos macabeus são os únicos que contêm informações a respeito da história do povo eleito durante o período helênico. Apesar de cobrirem apenas meio século, até a chegada de João Hircano (176-134 a.C.), descrevem como o sacerdote Matatias e seus filhos se revoltam contra o império dos selêucidas e seu líder, Antíoco IV, que havia tentado acabar com a liberdade de culto na Judeia: ele pilha o templo em 169 a.C. e proíbe todas as práticas características dos judeus (circuncisão, sabá e alimentação *kosher*). A rebelião de Matatias e de seus três filhos se aproveita do enfraquecimento do império, pressionado pelos romanos e pelos partenos, e debilitado pelas disputas de dinastia. Judas Macabeu e seus irmãos Jônatas e Simão reconquistam a autonomia nacional e se dedicam à purificação do templo. Organizam um verdadeiro exército judeu do mesmo tipo que os dos gregos e travam uma guerra de conquista ao praticar aculturação típica das guerras coloniais. A partir de 153 a.C., os selêucidas ratificam o poder de fato ao instituir Jônatas, e depois Simão, como comandante militar da região e Sumo Sacerdote, respectivamente. A política de descentralização e de autonomia sucede ao absolutismo de Antíoco IV ao mesmo tempo em que o último dos três macabeus funda a dinastia judaica dos Hasmoneus. É nesse momento que os judeus criam o conceito de "judaísmo", como modelo oposto ao "helenismo", em que o aspecto religioso se sobrepõe ao cultural.

os gregos definitivamente e reconstituem, dentro de suas fronteiras, o reino de Salomão, mais uma vez independente. Em 134 a.C., o filho de Simão, João Hircano, instala-se no trono e, com isso, institui a dinastia dos Hasmoneus. Além das fronteiras, confortadas em sua fé por esse restabelecimento, as comunidades da diáspora se consolidam – são três milhões de judeus dispersos, contra um milhão na Palestina. Do ponto de vista religioso, elas se reúnem no dia do sabá. Para que possa ser lida por todos, a Bíblia, redigida em hebraico, é traduzida para o grego. Nas três festas de peregrinação, Pessach (Páscoa), Shavuot (Festa das Semanas) e a festa das Tendas, os fiéis se dirigem ao templo de Jerusalém, onde pagam o imposto devido. Infelizmente, a dinastia dos Hasmoneus logo passa a desrespeitar a Lei e a Aliança. A dissolução das tradições, o ressurgimento de cultos pagãos na cidade e o despotismo deles alimenta o questionamento baseado em suas origens: eles não pertencem à linhagem de Davi, portanto não são dignos de Deus.

Além do mais, contrariamente à expectativa do povo, a monarquia não evolui na direção da teocracia que pressagiava o reino de Davi, quando a Lei e a execução rígida das regras da Aliança eram observadas. Os hasmoneus tomaram dos gregos todos os instrumentos de poder cuja eficácia foi comprovada. Cunharam moeda, construíram palácios e mausoléus, contrataram mercenários estrangeiros para integrar seus exércitos. Difundiram a escrita e a imagem, adotaram o calendário grego e, assim, foram minando a cada dia um pouco mais da tênue legitimidade que poderia lhes garantir o lugar nos tronos que ocupam, o do rei e o do Sumo Sacerdote. De fato, a partir de 172 a.C., todos os chefes dos sacerdotes passam a ser instituídos pela autoridade real. A partir de então, os judeus mais ardorosos viram as costas para a casa real, apesar de ela ter recriado o reino de Salomão, pelo menos do ponto de vista geográfico, e os mais legalistas se juntam a eles. Todos se agrupam ao redor dos fariseus, círculo de intelectuais particularmente devotos e atentos ao destino de Israel. Os fariseus – termo que significa "separados" – condenam a dependência, para não dizer acumulação, do grande pontificado com o poder secular. Usam a tradição bíblica para construir os argumentos que validam sua posição.

Assim, nesses anos específicos, uma abundância teológica sem precedentes vem se juntar à fé intensa que os judeus manifestam desde o exílio. Seitas, grandes movimentos surgidos até mesmo no âmago do judaísmo, vêm à tona. De fato, naquela época, o cânone ainda não estava estabilizado. Suas diversas tendências e suas interpretações não encontravam terreno comum sobre o qual se unificar. E, ao passo que os fariseus comentavam, argumentavam e oscilavam entre a crítica do poder e o compromisso com a autoridade, outros crentes fervorosos preferiam se afastar de Jerusalém, comprometida e pervertida demais pela cultura helênica. Os principais representantes dessa tendência são os essênios*. Eles interpretavam o princípio de santidade de maneira literal: precisavam se afastar dos outros povos, de todos aqueles que são maculados pelo contato com falsos ídolos. Basicamente, o modo de vida praticado por seus correligionários não os satisfaz, sobretudo o dos saduceus, que exerciam o poder

---

* O historiador Flávio Josefo menciona os essênios pela primeira vez quando relata o reinado de Jônatas (161-148 a.C.). Fugidos da sociedade, os essênios se retiram para o deserto para viver de acordo com seu ideal de santidade e pureza exigido pela Aliança. Vestidos de branco, observando durante todo o dia um número considerável de abluções e de rituais de purificação, eles compartilham todos os seus bens e se dedicam à prece, ao estudo e à ascese, até à castidade. Essa comunidade semimonástica se reúne ao redor de um misterioso "mestre de justiça". A origem do título até hoje é obscura. Fílon, escritor judeu do século I, acredita que o nome se refira aos "santos". A exegese moderna menciona preferencialmente a palavra "curandeiro". Os manuscritos encontrados em Qunran, conhecidos como "manuscritos do mar Morto", lançaram muita luz sobre suas estruturas e suas regras de vida. Estima-se que a seita fortemente hierarquizada, submetida à regra de obediência absoluta ao superior, contasse com cerca de quatro mil adeptos. Eles se recusavam a fazer sacrifícios com animais, mas enviavam oferendas votivas ao templo. Quando a Palestina foi invadida pelas tropas romanas em 66 d.C. e a grande revolta judaica ocorreu, os essênios participaram dos combates. Como aconteceu com a maior parte das seitas judaicas, eles desapareceram da cena da história hebraica depois da segunda destruição do templo, no ano 70 d.C.

político e portanto tratavam com estrangeiros, partidários e propagadores do paganismo, ou seja, desrespeitadores da regra número um do Decálogo.

Graças aos "manuscritos do mar Morto", os essênios são até hoje, sem dúvida, a mais conhecida entre todas as seitas judaicas ou movimentos filosóficos que proliferavam naquela época e que compartilhavam da mesma expectativa: a chegada do Reino de Deus. Certos de sua realidade e de sua proximidade, cada um desses grupos buscava, por sua parte, como melhor se preparar, como fazer parte dos eleitos dessa revelação, desse Apocalipse no sentido original do termo. Segundo os profetas, o dia da chegada seria de Trevas, e aqueles que escapassem da morte fariam uma Nova Aliança. Em cada vilarejo, em cada assembleia de fiéis (as sinagogas), em cada comentário da Lei, discutia-se longamente o que estaria por vir. Jovens e idosos, mulheres e crianças escutavam encantados os rabinos, os mestres, que descreviam a Nova Aliança como uma época maravilhosa, um período dourado, um retorno à vida paradisíaca e até mesmo às origens do mundo, antes que o mundo fosse pervertido pela serpente e pelo pecado. A reunião dos eleitos pela vida de benesses deveria ocorrer na montanha de Iahweh, ou em sua cidade ou em seu jardim, ao redor de sua pessoa. Então Iahweh acabaria de uma vez por todas com o mal, o sofrimento e o medo.

No entanto, para fazer parte dos escolhidos, era necessário ainda que o povo de Israel, em sua totalidade, observasse a conduta segundo as determinações muito precisas de Iahweh, e segundo seu código de santidade. De acordo com os profetas, a restauração do reino de Deus no mundo passava pelo retorno do reino de Israel na terra e, sobretudo, da casa de Davi. Mas, depois do entusiasmo formidável provocado pela rebelião de Judas Macabeu, depois do otimismo que sucedeu à reconstituição geográfica do reino e à construção da consciência judaica nacional, dúvidas começaram a se insinuar. A dinastia dos Hasmoneus, longe de retomar sua missão divina, empenhava-se em dissolver o judaísmo no meio do grande trânsito do mundo. Hircano, de acordo com todas as evidências, não sonhava com a restauração do Reino, mas sim com uma base sólida para seu poder pessoal e de seus descendentes. Quanto mais os anos passavam, mais eles se comportavam da mesma maneira que aqueles que tinham perseguido o povo judeu e lutado contra ele, satisfazendo as ânsias básicas do povo com a inauguração de teatros e estádios, e autorizando, em nome do poder, que estrangeiros edificassem cultos pagãos na Cidade Santa. Por fim, e com peso enorme, um desses soberanos, Jônatas, aceitou ser nomeado como Sumo Sacerdote pelo rei Alexandre Balas da Síria, um pagão. O cargo duplo da dinastia saltava aos olhos de todos: além de esses reis não serem da linhagem legítima de Davi, eram ainda menos descendentes de Sadoque, o Sumo Sacerdote que havia servido Israel, Davi e Salomão.

Assim, enquanto os essênios preferiam se preservar da ira divina iminente com o refúgio nas áreas desérticas dos arredores do mar Morto, outras seitas e toda espécie de movimentos de opinião sobre a irrupção iminente de Deus emergiam. Havia os adeptos do mandeísmo (aqueles que sabem), que foram para bem longe de Jerusalém e que ensinavam uma doutrina de salvação que se apresenta como uma revelação, uma espécie de gnose. Os mandeítas pareciam ter conexão com o movimento dos batistas e se banhavam no Eufrates, fingindo estar recebendo seu batismo no próprio Jordão, o rio que, ao ser atravessado, abre a porta da Terra Prometida. Havia ainda os genistas, os meristas, os galileus, os assídios, os masboteus, os hemerobatistas (que se banhavam ao alvorecer), os osseneus, os herodianos, os sabneus, os gorteneus – no entanto, hoje não se sabe verdadeiramente quais eram as teorias dessas seitas, mas temos certeza de que todas elas se consideravam judaicas e que seus integrantes eram judeus. Existiam também os banayim, eruditos que desejavam reconstituir a cidade ideal no exército e brandiam a pá e o machado. E os hipsisterianos, fiéis à lei do século I a.C., mas que, separados física e teologicamente de Jerusalém, elaboram a partir de Iahweh um deus que chamaram de

Theos Hupsistos Pantokrator (Deus Supremo Todo-Poderoso) e migraram por toda a extensão do Bósforo, onde passaram a venerar a luz, o fogo e a Terra, permanecendo fiéis à Torá, ao sabá e às prescrições alimentares. Citemos ainda os magaritas (povos das grutas), trogloditas místicos que guardam em cavernas seus livros e textos santos.

A "Nova Aliança de Damasco", por sua vez, é composta de separatistas que deram as costas ao templo. Ainda assim, seus integrantes permaneceram presos à Lei e representaram uma associação de devotos legalistas que interpretavam a Torá a sua maneira. Eles esperavam um Messias aparentado a Aarão e a Israel, que portanto não pertenceria nem à linhagem de Davi nem à de Judá. Um inspetor julga tudo que diz respeito a essa comunidade. O postulante, se aceito, faz juramento, renuncia à vida de corrupção e se submete à lei de Moisés. Ele deposita uma cota anual no fundo comum destinado a obras beneficentes e a gastos de interesse comum. A Aliança de Damasco abrange sacerdotes, levitas, integrantes laicos e prosélitos. Todos proclamam o desejo maior por justiça, e isso significa que estão dispostos a observar a Lei com mais rigidez, e por essa característica seus adeptos se distinguem dos judeus comuns, que eles consideram relaxados. Os integrantes dessa seita, portanto, fizeram uma nova aliança com Deus por intermédio de um legislador ou pregador da justiça, que eles também chamam de Estrela.

Em Jerusalém, dois grandes movimentos dividem a maior parte do povo escolhido: em primeiro lugar os saduceus, muito conservadores, contrários a qualquer interpretação da Lei, que se recusam a considerar os escritos dos profetas como cânones da Bíblia, avessos à ideia de ressurreição dos mortos. Por terem se reunido antes de todos os anciãos, eles de fato representavam a aristocracia das famílias sacerdotais e os chefes dos sacerdotes que dirigiam o templo e zelavam para que a Torá fosse seguida de maneira rígida. Os saduceus dividiam entre si os impostos entregues ao templo, uma fortuna colossal avaliada em vinte toneladas de prata refinada por ano, e ocupavam os postos do Sinédrio*, ou Conselho Superior, sob a autoridade do procurador romano. Acima de tudo, eles colaboravam com o invasor para poder preservar o templo – coração de Israel – e sua atividade cultural. Os fariseus, por sua parte, não saíram nem de Jerusalém nem da região. Próximos do povo dos artesãos e dos agricultores, eles foram sendo pouco a pouco considerados como verdadeiros líderes espirituais e, de fato, constituíam a essência dos líderes religiosos laicos. Apesar de em Jerusalém prosseguirem as disputas pelo controle do templo e pela posição de Sumo Sacerdote – briga da qual eles tomavam parte de vez em quando –, eles conservaram o controle do ensino da Torá. Para conseguir esse feito, contaram com o apoio da maioria dos escribas (os *soferim*) que, desde o final do exílio na Babilônia e antes que o movimento dos fariseus se constituísse, explicavam ao povo o texto bíblico e a tradição oral. Os escribas estabeleceram para si um mestre entre todos, Esdras, o escriba por excelência – que, ao conduzir os judeus da Babilônia à Judeia, deu início a sua era dourada, que se concluiu com Simão, o Justo, último sobrevivente dos "Homens da Grande Assembleia**". Os escribas contavam as letras da Bíblia (e daí deriva seu nome, do hebraico *sofer*). Sua missão primordial consistia em transmitir o texto bíblico às gerações futuras, absolutamente intacto e em sua integralidade. Ser escriba é equivalente a ser letrado. É necessário saber de cor as regras de cumprimento de todas as leis ligadas à elaboração dos textos sagrados e ao

---

* O Sinédrio era composto de 77 juízes. Eles se reuniam no templo, na sala da Pedra Entalhada, ou *Lishkat ha-Gazit*. Esse conselho legislava sobre todos os poderes – judiciário, legislativo e administrativo. (Consulte também nota na p. 44.)

** Segundo o primeiro parágrafo do tratado de *Avot* da *Michnah*, a Torá, quer dizer, a lei oral, foi transmitida diretamente dos profetas aos "Homens da Grande Assembleia", que se reunia em Jerusalém durante a dominação persa. Em 444 a.C., Esdras e Neemias convocaram esses homens para ratificar, junto com eles, essa convenção. A assembleia reunia os 83 líderes da comunidade, os profetas, os sacerdotes, os levitas e os israelitas. Essa convenção previa, entre outras decisões teológicas e litúrgicas, que os escribas ocupariam os assentos da Grande Assembleia. De acordo com diversos historiadores, essa instituição seria predecessora do Sinédrio.

mesmo tempo manusear com perfeição o estilete de bambu. Os escribas tomavam banhos ritualísticos várias vezes por dia, para estarem purificados ao entrar em contato com os textos e, a cada vez que tinham de escrever ou pronunciar o nome de Deus, expulsavam da mente qualquer pensamento alheio a sua tarefa.

No que diz respeito aos fariseus, eles interpretavam a lei judaica e mediavam os conflitos internos da comunidade. Sem nunca deixar de ensinar a Lei, eles foram colocando em prática, pouco a pouco, o amplo conjunto da nova legislação. Diferentemente dos saduceus – integrantes da alta aristocracia judaica, havia muito provedores das famílias dos chefes dos sacerdotes, que se concentravam ao redor da instituição do templo e só aceitavam a Lei escrita –, os fariseus criaram e inauguraram academias de estudos religiosos. Nelas, em vez de a lei ser aplicada de maneira seca e minuciosa, os pontos de vista eram longamente discutidos e avaliados. Ali, a lei oral era criada a partir desses estudos dirigidos pelos mestres – os rabinos. Eles reafirmavam os princípios fundamentais, como por exemplo o livre-arbítrio humano (que os essênios contestavam), a crença essencial na vida eterna, na ressurreição e no Messias (que os saduceus negavam). Nos ensinamentos dados ao povo, que eles desejam conduzir pelo caminho da santidade, os fariseus e seus escribas jamais deixavam de atribuir a responsabilidade das desgraças duradouras de Israel aos pecadores. Não existe felicidade sem conversão a Deus. Não existe conversão sem arrependimento. É necessário expurgar os erros. Esta é uma palavra de ordem que é repetida e martelada todos os dias de todos os anos, de todas as décadas. Irredutíveis em sua hostilidade perante os líderes estrangeiros, os fariseus escutavam com boa vontade todas as doutrinas nacionalistas, desde que demonstrassem um mínimo de respeito integral por sua religião. É verdade que os fariseus desejavam a independência política do país não como um simples meio, mas como o melhor meio de conquistar seu ideal de pietismo. Apesar de não incentivar a revolta, também não a desencorajam.

Assim, à proporção que as seitas foram se multiplicando e as tensões no âmbito de Israel entre os devotos (*hassidim*) e o governo se intensificaram, uma tensão palpável e uma eletricidade explosiva passaram a irradiar o clima religioso do país nos séculos que precederam o nascimento de Jesus. Israel se assemelhava a um caldeirão fervilhante. O menor sinal do céu, uma simples tempestade, um rumor deixava todos inflamados e enlouquecia o povo na mesma medida em que o poder se degenerava. Quanto mais o poder se voltava para aquilo que era secular, mais os fiéis adotavam a ortodoxia nua e crua, derivada da rejeição a tudo que não é considerado como pertencente à verdadeira Israel: os judeus que optaram por ficar na Babilônia, os que adotaram a cultura helenista por completo ou em parte, os samaritanos, a diáspora do Egito ou ainda os chefes dos sacerdotes que assumiram compromissos graves com os soberanos estrangeiros*. A ideia de que a restauração do Reino de Deus não podia passar pelos hasmoneus ia se enraizando nos espíritos com rapidez. É nesse movimento de renúncia ao ideal monarquista que a ideia do Messias começa a se insinuar nas preces e nas expectativas, a inflar os discursos. Um Messias, sim, enviado do Senhor, como foi anunciado pelos profetas, chegaria para dar início ao tempo de Iahweh. A ideia seduz primeiro os moradores do campo. Ali, a urgência de sua chegada reúne toda a população dos humildes, convencidos de que a Israel proclamada pelos profetas acabava de entrar no grande combate final de sua história, no "fim dos tempos". Ela conquista os fariseus, que a estudam por meio de textos e terminam por adotá-la. Mas é rejeitada pelos saduceus. Trata-se de uma divergência a mais entre as duas classes dirigentes que dão início a uma luta declarada.

---

* Uma biblioteca judaica, impregnada de espírito "babilônio" e de nacionalismo judeu, é formada com o apoio de Neemias ao final da crise com os macabeus, por volta da metade do século II a.C. Além do Pentateuco comum, ela compreendia textos que reinterpretavam a história antiga de Israel, centrada na Judeia, e textos proféticos que valorizavam os judeus do Exílio. Esses textos apresentavam forte conexão cultural com o judaísmo babilônio: seus autores faziam parte de um grupo de judeus durante o período de influência de Esdras e de Neemias (os reformistas do retorno da Babilônia) que se consideravam como a verdadeira Israel.

Em Jerusalém, o rei Hircano tem outros problemas iminentes a solucionar, principalmente a reprovação cada vez mais forte que o povo nas ruas exprime em relação a ele. Longe de renunciar àquilo que desagrada em seu modo de governo, Hircano prefere se preocupar com as fronteiras e afirmar o poder secular do reino. Ele bajulava os fariseus, dos quais é discípulo, porque eles tinham contato próximo ao povo que lhe era hostil – os saduceus não se misturam jamais com os mortais comuns. Ao mesmo tempo, ele se acautela: por acaso não eram os fariseus que fomentavam os complôs e incitavam o descontentamento para obter mais poder? É isso que os saduceus afirmavam nos bastidores do palácio. O rei queria saber. Boatos insistentes davam razão a ele. Entre o povo, passou-se a dizer que ele era filho de escravo. A difamação, além de seu caráter ofensivo, ainda era prejudicial do ponto de vista político. Um descendente de escravo não poderia ascender ao sacerdócio e, se ele o exercia apesar de tudo, o templo estava maculado: mais uma vez o fantasma da indignação religiosa se apresentava e as portas do Reino se fechavam. Hircano desejava desmentir o boato e, mais importante de tudo, descobrir sua origem. Os saduceus, opostos aos fariseus e muito dispostos a obter do rei o controle absoluto sobre o templo, informaram-no, na surdina, de que a difamação tinha sido iniciada pelos próprios fariseus, os mesmos a quem Hircano confiou poderes excessivos na gestão do templo e do tesouro.

Hircano organizou então um banquete para toda a corte[2]. Durante o jantar, o rei pediu aos fariseus que exprimissem em voz alta suas críticas e queixas. Os fariseus, conscientes dos jogos de poder e da armadilha, evitaram o debate e elogiaram o príncipe. O conflito parecia ter sido evitado, mas havia entre os convivas um tal de Eleazar. O indivíduo não era nem fariseu nem saduceu, e recomeçou o debate. Sim, ele afirmou que o povo estava descontente, ansioso por saber se o sacerdócio estava em mãos ilegítimas. Sugeriu que talvez o rei devesse abrir mão de suas funções sacerdotais, já que seu nascimento é duvidoso, como sugere o povo. Como se fossem um homem só, os fariseus se ergueram para protestar, condenaram as insinuações de Eleazar e enfatizaram que aquele homem não fazia parte de seu grupo. Mas o insulto foi pungente e o rei, louco de raiva, abandonou o banquete. A ocasião foi magnífica para os saduceus. Um deles, Jônatas, soprou no ouvido de Hircano que era verdade, Eleazar não era fariseu, mas tinha falado instigado por eles, sob suas ordens. Se o rei duvidasse, existia um modo irrefutável de descobrir a verdade: que perguntasse aos fariseus que castigo usariam para punir a calúnia de Eleazar. Para Hircano, apenas um castigo seria capaz de limpar o crime duplo de blasfêmia e lesa-majestade: a morte. Jônatas não ignorava a clemência lendária dos fariseus. Sua suposição tinha sido acertada. Sem desconfiar da armadilha, os fariseus sugeriram que Eleazar fosse simplesmente chicoteado e acorrentado. Sua clemência confirmou as acusações de Jônatas. Hircano, convencido, mandou banir os fariseus de seu conselho e depois voltou a se juntar ao partido dos saduceus, ao qual confiou o controle do templo e o poder.

Os fariseus então deram início a uma oposição declarada e radical. Isso era o que de pior poderia acontecer com a dinastia dos hasmoneus. Não havia dúvida de que em suas escolas, nas assembleias de sacerdotes, eles incitavam ou alimentavam ainda mais os descontentamentos. Eles eram o germe da revolta, e atiçavam o fogo que ardia com um sopro potente, o da vexação mortal a que tinham sido submetidos ao serem expulsos do poder. Quando Hircano morreu, em 104 a.C., Judas Aristóbulo I foi o sucessor de seu pai, mas mal completou um ano de poder e foi substituído por seu irmão Alexandre Janeu. Este almejava destino à altura do de Alexandre e ainda maior, e acabou levando o império Hasmoneu a seu apogeu. Ele se tornou líder de toda a corte mediterrânea de Carmel até os limites do Egito e travou guerra contra os nabateus para estender seu poder na direção sudeste. Acima de tudo, ele venerava a cultura grega e o poder do líder, e instalou ídolos na Cidade Santa. A hostilidade dos fariseus veio à tona. Eles incitaram o povo a se revoltar contra o monarca indigno, injusto e blasfemo. Aquilo que o rei Hircano temia aconteceu: as camadas populares se revoltaram.

Em 95 a.C., Alexandre Janeu foi vaiado pela multidão ao celebrar a festa dos Tabernáculos. Em 93 a.C., na sequência de um revés passageiro causado pelos nabateus, um verdadeiro levante teve início em Jerusalém. Os fariseus revoltados receberam o apoio de um dos últimos reis selêucidas, Demétrio III. Depois de um momento de abalo, Alexandre Janeu se reaprumou e respondeu com terror. Apoiado pelos saduceus, rodeado por seus mercenários estrangeiros, ele entrou em Jerusalém e mandou crucificar oitocentos prisioneiros judeus depois de degolar suas esposas e seus filhos na frente deles. Os fariseus foram perseguidos e executados. O país quase entrou em guerra civil e, de fato, a situação geral era de insurreição. Apesar de as coisas aparentemente terem entrado nos eixos pela força da espada, a sensação era de que bastaria um nada, uma faísca, uma palavra atravessada, um boato e, sobretudo, um líder para que a Palestina toda se inflamasse.

O filho de Alexandre Janeu, Hircano II, compreendeu que era de extrema urgência acalmar os ânimos, amenizar as relações entre a população e o governo, entre os vários partidos do judaísmo, entre ele próprio e os outros. Quando seu pai morreu, ele decidiu deixar o poder secular a cargo de Salomé-Alexandra, a viúva de Janeu (como era o hábito entre as monarquias helênicas), ao passo que ele ficaria com o controle do templo e herdaria apenas a função sacerdotal. Com isso, Hircano II acolheu uma das reivindicações dos fariseus, a da separação dos poderes. Salomé-Alexandra, por sua vez, acalmou a cólera do povo com sua piedade, chamou os fariseus de volta ao poder e confiou a eles diversas funções. Seu reinado (76-69 a.C.) trouxe uma certa paz e uma relativa harmonia à região, mas infelizmente isso durou pouco: nem sete anos. Logo a desgraça chegaria para colocar um ponto final e brusco nesse curto período de calmaria.

De fato, como Hircano II tinha renunciado ao trono, preferindo ser Sumo Sacerdote, seu irmão, Aristóbulo II, tomou para si a coroa desocupada. Os dois irmãos entraram em disputa aberta, alternando-se à frente do templo e do reino de acordo com as vitórias de seus clãs específicos. O território entrou assim em um período de separações e de guerra civil entre os saduceus, resolutos ao lado de Aristóbulo II, que terminou por tomar tanto a coroa quanto o sacerdócio, e os fariseus, que se agruparam atrás daquele que lhes parecia mais legítimo, Hircano II, e que tinham a pretensão de executar sua vingança contra os saduceus.

Ao sentir a fraqueza de seu líder, os partidários de Hircano apelaram então aos romanos, que ficaram muito contentes com a oportunidade. Com a Síria recém-conquistada, a Palestina passou a lhes interessar muitíssimo – tratava-se de uma antiga possessão dos gregos, de quem eles tomaram todo o império. O reino dos judeus ocupava posição estratégica que sempre serviu de chamariz para os invasores. Assim, Roma enviou para lá seu melhor general, Cnaeus Pompeius, conhecido como Pompeu, o Grande, com o pretexto de restabelecer a paz. Em 63, Pompeu atravessou os portões de Jerusalém com suas legiões, prendeu Aristóbulo II e o enviou para Roma como prisioneiro. Mas, em vez de restituir o trono a Hircano II, mandou derrubar as muralhas da cidade e colonizou a Palestina, juntando-a à Síria, já sob domínio romano.

As coortes romanas passaram então a reinar sob os antigos domínios de Salomão. Sem dó, elas tomaram conta da estreita faixa de terra que se estende ao longo do rio Jordão e do mar Morto, constituída ao norte pela Galileia, cujas terras férteis são banhadas pelo lago de Genesaré, ao sul pela Samaria*, territórios difamados pelos judeus de Jerusalém e,

---

* Os samaritanos eram descendentes dos judeus do reino do Norte, aos quais se misturaram os colonos assírios instalados nessas terras depois da primeira destruição do templo por Nabucodonosor. Eram considerados não judeus pelos habitantes de Jerusalém por causa dessa mestiçagem e porque, quando do retorno do exílio da Babilônia, os judeus que se recusaram a abandonar as esposas e os filhos babilônios foram proibidos em qualquer hipótese de ajudar na reconstrução do templo de Jerusalém. Eles então preferiram se fixar na Samaria, onde construíram seu próprio templo, no monte sagrado de Garizim. Os judeus então proibiram que eles se casassem com os habitantes de Jerusalém. A isso se seguiu um cisma importante. Os samaritanos observam o Pentateuco, mas rejeitam os outros livros da Bíblia e toda a lei oral.

ainda mais ao sul, pela aridez da Judeia onde Jerusalém se localiza. Para eliminar qualquer possibilidade de rebelião, Pompeu desmantelou o antigo reino. Submeteu a Samaria ao controle da Judeia, assim como as cidades costeiras e todos os territórios da Transjordânia. A Judeia, tributária de Roma, foi reduzida apenas a seus distritos rurais.

Apesar de Pompeu ter conseguido colocar fim à guerra de sucessão, não arrefeceu o espírito de revolta que fervilhava entre a população. Muito ao contrário. A presença das coortes romanas em terra santa parecia um insulto a mais aos judeus, e uma ameaça a todos que se preparavam para entrar no Reino de Deus. Além do mais, incentivadas pelas ofensivas dos partenos contra o Império Romano que a partir de então se ocupa com batalhas em outros lugares, as disputas internas recomeçaram. Esse era o momento esperado por todos os oportunistas. Antípatro, político ardiloso, ministro de Hircano II, originário da Idumeia, decidiu tomar o poder, propor colaboração vantajosa para os romanos e instalar seu filho Herodes no trono. Por meio de complôs, ele atingiu seu objetivo e, no ano 40 a.C., Herodes foi nomeado rei da Judeia pelo Senado de Roma. Sua primeira preocupação era tranquilizar os romanos e dar-lhes provas de sua lealdade: ele destruiu toda a oposição possível a seu poder e ao do imperador. Executou Hircano. Sem deixar de ocupar o posto de Sumo Sacerdote, massacrou todos os membros do Sinédrio*, composto essencialmente de saduceus, e, um pouco mais tarde, mandou assassinar o neto de Hircano II, cuja popularidade o preocupava.

Em poucos anos, Herodes subjugou o povo. A aristocracia de Jerusalém, apavorada com essas mortes, deixou de

---

* A força sacerdotal judaica tem como órgão o Grande Conselho, ou Sinédrio, com sede em Jerusalém. O Sinédrio era o próprio domínio da aristocracia sacerdotal, que era ali maioria, mas que não compunha esse conselho integralmente porque o mesmo devia conter um certo número de leigos e também porque era preciso levar em conta a autoridade crescente dos doutores da Lei, os escribas. O Sinédrio da época romana era uma mistura de dois fatores: a nobreza sacerdotal dos saduceus e os doutores fariseus. A *Michnah* indica que o conselho devia contar com 70 ou 71 integrantes, como está especificado em Números (11, 16).

protestar. Os chefes dos sacerdotes nomeados por ele entre os judeus da diáspora, requisitados na Babilônia ou no Egito, tinham uma dívida para com ele. Os descendentes dos hasmoneus, os últimos monarcas que ainda guardavam um pouco de legitimidade, foram todos assassinados, até mesmo Mariana, com quem ele havia se casado, mas que acabou mandando executar. Como autocrata implacável, Herodes apoiava seu poder sobre a autoridade romana. Apesar de se dedicar à construção de estradas, portos e de cidades novas (como Cesareia), à modernização do país e à reconstrução faraônica do templo, ele reduziu as escolas religiosas à sua expressão mais simples e passou a considerar saduceus e fariseus como simples associados. Assim, Herodes se deleitava com seu grande e poderoso reino, graças à confiança de Otávio Augusto, mas sofria com o ódio profundo da população. E esse ódio só aumentou até sua morte, no ano 4 a.C., quando a Palestina foi mais uma vez repartida, entre seus dois herdeiros: Arquelau na Judeia e Herodes Antipas na Galileia. A incompetência do primeiro obrigou os romanos a fazer com que ele fosse deposto ao final de dois anos de reinado – um prefeito romano passou então a governar a região com o apoio do Sumo Sacerdote, que seria designado diretamente pelo Senado. A submissão cuidadosa do segundo fez com que ele fosse designado como tetrarca por Roma, que decidiu acabar com os reis locais e as guerras de sucessão, sobretudo naquela região onde o povo permanecia fechado às honras e às bagatelas que as populações conquistadas pela *Pax Romana* geralmente aceitavam de bom grado.

Na Judeia, sem dúvida a região de maior insurreição, Roma impôs seu domínio com severidade. O procurador passou então a nomear todos os líderes locais, tanto civis quanto religiosos, e tinha autoridade total sobre eles. Ele designava o Sumo Sacerdote e podia também, se assim julgasse necessário, tirá-lo do cargo. Mandou trancar na torre de Antonia os ornamentos sacerdotais das grandes cerimônias e só permitia que os sacerdotes tivessem acesso a eles nas festas específicas que os requeriam. Ele tinha o poder absoluto de vida e morte sobre todas as pessoas da província que não tinham cidadania romana. Agia na condição de vigia e de tutor do culto judeu. Mas a sua principal função continuava sendo a de garantir o recolhimento dos impostos* e a manutenção da segurança pública. Com muita rapidez, os procuradores aprenderam como essa tarefa dupla era difícil de ser cumprida – principalmente a última – junto aos judeus desconfiados, suscetíveis, prontos para se melindrar ao menor incidente, à mais simples ninharia. Tanto que, na maior parte do tempo, mal informados sobre as regras cheias de escrúpulos do culto, os romanos não compreendiam a gravidade de seus atos.

Em Roma, a reputação dos judeus era desastrosa, e ser assim designado era interpretado como castigo. Essa reputação se transformou na ideia difundida ao longo de toda a antiguidade de que o povo judeu seria formado de leprosos e de párias, que tinham se tornado ainda mais perigosos desde que, alguns séculos antes, o faraó os expulsara de suas terras. O livro de Ester (3, 8-9) exprime muito bem a opinião que prevalece, citando aquilo que Amã, o preferido do rei persa Artaxerxes, aconselha ao monarca: "No meio dos povos, em todas as províncias de teu reino, está espalhado um povo à parte. Suas leis não se parecem com as de nenhum outro e as leis reais são para eles letra morta. Os interesses do rei não permitem deixá-lo tranquilo. Que se decrete, pois, sua morte,

---

* A carga fiscal era pesada para os judeus, a obrigação de suportá-la com paciência, sob a vigilância e a coação dos *goyim*, era árdua. Em relação ao imposto principal, as obrigações fiscais dos judeus se davam em duas frentes: a dos tributos imobiliários (*tributum capitis*) e a das taxas pessoais, que deviam ser pagas pelas meninas a partir dos doze anos e pelos meninos a partir dos catorze; apenas os idosos recebiam dispensa. Mas a carga fiscal representava ainda outros pagamentos de peso: imposto sobre a renda, sobre os animais de criação e diversas taxas indiretas sobre importação e exportação, sobre gêneros de consumo local, pedágios nos portos, nas pontes e nos mercados. A coleta dos impostos diretos ficava sob a responsabilidade dos funcionários romanos, mas a dos impostos indiretos era terceirizada e dava lugar, na Judeia, aos excessos que esse sistema de exploração sempre compreende. Era por isso que os publicanos (cobradores de impostos romanos) tinham má reputação na região. Seu nome era equivalente ao epíteto de pecador, de transgressor da Lei divina.

se bem parecer ao rei³'". Em Roma, caçoava-se das proibições alimentares dos judeus, todos se horrorizavam com a circuncisão, assemelhada à castração; e a recusa implacável dos judeus em aceitar qualquer outra divindade que não fosse a sua era condenada e taxada de ateísmo, já que excluía os deuses da metrópole, que eram a garantia da ordem, da integração social e das regras sacrossantas da hospitalidade.

Na Judeia, o procurador, embora sempre alerta e atento, estava sempre inquieto no meio dessa população tão singular para ele. E o perigo de um levante lhe parecia tão temeroso porque ele tinha poucos soldados para fazer frente à revolta – uma ala de cavalaria e cinco coortes de infantaria, somando cerca de três mil homens recrutados em toda a Samaria, na Síria, na Cesareia e em Sebaste. Além do mais, seus serviços de informação apontavam um movimento de forte resistência à presença dos romanos nas terras de Israel – os Zelotas. Esses judeus ainda não eram os revolucionários armados que se tornariam depois, quando se armariam durante a revolta judaica de 66 d.C. Mas eram homens vingativos, praticantes ardorosos que observavam a Lei de Moisés com rigor e que encheram os ouvidos de seus compatriotas para que evitassem o contato com as nações impuras, imorais e idólatras que maculavam Israel – naquele momento, os romanos. Alguns podiam até ser sanguinários e recorrer à matança, mas a maior parte se contentava em incitar o povo a não se misturar, sob nenhum pretexto, com os ocupantes.

As autoridades romanas também multiplicaram as precauções para lidar com as suscetibilidades dos judeus. O procurador romano considerou mais prudente fixar residência na Cesareia. A cidade marítima que Herodes, o Grande, edificara em 19 a.C., sob a antiga torre de Straton. Ele só se dirigia à Cidade Sagrada em ocasiões propícias aos levantes populares, como por exemplo as grandes festas religiosas que reuniam uma multidão de peregrinos em Jerusalém. E permanecia na cidade, com suas tropas, apenas durante o período das peregrinações. Na prática, o procurador legava o controle das atividades internas do país ao Sumo Sacerdote de Jerusalém, rodeado pela aristocracia sacerdotal e laica, sob a condição de que, em contrapartida, ele e seu conselho assegurassem a ordem e cuidassem da coleta de impostos para Roma. As moedas usadas pelo povo eram cunhadas no país, com o nome do imperador, mas sem sua efígie. A entrada nos pátios sagrados do templo era proibida a todos os não judeus, sob pena de morte. Os soldados deslocados para Jerusalém tinham a ordem de deixar seus estandartes na Cesareia. Apesar de tudo, as autoridades romanas não conseguiam arrancar do povo judeu nenhum sinal de submissão nem de reconhecimento. Por que tanto fanatismo, tanto nacionalismo exacerbado, se Roma os tinha libertado de príncipes cruéis e despóticos?

Na verdade, Roma nutria desgosto profundo pela Palestina irredutível, pelos judeus que não se deixavam assimilar, por seu culto incompreensível, e alimentava o desejo secreto de eliminar o local da face do império. Na Galileia, Herodes Antipas, que se dedicava a abafar qualquer movimento de rebelião embrionário, qualquer coisa que pudesse representar algum início de problemas para a ordem pública, temia pelo pior.

Ele conseguiu cumprir seu objetivo de manter a aparência de ordem muito bem, como déspota rápido e implacável em suas sanções. Além disso, na década de 20 d.C., como atesta o historiador Tácito, o país vivia em calma relativa, submetido a forte vigilância. Principalmente a Galileia, mais aberta às influências exteriores, vivia período de paz relativa. Na Judeia, província mais em polvorosa, Caifás assumiu o posto de Sumo Sacerdote em 18 d.C., sob a autoridade e o controle de seu sogro, Anás. Em 26, Pôncio Pilatos oficializou o palácio governamental da Cesareia. A partir de então, passou a ter a Judeia sob sua autoridade e mantinha relação sem muitos percalços com Caifás. Os fariseus e os saduceus se agruparam ao redor do templo e não reagiram.

E então, de repente, na Galileia, aquela região onde corre o Jordão, rio simbólico da passagem, caminho para a Terra Prometida, surgiu um tal de João Batista, que pregava, banhava e, sobretudo, insuflava a multidão.

"Eis o homem"

No ano 28 d.C., o 15º ano do reinado de Tibério César, Betânia*, um pequeno burgo independente que permite a travessia do Jordão, começara a ter grande movimento havia alguns dias. Eram dezenas de pessoas vindas de todo o país, com a mesma impaciência para ter com ele e o mesmo desejo de ser salvas. Antes mesmo que os forasteiros de passagem perguntassem "onde posso encontrar João Batista?", as aldeãs que tinham saído de casa para pegar água no poço respondiam com um gesto. Elas apontavam para a trilha de mulas que seguia na direção do rio. Quando os estrangeiros tomavam esse caminho para chegar até a margem do rio, bastava dar alguns passos para escutar a voz daquele que batizava. Essa era a primeira impressão que eles tinham do asceta cuja reputação se propagara amplamente na Judeia e na Galileia. Sua voz. A "voz que clama", como o próprio João dizia. Seria a voz que anuncia o livro de Isaías? Aquela que proclamava "No deserto, abri um caminho para Iahweh; na estepe, aplainai uma vereda para o nosso Deus" (Isaías, 40, 3). Muita gente acreditava nele e o procurava para receber, de suas mãos, o batismo que significava a vontade solene de curar os próprios pecados. Naquela época, havia muita gente que se entregava a rituais de purificação por meio da água. Mas João praticava um único batismo, que administrava pessoalmente aos outros. Essa ablução única era tão original, tão carregada de simbolismo, que o bochicho popular agregou a João o sobrenome de "Batista".

João encontrava-se exatamente no local indicado pelas mulheres do vilarejo. Os visitantes ficavam felizes, pois poderiam chegar lá e não encontrá-lo: João viajava muito para batizar. Ele ia até onde estavam as multidões. Ontem mesmo estava em Enom, perto de Salim, "pois lá as águas eram

---

* Betânia é uma variante de Beth-Bara, que significa "lugar de vau". Não se deve confundir com a Betânia localizada a três quilômetros de Jerusalém, na estrada que sobe cheia de curvas até a cidade, vinda de Jericó, onde residem Marta e Maria, e onde Jesus ressuscita Lázaro.

abundantes e muitos se apresentavam para serem batizados" (João, 3, 23), e retornaria ao local dali a algumas semanas. Naquele momento, estava em pé no meio do rio, em uma piscina formada por pedras claras, com o rosto voltado para o céu. Ali, a água era calma e não passava da cintura. De um lado, serenos, com olhar alegre e rosto calmo, estavam sentados os recém-batizados. Do outro, aqueles que se despiam e se preparavam para a imersão. O aspecto um tanto assustador de João não os incomodava. Vejamos a descrição que Flávio Josefo fez em *A guerra dos judeus*:

> Havia um homem que percorria a Judeia com vestes extravagantes, peles de animal costuradas sobre seu corpo nos locais em que não era coberto por pelos, e de rosto ele tinha aparência selvagem. Ao abordar os judeus, ele os chamava à liberdade ao dizer: "Deus me enviou para mostrar-lhes a verdade da Lei, por meio da qual vocês serão poupados de ter vários mestres e não terão mais mestres mortais, mas apenas o Mais Elevado, que me enviou". Ao ouvir essas palavras, o povo ficava feliz; e toda a Judeia o seguia, e também os arredores de Jerusalém.[1]

Como Flávio Josefo também ressalta, João não fazia nada além de mergulhar as pessoas nas águas do rio Jordão: "E ele os manda embora dizendo que deixem de fazer o mal, que ele lhes dará um rei que vai libertá-los e que vai submeter a todos os insubordinados, sendo que ele próprio não vai se submeter a ninguém[2]".

O que se dizia a respeito de João para que ele atraísse um número tão grande assim de discípulos, e para que seu renome lhe valesse, nas obras de Flávio Josefo, um capítulo com muito mais peso do que aquele dedicado a Jesus? Chamavam-no de profeta, mas ele era um profeta independente, livre de qualquer grupo de pressão. Talvez de fato fosse Elias, que reapareceu na terra para anunciar o Julgamento Final, como está dito nas Escrituras. Ou ainda o Messias, esse Messias tão esperado, que os profetas anunciaram e cuja silhueta fluida e imprecisa povoava os relatos apocalípticos do século I. Essa denominação da Bíblia hebraica não tem nada de banal. "Messias", derivado da palavra hebraica *messiah*, significa "ungido, sagrado pelo Senhor" e se traduz em grego por *Christos*. O messias, na tradição judaica, é aquele que recebeu de Deus a unção que o consagra como líder de um povo, como libertador da nação eleita, aquele por meio do qual Deus cumpre a promessa feita aos antigos.

Se fosse o Messias, João Batista não seria o primeiro candidato ao posto naquela época conturbada. Agitadores que se proclamavam messias fomentavam complôs contra as legiões romanas e faziam o povo se rebelar. Esses arruaceiros denunciados pelos escritores romanos e que Marcos declarou como "falsos profetas" em seu Evangelho (13, 22) agrupavam em torno de si verdadeiros terroristas e com frequência justificavam sua autoridade fingindo repetir os sinais e os prodígios de Moisés ou de Josué. Entre eles, Teudas, mencionado em Atos dos Apóstolos (5, 36) e também por Flávio Josefo: "Um impostor de nome Teudas convenceu um grande número de pessoas a segui-lo até o Jordão, ele afirmava ser o Profeta e dizia que, sob suas ordens, as águas do rio iriam se abrir[3]". Da mesma maneira que esse autor, os Atos também mencionam um profeta egípcio que, do alto do monte das Oliveiras, assim como Josué, teria anunciado o desmoronamento das muralhas de Jerusalém. Essas aparições de "messias" são inúmeras. Flávio Josefo não deixa de mencionar os novos profetas e os messias, tais como Judas, o Galileu, que, no ano 6 d.C., aliase ao sacerdote Sadoque para comandar uma revolta contra os romanos, por julgar vergonhoso pagar-lhes impostos, já que Deus é o único líder dos judeus. Seus dois filhos, Simão e Jacó, seriam crucificados em 45 d.C. por também terem se rebelado, e seu neto, Menaém, foi o signatário da primeira guerra judaica contra Roma. Líderes como Atronges, Simão, Judas, o Galileu, ou Menaém causaram sérios problemas com a morte de Herodes, o Grande (em 4 d.C.), ou com a deposição de Aquelau (6 d.C.). Integrantes do povo, esses homens se rebelaram contra o poder romano, arrastando atrás de si militantes que tinham a intenção de restaurar o direito de

Deus sobre a terra santa, com base em uma palavra de ordem: entregar a Deus sua realeza por meio da instauração de um regime teocrático em Israel.[4]

Essa noção não é muito antiga. De fato, existe uma única alusão ao Messias no baixo judaísmo – "o cetro não se afastará de Judá, nem o bastão de chefe entre seus pés, até que o tributo lhes seja trazido" (Gênesis, 49, 10), afirma o Pentateuco – mas as ocorrências são abundantes na literatura apocalíptica a partir do século II a.C. Assim, uma série de dezoito salmos atribuídos a Salomão e compostos provavelmente entre os anos 70 e 45 a.C. anuncia sua vinda. Esses cânticos exprimem hostilidade violenta em relação à dinastia dos hasmoneus, depositando toda a esperança em um rei que seja descendente verdadeiro de Davi. Seus versos acalmam toda a angústia do povo de Deus e fazem a súplica pelo futuro. O autor (anônimo) descreve em seguida a provação presente que atingiria seu auge por meio da dominação ímpia de um poder estrangeiro. Ele pede que o Messias, cujo reinado ideal traria a Israel lealdade e felicidade, seja seu salvador. A súplica manifesta resistência espiritual dupla ao poder dos hasmoneus e ao poder romano. Nessa época, os judeus não imaginavam que o Messias poderia triunfar sem tomar parte em combates. Afinal, tinha sido escrito que "os reis da terra se insurgem, e, unidos, os príncipes enfrentam Iahweh e seu messias" (Salmos 2, 2). Esse mesmo salmo prevê a vitória do Rei salvador. Além disso, não podemos nos esquecer de que, na Judeia, em meados do século VI a.C., Isaías tinha dado ao Messias um semblante totalmente diferente, não de um combatente, mas sim de um messias bondoso e pacífico "que será perseguido e em seguida levado à morte em remissão pelos crimes de outros, antes de ser glorificado por Deus" (Isaías, 53). Essa imagem de um messias sofredor e bondoso não estava na moda da Palestina do século I.

A espera pelo Messias se apoia sobre diversos textos proféticos. Em 735 a.C., Isaías anuncia ao rei de Judá, Acaz, fixado em Jerusalém, o nascimento de uma criança, testemunho da lealdade de Deus, de acordo com os seguintes termos: "Eis que a jovem está grávida e dará à luz um filho" (Isaías, 7, 14). Em seguida, as previsões se repetem, sob termos diferentes: "Porque um menino nos nasceu, um filho nos foi dado, ele recebeu o poder sobre seus ombros, e lhe foi dado este nome: Conselheiro-Maravilhoso, Deus-Forte, Pai-Para-Sempre, Príncipe-da-Paz" (Isaías, 9, 5); "Um ramo sairá do tronco de Jessé, um rebento brotará de suas raízes. Sobre ele repousará o espírito de Iahweh" (Isaías, 11, 1-2). Vários outros profetas afirmam sua existência futura: "E tu, Belém-Éfrata, pequena entre os clãs de Judá, de ti sairá para mim aquele que governará Israel" (Miqueias 5, 1); "abrirei minha boca numa parábola" (Salmos, 78, 2); "Eis que o teu rei vem a ti: ele é justo e vitorioso, humilde, montado sobre um jumento" (Zacarias 9, 9); "os que me odeiam sem motivo" (Salmos 35, 19; 69, 5), "repartem entre si minhas vestes, e sobre a minha túnica tiram a sorte" (Salmos, 22, 19); "eles olharão para mim a respeito daquele que eles transpassaram" (Zacarias, 12, 10); "Porque não abandonarás minha alma no Hades nem permitirás que teu Santo veja a corrupção" (Atos, 2, 27); "Vou suscitar para eles um profeta como tu" (Deuteronômio, 18, 15).

Há temas recorrentes que aparecem no conjunto das profecias messiânicas. O profeta Elias deveria precedê-lo para preparar o caminho. A chegada do Messias provocaria a coalizão dos maus, conduzidos por um líder terrível. Mas o exército do mal seria vencido pelo próprio Messias, armado por Iahweh. A derrota dos cruéis seria seguida pelo início do reino messiânico de felicidade. O Messias subiria ao trono em Jerusalém, mas a cidade seria renovada por uma purificação mais profunda. Talvez fosse substituída por uma cidade celeste, descida já toda construída dos céus. Nela e a seu redor o povo eleito viveria, finalmente reunido em sua totalidade.

Seria o início da era dourada que duraria pelo menos mil anos, no fim dos quais uma purificação esplêndida conseguiria anular os elementos da corrupção. Os mortos então ressuscitariam para o Juízo Final, que estabeleceria a divisão entre os homens. Os bons receberiam o privilégio de entrar com os anjos na morada de Deus, ao passo que os reprovados seriam, junto com os demônios, jogados na geena. Cada indivíduo representava o Messias da forma como seu grupo, sua educação e sua sinagoga o delineavam. O Zelota o imaginava como uma espécie de Judas Macabeu glorificado. O fariseu, como um líder justo que reinaria sobre o povo de Deus entregue ao jugo dos *goyim*. O essênio, como um emissário de Deus, armado de poder sobre-humano. Ninguém o imaginava como os últimos profetas o descreveram: bondoso e sacrificado, um cordeiro de Deus enviado à morte. Além disso, cada místico que se erguia, cada revolucionário que dava seu grito de clamor às armas encontrava fiéis absolutamente dispostos a reconhecer nele aquele que haveria de vir. Mas como reconhecê-lo? Como saber se ele verdadeiramente seria esse enviado providencial de Deus? Em que categoria pode se encaixar João Batista? Aliás, será que ele era esse messias tão esperado ou um simples profeta?

João Batista levava uma vida saudável e ascética. Vagou por muito tempo no deserto onde vivia como se fosse um *nazir* (apesar de não ser), como uma espécie de *saddhu* judeu nascido na seita dos essênios: os *nazirs* não bebiam álcool, não raspavam a cabeça, não se aproximavam jamais dos cadáveres para se proteger de qualquer impureza. Segundo alguns relatos, João se alimentava de raízes e de aparas de madeira; de acordo com outros, ele consumia gafanhotos e mel. No dia de seu aniversário de trinta anos, contavam, Deus falou com ele. Pediu que fosse a "voz que clama", e João obedeceu com a submissão com que tinha sido preparado, desde a tenra infância, para servir o Senhor, já que era filho único do sacerdote Zacarias. Para alguns, a família de João pertencia à ramificação dos sacerdotes salocidas, que inspiraram Sadoque, o Sumo Sacerdote de Davi e de Salomão, e esses sacerdotes escolheram se afastar das características mundanas dos saduceus. Além disso, a maneira rigorosa como a família cumpria a Lei moldara João de maneira absoluta. Quando escutou a ordem do Senhor – e contrariamente à obrigação de todo filho único de um sacerdote, de se casar e tentar dar continuidade à linhagem sacerdotal –, João partiu para o deserto. Essa ordem tinha que ter sido muito imperiosa, porque a falta com os deveres representava verdadeiro escândalo para os judeus religiosos – e quem era mais religioso do que João? Renunciar ao casamento era, ao mesmo tempo, faltar com seu dever primordial de colocar filhos no mundo e com seu dever sagrado de perpetuar a linhagem dos sacerdotes de Jerusalém.

Como vários de seus contemporâneos, João previu a chegada do Reino de Deus. "O machado já está posto à raiz das árvores; e toda árvore que não produzir bom fruto será cortada e lançada ao fogo" (Lucas, 3, 9), ele profetizou. Ao contrário dos essênios, que se julgavam os únicos eleitos capazes de escapar do geena de fogo, João desejava converter seus correligionários. Ele fazia pregações até mesmo na esplanada do templo em Jerusalém. Suas afirmações eram tão vigorosas que ele foi levado perante o conselho, liderado por Herodes Arquelau, acompanhado pelos doutores da Lei:

> E lhe perguntam quem ele é e onde estivera até então. Ele responde com as seguintes palavras: "Eu sou o homem que o espírito de Deus determinou que eu seria, eu me alimento de cana, de raízes e de aparas de madeira". Como foi ameaçado de tortura se não parasse com suas palavras e seus atos, ele disse: "São vocês que devem cessar seus atos impuros e aderir ao Senhor seu Deus". Então Simão, um escriba essênio de origem*, levanta-se cheio de fúria e diz: "Todos os dias nós lemos a escritura divina, e você, saído hoje da floresta como um animal, como tem a ousadia de nos ensinar uma lição e seduzir o povo com suas palavras ímpias?". E ele avança para dilacerar-lhe o corpo. Mas João recusa a censura e diz: "Eu não vou lhes revelar o mistério que existe entre vocês, já que não é o que desejam. Assim se abateu sobre vocês uma perdição invencível, e por sua própria culpa". Depois de ter

---

* Nem todos os essênios se retiraram ao deserto. Herodes, que os protegia, segundo Flávio Josefo (*Antiguidades judaicas*, XV, 10, 5), chegou a nomear um deles, Menaém, como chefe do conselho dos rabinos.

falado assim, ele se desloca para o outro lado do Jordão.* E, sem que ninguém tenha coragem de impedi-lo, ele continua a agir como antes[5].

Assim como os essênios** tinham feito, João então se afastou do sacerdote do templo, a quem condenava os hábitos, e acreditou com firmeza na iminência da intervenção divina na história de Israel. Ele suplicava aos judeus piedosos que se apressassem em se batizar e em se converter. Deus o enviara para avisá-los, eles ainda estavam em tempo, mas as trevas e os dilúvios de fogo iriam se abater a qualquer momento.

O batismo dele era definitivo, mas o batizado só seria realmente perdoado se expiasse seus pecados e adotasse conduta exemplar em relação ao respeito rigoroso à Lei; assim, seria regenerado e estaria pronto para entrar no Reino de Deus. Quando a conversão interna se operava verdadeiramente, não havia mais necessidade de fazer sacrifícios ao templo. Mas aqueles que permaneciam surdos a seu aviso precisavam tomar cuidado, bem como aqueles que acreditavam que bastava ser judeu para serem salvos. "Produzi, então, frutos dignos do arrependimento e não comeceis a dizer em vós mesmos: 'Temos por pai Abraão'. Pois eu vos digo que até mesmo destas pedras Deus pode suscitar filhos a Abraão" (Lucas, 3, 8). Nem linhagem nem sacrifícios seriam suficientes para salvar da catástrofe. Apenas a combinação do arrependimento, da santidade dos atos pessoais e do batismo de João poderiam salvar.

O arrependimento. O arrependimento, assim como a fé, entremeia o judaísmo e, particularmente, os discursos

---

* O Jordão separava a Judeia da Galileia. Ao passar para a outra margem, João abandonou a jurisdição de Arquelau.

** Certos historiadores aventaram a hipótese de que João pode ter sido discípulo dos essênios, talvez uma das crianças adotadas por eles para serem formadas em Qunran, como relata Flávio Josefo (*A guerra dos judeus*, 2. 8. 2, §12). Eles embasam sua tese na seguinte frase de Lucas: "O menino crescia e se fortalecia em espírito. E habitava nos desertos, até o dia em que se manifestou a Israel" (Lucas, 1, 80).

religiosos do século I. Não existe perdão divino se o povo não se arrepende; essa preliminar é indispensável. De fato, o perdão relativo "a falta, a transgressão e o pecado" (Êxodo, 34, 7) é um dos treze atributos divinos citados pelo Êxodo*. Esse perdão é inerente à Aliança do Senhor com Moisés.** A propensão ao arrependimento é um dos maiores dons que Deus concede ao indivíduo. Arrepender-se é o mesmo que se voltar a Deus, como indica a raiz da palavra hebraica *techouvah*: *chouv*, retorno. A partir desse contrato de fundação entre Iahweh e Moisés, o trabalho essencial dos profetas é de estimular o povo a se arrepender e a se voltar aos caminhos de Deus, ação que autorizava a misericórdia divina. Isaías anunciou: "Dissipei tuas transgressões como névoa, e os teus pecados como nuvem" (Isaías, 44 22). Deus insiste pela boca de Ezequiel: "Dize-lhes: 'Por minha vida, oráculo do Senhor Iahweh; certamente não tenho prazer na morte do ímpio; mas antes, na sua conversão, em que ele se converta do seu caminho e viva'." (Ezequiel, 33, 11). Particularmente naquele momento da história de Israel, os rabinos lembravam como o próprio Deus sempre ordenara a seu povo que se arrependesse. Nas sinagogas, eles retomavam as virtudes desse ato, lembrando que ele leva à Redenção.*** Nos dias sombrios da história do país,

* De acordo com a *Amidah*, prece instituída depois da primeira destruição do templo pela Grande Assembleia, a predecessora do Sinédrio, e que o fiel deve recitar três vezes por dia. Nela, Deus é chamado de "Aquele que perdoa com abundância".

** Lembremos as palavras de Deus: "Deus de ternura e de piedade, lento para a cólera, rico em graça e em fidelidade; que guarda sua graça a milhares, tolera a falta, a transgressão e o pecado, mas a ninguém deixa impune e castiga a falta dos pais nos filhos e nos filhos dos seus filhos, até a terceira e a quarta geração" (Êxodo, 34, 6-7). O Deus misericordioso e piedoso então fecha uma aliança, mas impõe condições. Ele criará maravilhas, realizará uma obra com esse povo, mas este vai se encontrar proibido, dali para frente, "de fazer aliança com os moradores da terra para onde vais; para que não te sejam uma cilada. Ao contrário, derrubareis os seus altares, quebrareis as suas colunas e os seus postes sagrados" (Êxodo, 34, 12-13). Em seguida, as obrigações do povo para com seu Senhor são promulgadas; suas faltas, revoltas e pecados são indicados com clareza.

*** Na literatura profética e rabínica, o termo Redenção qualifica a restauração nacional e a regeneração, além de um estado final e ideal do universo.

quando catástrofes e calamidades naturais se abatiam sobre a região, quando o invasor era percebido como ameaça à permanência da existência étnica, religiosa e cultural, ordenava-se ao povo que examinasse sua consciência e que, por meio do jejum e do arrependimento, se convertesse e retornasse ao ideal de Deus. Mas o jejum e a ablução não bastavam para obter o perdão de Deus. Era necessário reconhecer seu pecado e repará-lo. Era necessário confessá-lo perante Deus, e a Deus somente; era necessário fazer um ato de contrição, decidir-se a mergulhar na conversão profunda e assumir esse ato perante Deus. A partir dos rios da Jordânia, João Batista retomou essa tradição e essa pregação. Ele ressaltava a urgência do arrependimento. Ele incitava os viajantes e, aos convertidos, propunha o batismo como símbolo da Nova Aliança que eles acabavam de contrair junto a Deus.

João não escolheu aquele rio por acaso. O povo hebreu chegou à Terra Prometida ao cruzar a vau o rio Jordão, mil e duzentos anos antes. E o Jordão então se abriu para que o povo, conduzido por Josué, finalmente se reunisse sob o sol de Canaã. O profeta Elias subiu aos céus a partir do rio Jordão, e de lá desceria para anunciar o fim dos tempos e a chegada do Messias. "Eis que vos enviarei Elias, o profeta, antes que chegue o Dia de Iahweh, grande e terrível" (Malaquias, 3, 23). Elias, aquele que justamente lutou a vida toda para purificar a crença no Deus único e para acabar com a hipocrisia religiosa.

"Raça de víboras!", João bradava para designar os recém-chegados que tiravam as roupas pare receber o batismo. E todos vinham a ele. E todos o escutavam. Aos militares, ele ordenava que não mais usassem de brutalidade com ninguém e que não fizessem denúncias só para ficar com o dinheiro da recompensa pela acusação. Aos coletores de impostos, ele ordenava que não pegassem mais do que era exigido e que não buscassem o enriquecimento pessoal. E, às massas, ele ordenava que entregassem a segunda túnica que possuíssem a quem precisasse e que compartilhassem seu pão. "E, com muitas outras exortações, continuava a anunciar ao povo a Boa Nova" (Lucas, 3, 18). Além do desdém que nutria pelo templo e pelos rituais de sacrifício que nele eram executados, além do novo vínculo direto com Deus que desprezava o intermédio dos sacerdotes e que ele iniciava com seu batismo, João designava os pecadores: os escribas e os fariseus que se contentavam com seu nascimento para acreditar que estavam a salvo e protegidos da ira divina; os adoradores de ídolos; e Herodes Antipas, tetrarca da Galileia, que ele considerava como o arquétipo do aviltamento, aquele que causava a cólera de Deus. Por acaso Herodes não seria o próprio símbolo do pecado? Ele construiu cidades dedicadas aos césares romanos. Ele se casou com Herodias, a viúva de seu irmão, quando ela já tinha filhos deste.* Ele é, portanto, culpado de incesto e de adultério.

E as pessoas o escutavam. Um grupo grande de discípulos se formou ao redor dele e não parava de crescer. Sua popularidade chamou a atenção das autoridades. Herodes Antipas, o tetrarca, sabia que só devia seu poder à boa vontade dos romanos, sob a condição de que mantivesse a ordem na Galileia e na Idumeia.

> E como os judeus comuns se reuniam ao redor de João e sua excitação chegava ao auge quando escutavam as palavras dele, Herodes começou a temer que o grande poder demonstrado por João para convencer as pessoas se transformasse em revolta, porque as pessoas pareciam prontas a segui-lo em tudo que ele ordenasse. Herodes decidiu então fazer com que João desaparecesse, quis detê-lo por precaução, antes da eclosão de uma revolta. E também considerou preferível essa maneira de agir, melhor do que esperar a mudança da situação e a chegada de um estado de crise que o faria se arrepender por ter demorado demais para tomar sua decisão. [6]

---

* A lei do Levirato exigia que um irmão se casasse com a cunhada quando ela se tornasse viúva, sob a condição de que o marido tivesse morrido sem deixar filhos com ela. Herodias tinha quatro filhos e pelo menos uma filha, Salomé, do primeiro casamento.

Quer por razões pessoais – o adultério ou o incesto – ou por razões de manutenção da ordem pública, João foi detido e em seguida executado – alguns acusaram Herodias pelo crime e por ter forçado Salomé, sua filha, a pedir a cabeça de João Batista em troca de uma dança. Flávio Josefo afirma que João era tão famoso e tão popular que seus discípulos continuaram a venerá-lo muito depois de sua morte, como foi o caso de um grupo que se deslocou para Éfeso, na época de Paulo, e que continuou exigindo o batismo (consulte Atos dos Apóstolos, 19, 3). Assim, alguns anos depois de sua execução, quando o exército de Herodes Antipas sofreu um revés cruel contra as tropas do rei nabateu Arestas IV, os inúmeros discípulos de Batista afirmaram: Deus vingou a morte de João. Dali para frente, Sua cólera iria se abater sobre todo o povo.

E, enfim, ele chegou.

Ele apareceu pela primeira vez aos homens, sozinho, andando pelo caminho empoeirado de terra vermelha. Ele acabava de surgir na linha do horizonte e sua silhueta comprida parecia dançar nos vapores de calor. João, em pé no meio das águas do Jordão, ficou paralisado. A água que ele segurava nas mãos em forma de concha para derramar sobre a testa de um dos pecadores que acabava de chegar escorreu por entre seus dedos.

Jesus avançou com passos firmes. Ele parecia flutuar por cima do chão. Sua túnica de linho era listrada e tinha franjas, como as vestes de todos os fariseus.* Aliás, ele se vestia e se penteava como eles: risca no meio, barba, sandálias nos pés e, sobre as costas, o *couffieh*, uma faixa de tecido que é boa para se enrolar quando o vento esfria e que é muito útil para cobrir a cabeça quando o sol vai alto no céu e queima até as sombras. Um cinto permitia que a túnica fosse erguida para liberar as pernas, para facilitar a caminhada ou o trabalho, e servia de bolso. Tinha por volta de trinta anos. Se acreditarmos

---

* No inverno, os homens usavam, na parte superior do corpo, uma longa túnica de mangas compridas, um casaco de lã ornamentado com franjas ou borlas, conforme as instruções de Deuteronômio, 22, 12.

em Lucas, ele tinha exatamente seis meses a menos do que João, que seria seu primo. Precisamos nos lembrar de que João, antes de nascer, ainda no ventre da mãe, Elisabete, tinha se agitado com a aproximação de Maria, que acabava de ter sido engravidada pelo Espírito Santo. João já havia reconhecido o Senhor em Jesus.

Os dois homens estavam agora um ao lado do outro. O que dizem os evangelistas a respeito dos detalhes desse encontro decisivo, tão notável a ponto de todos eles o relatarem na abertura de suas narrativas, tão fundamental que parece dar início às pregações públicas de Jesus? Mateus evoca um encontro frente a frente que logo se transformaria em cumplicidade. Não foi por acaso que Jesus chegou a Betânia. Ele tinha ido até a Galileia especialmente para que João Batista o batizasse. "Nesse tempo, veio Jesus da Galileia ao Jordão até João, a fim de ser batizado por ele" (Mateus, 3, 13). João Batista, por sua vez, esperava e anunciava a chegada: "Aquele que vem depois de mim é mais forte do que eu. De fato, eu não sou digno nem ao menos de tirar-lhe as sandálias. Ele vos batizará com o Espírito Santo e com o fogo. A pá está na sua mão: limpará sua eira e recolherá seu trigo no celeiro: mas, quanto à palha, a queimará num fogo inextinguível" (Mateus, 3, 11-12). Assim, uma vez que o viu, João reconheceu Jesus e, cheio de deferência, recusou-se a batizá-lo: "Mas João tenta dissuadi-lo, dizendo: 'Eu é que tenho necessidade de ser batizado por ti e tu vens a mim?'" (Mateus, 3, 14).

A voz de Batista se tornou doce. Não eram mais gritos e palavras violentas que dominavam o barulho da água. Não eram mais insultos, reprimendas, "raça de víboras!" lançados sobre os fariseus e os saduceus que se apresentavam para a imersão; de repente era só doçura, humildade, amor e alegria, sem dúvida nenhuma. Era a recusa de ser o oficiante e a exigência de ser batizado. Em relação a Jesus, ele não se surpreendeu com a entrega imediata. "Deixa estar por enquanto, pois assim nos convém cumprir toda a justiça" (Mateus, 3, 15). Como todos os outros pecadores (apesar de ele não ser pecador), Jesus recebeu o batismo. O homem foi mergulhado, mas, quando subiu das águas, os céus se abriram. "Ele viu o espírito de Deus descendo como uma pomba e vindo sobre ele. Ao mesmo tempo, uma voz vinda dos céus dizia: 'Este é o meu filho amado, em quem me comprazo'." (Mateus, 3, 16-17). Foi um homem que entrou na água e, graças ao batismo, por meio do batismo, foi o filho que surgiu ao sol, com os cabelos banhados de luz. Quem enxergou a pomba? Jesus, especifica Mateus, sem completar se Batista ou qualquer outra pessoa entre a multidão também a viu e escutou a voz. Depois, Jesus foi embora logo, sem se voltar para trás. A partir de então, o Espírito passou a guiar seus passos.

Marcos apresenta João Batista da mesma maneira que Mateus o fez: vestido à maneira do profeta Elias, batizado, proclamando a toda a região da Judeia e de Jerusalém: "Aquele que é mais forte do que eu, de quem não sou digno de, abaixando-me, desatar a correia das sandálias. Eu vos batizei com água. Ele, porém, vos batizará com o Espírito Santo" (Marcos, 1, 7-8). Mas o segundo evangelista não faz nenhuma descrição detalhada. A sequência é bem mais elíptica. Jesus chegou e recebeu o batismo de João. Ele não foi até lá especialmente *para* receber o batismo, como diz Mateus: "Aconteceu, naqueles dias, que Jesus veio de Nazaré da Galileia e foi batizado por João no rio Jordão" (Marcos, 1, 9). E, a partir de então, o que aconteceu entre os dois homens? Será que João se inclinou perante Jesus? Será que ele chegou a reconhecê-lo? Ou será que ele o mergulhou como qualquer um dos peregrinos que chegava para se converter e buscar a remissão dos pecados? Marcos não revela nenhum detalhe do encontro frente a frente. Nenhuma palavra foi trocada entre os dois homens. Nenhuma reação. E, mesmo quando o céu se abriu, Marcos não indica com exatidão quem o viu se abrir, quem ouviu Deus falar além de Jesus. Tudo leva a crer que foi Jesus, e Jesus apenas, que viu e escutou: "E, logo ao subir da água, ele viu os céus se rasgando e o Espírito, como uma pomba, descer até ele, e uma voz veio dos céus: 'Tu és o meu Filho amado, e em ti me comprazo'." (Marcos, 1, 10-11). Quem mais enxergou e escutou? João Batista? A multidão?

Nunca saberemos. Tanto em Marcos quanto em Mateus, Jesus foi embora imediatamente. "E logo o Espírito o impeliu para o deserto" (Marcos, 1, 12).

Já em Lucas, o encontro simplesmente não aconteceu. Em todo caso, não aconteceu às margens do Jordão. No texto de Lucas, vê-se muito bem quando João batiza, quando João inflama as multidões, quando João anuncia a iminência do Reino de Deus, quando João adverte que o machado já está na raiz da árvore, mas nunca vemos Jesus chegando de Nazaré ou de qualquer outro lugar. Claro que, em seu texto preliminar, Lucas relata nas primeiras páginas de sua narrativa a concepção milagrosa de João – por meio da intervenção de Gabriel que atendeu aos pedidos de Zacarias e Elisabete, casal velho e estéril. De acordo com Lucas, os pais de João, o sacerdote Zacarias e sua mulher Elisabete, não tinham filhos nem esperança de algum dia conseguirem ter: Elisabete era estéril e os dois estavam em idade avançada. Mas, um dia, quando era sua vez de acender o incensário no templo, Zacarias viu um anjo que lhe anunciou a maternidade próxima de Elisabete, grávida de um filho que devia se chamar João e que seria, desde o ventre da mãe, cheio do Espírito Santo. Essa criança deveria preparar o povo para a chegada do Senhor. Como Zacarias não reconheceu o anjo Gabriel, este o acometeu de mudez – ele seria curado no dia em que seu filho nascesse e ele compreendesse o prodígio. Alguns dias depois do anúncio de Gabriel a Zacarias, Elisabete descobriu a gravidez, tão estranha em sua idade que ela esconderia durante cinco meses. Seis meses mais tarde, Maria, grávida por sua vez, e de maneira ainda mais maravilhosa, foi visitar a prima Elisabete, que cumprimentou do batente da porta. A criança no ventre de Elisabete reconheceu aquela voz entre todas as outras. Ela se agitou então de alegria, com tanta força que a própria Elisabete se encheu do Espírito Santo; ela compreendeu a Anunciação feita a Maria e o nascimento próximo do Senhor. Segundo Lucas, foi Zacarias, velho e cético, que, depois de recuperar a fala, proclamou então o dia da circuncisão de seu filho: "Ora, tu também, menino, serás chamado de profeta do Altíssimo; pois irás à frente do Senhor, para preparar-lhe os caminhos" (Lucas, 1, 76).

Mas, em seguida, de acordo com Lucas, não aconteceu mais nada no leito do Jordão entre os dois homens. João batizou, depois Herodes o jogou na prisão. Enfim – mas quando isso acontece? – "ora, tendo todo o povo recebido o batismo, e no momento em que Jesus, também batizado, achava-se em oração, o céu se abriu e o Espírito Santo desceu sobre ele em forma corporal, como pomba. E do céu veio uma voz: 'Tu és o meu Filho; eu, hoje, te gerei!'" (Lucas, 3, 21-22). Será João que batizava o povo ou, estando ele já na prisão, são seus discípulos que o faziam em seu lugar? Ou será que João batizava o povo ao passo que Jesus se batizou sozinho, por sua vez? E quem enxergou e escutou o Espírito Santo em forma de pomba além de Jesus? De acordo com o relato de Lucas, jamais saberemos.

E há ainda o Evangelho de João. João é um evangelista particular. Em primeiro lugar, por ter sido um dos doze apóstolos do Cristo; em seguida, por ter sido discípulo de Batista – e um dos dois primeiros a seguir Cristo depois do encontro com João Batista. E também porque o Evangelho composto por ele "forma, no Novo Testamento, um universo à parte. Sua certeza surpreende, a fé ali é mais do que fé[7]". João, o exaltado, o ardente, o "Filho do Trovão", como Jesus o chamava, João era repleto de fé e de certeza: mas ele também viu Jesus, do qual é testemunha privilegiada, já que esteve presente em todos os momentos de sua vida. "Naquele ponto, uma escritura jamais tinha tido consciência de ser uma escritura sagrada, ninguém sabia naquela época que a linguagem é Deus na casa de Deus[8]." Apesar de ele próprio não se colocar em cena, João pôde assistir ao encontro entre Jesus e Batista, já que era discípulo do último. Escutemos o que ele tem a dizer: ele é aquele que dá mais detalhes, apesar de ser o mais místico, o mais metafórico e o mais apocalíptico.

De imediato, João atribui o papel de cada um. No início, Deus é o Verbo, e o Verbo se faz em carne. Em seguida aparece Batista, arauto de Deus, que recebe a tarefa de anunciar a chegada de Jesus. "Houve um homem enviado por Deus. Seu nome era João. Este veio como testemunha, para dar testemunho da luz, a fim de que todos cressem por meio dele. (...) E o Verbo se fez carne, e habitou entre nós; e nós vimos a sua glória. Glória que ele tem junto ao Pai como Filho único, cheio de graça e de verdade" (João, 1, 6-7; 14). Depois, o evangelista apresenta Jesus sem ambiguidade; Jesus é o Filho de Deus: "João dá testemunho dele e clama: Este é aquele de quem eu disse: o que vem depois de mim passou adiante de mim, porque existia antes de mim. (...) Ninguém jamais viu a Deus; o Filho unigênito, que está no seio do Pai, este o deu a conhecer" (João, 1, 15; 18).

Agora que sabemos quem é quem e quem faz o quê, João pode mencionar o encontro entre os dois homens. Encontro eletivo: João Batista esperava Jesus desde o início de suas pregações e de suas profecias. Ele visitou terra, deserto e rio, essencialmente para esperá-lo e anunciá-lo, para preparar o povo para sua chegada. Naquele dia, enfim, ele o viu chegar. Não somente o viu, mas o *observou* chegar. E, quando o viu, ele reconheceu de imediato aquele cuja chegada anunciava, sem que jamais soubesse os traços que aquele homem teria, nem qual seria o seu nome. Tratava-se de uma revelação. De uma teofania. "No dia seguinte, ele vê Jesus aproximar-se e diz: 'Eis o Cordeiro de Deus, que tira o pecado do mundo.* Dele é que eu disse: Depois de mim, vem um homem que passou adiante de mim, porque existia antes de mim. Eu não o conhecia, mas, para que ele fosse manifestado a Israel, vim batizar com água'. E João deu testemunho, dizendo: 'Vi o espírito descer como uma pomba do céu, e permanecer sobre ele'." (João, 1, 29-32). E o evangelista repete: "Eu não o conhecia, mas aquele que me enviou para batizar com água, disse-me: 'Aquele sobre quem vires o Espírito descer e permanecer é o que batiza com o Espírito Santo'. E eu vi e dou testemunho que ele é o Eleito de Deus" (João, 1, 33-34).

---

* "Como cordeiro conduzido ao matadouro" (Isaías, 53, 7) é a imagem escolhida pelo profeta Isaías para descrever o Servo de Deus, o Messias que estava por vir. E, ainda: "Como ovelha que permanece muda na presença dos tosquiadores, ele não abriu a boca". Toda essa passagem de Isaías é considerada como o quinto Evangelho.

Assim, segundo João Evangelista, João Batista reconheceu o "cordeiro de Deus" em Jesus, que ele não conhecia de antemão (apesar das alegações de Lucas em relação ao fato de que Jesus e João Batista seriam primos?). Batista claramente viu o Espírito Santo descer sobre Jesus, e isso confirma sua revelação. Ele atesta isso com firmeza. Mas, que coisa estranha, nos escritos de João Evangelista, não existe menção de nenhum batismo de Jesus feito por João. Nenhuma indicação de tempo e de local acompanha a aparição do Espírito em forma de pomba. Apenas João Batista enxerga essa pomba. E, de acordo com o texto de João Evangelista, o Céu permanece em silêncio.

Por que tantas divergências? Em quem devemos acreditar? Será que o encontro realmente aconteceu? E, se aconteceu, será que o batismo de Jesus existiu? Em nenhum ponto da obra de Flávio Josefo existe qualquer relação entre Jesus e Batista, apesar de a existência dos dois estar bem atestada nesses textos e estar comprovada do ponto de vista histórico. Sabemos que João Batista começou a fazer suas profecias antes que Jesus aparecesse como profeta, por sua vez. Ele também se converteu a uma Nova Aliança por meio do batismo, de um modo ou de outro. Suas pregações encontraram um público imenso, a ponto de fariseus e saduceus ficarem preocupados e fazer-lhe interrogatórios. A ponto de Herodes Antipas, tetrarca da Galileia e da Pireu, mandar que fosse preso e executado. Mas como os contemporâneos de Batista o viam? Será que o consideravam o Messias?

Como observa John Paul Meier em *Un certain Juif, Jésus*, a questão confunde os evangelistas, a ponto de terem o cuidado unânime de descartar essa hipótese e empenharem-se em especificar seu papel com muita clareza. Para Mateus e para Marcos, João Batista é aquele anunciado por Isaías, a voz que clama no deserto, e talvez seja até mesmo o avatar esperado de Elias, já que se veste como ele. Lucas também o apresenta como a voz que clama, e como aquele que prepara o caminho. Ele reconhece que o povo se coloca a questão: "Será que ele é o Cristo?" e escreve que João Batista respondeu a essa interrogação muda ao anunciar a chegada de um outro, mais forte do que ele, de quem não é digno de desamarrar as correias da sandália e que seria batizado de Espírito Santo e de fogo.

João Evangelista responde essa questão constrangedora a Batista: ele não é o Cristo, nem o profeta Elias, somente "a voz do que clama no deserto: Endireitai o caminho do Senhor, como disse o profeta Isaías" (João, 1, 23). A grande maioria dos exegetas acabou por concluir que, se o batismo não ocorreu historicamente, os evangelistas deviam ter evitado falar dele. O batismo de Jesus por João certamente lhes apresentou um grande número de problemas, suscitando diversas questões. A primeira, cujo embasamento lhes escapa, é a razão por que Jesus desejaria ser batizado: o batismo serve para purificar, mas Jesus já é puro. A segunda questão consiste na submissão aparente de Jesus (mais forte, superior, o Filho de Deus) a Batista. Já vimos como cada evangelista resolveu essas questões. Se o batismo não existiu na história, eles deviam ter evitado relatá-lo. Mas, se o batismo existiu, então o fato era conhecido de todos os discípulos de Batista, numerosos e entusiasmados, como Josefo e os evangelistas atestam; de modo que se torna impossível para os evangelistas criarem um impasse em relação a esse ato de tanta importância, se não fundamental, na pregação pública de Jesus.

Também é necessário compreender que, do ponto de vista das primeiras comunidades cristãs, João Batista, célebre e venerado, era um possível concorrente de Jesus. Os Evangelhos e os Atos deixam no ar uma rivalidade entre os cristãos e os discípulos de Batista. Para evitar qualquer oposição entre os dois grupos – os adeptos de João Batista e os adeptos de Jesus – os evangelistas poderiam então ao mesmo tempo reconhecer a importância de João Batista e o sucesso de suas pregações sobre as massas ("Então vieram até ele Jerusalém, toda a Judeia e toda a região vizinha ao Jordão", Mateus, 3, 5); e atribuir a ele uma missão divina, dependente de Jesus Cristo: João Batista preparou, em conformidade com as Escrituras, a chegada do Messias. Na verdade, João Batista foi testemunha da chegada daquele que todos esperavam.

Marcos, por exemplo, estabelece logo de início essa hierarquia entre os dois. "João se vestia de pelos de camelo" (Marcos, 1, 6). Podemos traduzir que João se vestia como Elias, o profeta que deveria vir para anunciar o Messias. "E proclamava: 'Depois de mim, vem aquele que é mais forte do que eu, de quem não sou digno de, abaixando-me, desatar a correia das sandálias. Eu vos batizei com água. Ele, porém, vos batizará com o Espírito Santo" (Marcos, 1, 7-8). Mateus, por sua vez, faz com que Batista reconheça a dignidade de Jesus. "Mas João tentava dissuadi-lo, dizendo: 'Eu é que tenho necessidade de ser batizado por ti e tu vens a mim?'" (Mateus, 3, 14). João Evangelista faz a mesma coisa: "João dá testemunho dele e clama: 'Este é aquele de quem eu disse: o que vem depois de mim passou diante de mim, porque existia antes de mim'." (João, 1 15). Quanto a Lucas, ele vai ainda mais longe e estabelece ligação de parentesco entre Jesus e João. Os dois seriam primos próximos e João Batista reconhecera seu Senhor quando os dois ainda estavam no ventre da mãe.*

Aos olhos da grande maioria dos exegetas, é a questão da hierarquia entre o Batista precursor e Jesus, que vem depois dele, que serve para explicar as teofanias relatadas nos Evangelhos no momento do batismo. Esses episódios do céu que se abre, do Espírito que se manifesta e apresenta todas as evidências da identidade de Jesus seriam, na opinião dos especialistas, composições cristãs. Elas serviriam ao mesmo tempo para solucionar o constrangimento dos evangelistas em relação à importância de Batista e sua missão, e para oferecer às primeiras comunidades cristãs um significado para o batismo de Jesus e uma interpretação rigorosa de sua identidade. De fato, nos primórdios da Igreja, os relatos da teofania do batismo estabelecem com clareza a divisão dos papéis para aqueles que

---

* Será que Lucas inventou a família de João Batista para fazer bonito, para unir João e Jesus do ponto de vista genético e fundi-los na mesma fé? No entanto, o mais provável é que Lucas tenha retomado um relato tradicional que devia circular a respeito de Batista, e que acabou entrando em seu texto – esse assunto suscita muita controvérsia junto a historiadores como John Paul Meier e uma grande parte dos exegetas.

ainda duvidam da identidade do Cristo e de sua superioridade em relação a João Batista, assim como realçam as conexões com o Antigo Testamento. Designado pelo Espírito, Jesus se transforma naquele que João anunciou e que o ultrapassou. Além do mais, os termos que os evangelistas escolhem para evocar essa teofania são deliberadamente emprestados do Antigo Testamento. "E eu vi e dou testemunho que ele é o Eleito de Deus" (João, 1, 34). A expressão "Eleito de Deus" retoma o verso do segundo salmo real: "Tu és meu filho, eu hoje te gerei" (Salmos, 2, 7); essa retomada implica então que Jesus, Filho de Deus, é também o Messias da dádiva real que todos esperam. Afinal, como explica John Paul Meier:

> As últimas palavras pronunciadas pela voz dos céus "em quem eu me comprazo" vêm de Isaías 42, 1: "Eis o meu servo que eu sustento, o meu eleito, em quem eu tenho prazer". O Messias filho de Deus é, portanto, igualmente servo de Iahweh. No Deuteronômio e em Isaías, esse servo misterioso recebe do Espírito de Deus o poder de restabelecer a comunidade de Israel por meio de sua justiça, sua humildade, seus ensinamentos, sua pregação profética (Isaías, 52, 13 – 53, 12) e sua morte em sacrifício pelos pecadores. A reunião da Israel dispersa, tarefa que algumas pessoas podem acreditar ter sido efetuada por João, é, ao contrário, a missão do servo que Iahweh realmente favorece – Jesus.[9]

Com essas teofanias, os evangelistas tiveram a intenção de sublinhar a iminência das profecias do Antigo Testamento e das pregações de Batista, arauto de Deus: Jesus, ungido pelo Espírito, era mesmo o messias real cheio de dádivas, o filho de Deus, vindo à terra para dar início ao Reino de Deus e convidar todos os pecadores arrependidos e convertidos a ingressarem nele.

Ao mesmo tempo, as teofanias expõem dois conceitos fundamentais que irão permear com muita força toda a pregação de Jesus: trata-se, por um lado, do amor de Deus seu Pai e, por outro, da força enérgica do Espírito sobre ele, sobre todos os seus atos e palavras. Da mesma maneira, elas fazem um esboço do retrato de Jesus, sobre quem ainda não sabemos nada, apesar de ele já ter pelo menos trinta anos no dia do tal batismo.

Ainda que os relatos dos Evangelhos sejam divergentes em vários pontos, especificamente sobre essas teofanias, todos concordam que a razão de ser de João Batista é servir de testemunha a Jesus. O aspecto mais importante que deve ser apreendido do acontecimento é que Jesus, ao pedir para ser batizado por João, demonstrou sua adesão àquilo que João proclamava. Esse legado de Batista, que recebeu Jesus para cumprir suas profecias, constitui, desde o início dos Evangelhos, uma indicação de peso para estabelecer o retrato do Nazareno. Graças ao batismo somos informados de que Jesus aprova e toma para si o conjunto das pregações de João – a iminência do fim dos tempos e de Israel, do Reino de Deus, da necessidade de se converter imediatamente e da possibilidade de fazer isso longe do templo: a Nova Aliança. Ainda graças ao batismo, ficamos sabendo que Jesus reconheceu na pessoa de Batista *um* ou *o* profeta escatológico.

Mas será que João Batista realmente reconheceu em Jesus aquele que devia chegar depois dele, aquele de quem não era digno de desamarrar as sandálias? A questão é levantada pelas inúmeras divergências entre os quatro Evangelhos a respeito desse assunto. A possibilidade de que João não soubesse nada a respeito da natureza crística de Jesus serviria para explicar a sequência paradoxal da pregação de João Batista que, misteriosamente, depois de anunciar que reconheceu o Messias em Jesus, continuou suas profecias em detrimento dele – ele não o seguiu, como fariam dois de seus próprios discípulos, André e João. Da mesma maneira, Batista não encaminhou seus fiéis a Jesus. De seu lado, ele continuou com suas pregações e seus batismos. Já vimos como os três Evangelhos sinóticos parecem constrangidos por esse encontro e essa revelação, e como cada evangelista se desvia do problema ou o contorna, deixando-o de lado para ser abordado depois. Assim, na última cena em que o escutamos, acorrentado no fundo de uma masmorra subterrânea da fortaleza de Maqueronte, João Batista, de acordo com Mateus, questiona-se a respeito da natureza de Cristo. "João, ouvindo falar, na prisão, das obras de Cristo, enviou-lhe alguns dos seus discípulos para lhe perguntarem: 'És tu aquele que há de vir, ou devemos esperar outro?'" (Mateus, 11, 2-5).

Será que a dúvida teria corroído João Batista se ele de fato tivesse reconhecido o Cristo no dia do batismo de Jesus, à margem do Jordão? Será que ele teria falhado se tivesse tido a revelação que o enche de luz, descrita por João Evangelista? Seria possível ele esquecer a pomba e o Espírito?

Tudo isso é muito pouco provável. João Batista quis saber antes de morrer: Quem é Jesus de Nazaré? Será que é realmente o Messias? "Aquele que virá?"

E sua questão ergue o véu de um dos mais belos mistérios que a figura de Jesus coloca: o mistério do segredo messiânico.

O Deus anônimo.

O Deus oculto

> E, da mesma maneira, quando agrada a Deus a ideia de caminhar sobre a terra como um anônimo tão perfeito que somente um todo-poderoso poderia revesti-lo, impenetrável a qualquer confidência, quando lhe agrada (e por que ele o faz, com que intenção, é só ele quem sabe dizer; por qualquer razão ou propósito que tenha sido, mostra que o anônimo tem significado essencial), em sua aparência de simples servo, a julgar pela aparência absolutamente igual à de qualquer outro homem, quando lhe agrada, com essa aparência, orientar os homens – quando, então, alguém repete, com grande precisão, as palavras que ele disse, mas dando a impressão de que foi Deus que pronunciou aquelas palavras: então isso se torna falso; porque não é verdade que *ele* pronunciou essas palavras.

É assim que Sören Kierkegaard, em *Exercice en christianisme*[1], convida todos os leitores dos Evangelhos a considerar de muito perto este ponto essencial: o anonimato de Jesus e seu significado essencial. Quer ele tenha sido Deus ou não – e essa continua sendo uma questão de fé, não de saber –, Jesus se apresenta ao mundo como homem: o mais simples, o mais desarmado. E foi assim que seus contemporâneos o viram, observaram e escutaram antes de precisarem questionar sua identidade, frente a seus atos e suas palavras. Ele foi um mistério, e sempre coube ao espectador a questão de solucionar, por meio de um trabalho de conversão interna. E, com frequência, como comprovam as contradições e as divergências dos relatos evangélicos, os discípulos não chegaram a nenhuma conclusão a respeito de seus atos nem da finalidade de suas palavras, ofuscadas pela definição imposta do Messias esperado que eles desejavam desvelar em Jesus. É necessário, portanto, ler os Evangelhos e refletir sobre as reações das figuras que aparecem na cena com essa noção de contemporaneidade em perspectiva, para ver se estão ligadas à reação dos escribas e dos fariseus, dos discípulos ou da multidão, porque, como observa Raymond Brown, "aqueles que viram e ouviram Jesus foram confrontados em relação ao seu envolvimento por causa das aparições depois da ressurreição (1 Coríntios, 15, 5-7); e tiveram plena fé no Jesus ressuscitado, como naquele através do qual Deus tinha manifestado seu amor salvador e definitivo por Israel, e finalmente pelo mundo inteiro. (...) Essa fé pascal ilumina as lembranças daqueles que o tinham visto e ouvido antes da ressurreição; e eles proclamam dessa maneira suas palavras e seus atos com um acréscimo de sentido[2]". Mas essa fé pascal na verdade era inexistente no momento exato das palavras, dos passos nas estradas da Galileia, das noites na casa de Marta e de Maria, das refeições junto aos anfitriões; Jesus era portanto homem e Deus no mesmo segundo e na mesma pessoa; no entanto, a única impressão que ele desejava passar era a de ser um judeu da Galileia laico e desconhecido, o mais simples dos servos, um homem que convidava as pessoas a segui-lo sem jamais especificar seu título nem a autoridade do convite.

Essa característica de anonimato já estava em operação no próprio nascimento de Jesus. De quem ele nasceu? Onde nasceu? Quando nasceu? Jesus nunca falava de seus primeiros anos quando se exprimia perante seus discípulos. Se ele tivesse feito isso, nós seríamos capazes de encontrar vestígios do fato, mas as únicas informações sobre o nascimento e a infância vêm dos textos de Mateus e Lucas, apenas eles manifestam a vontade de enriquecer Jesus com um passado, uma família, sinais providenciais. João e Marcos, por sua vez, passam por todos esses acontecimentos em silêncio. Na verdade, Jesus parece ter surgido de lugar nenhum, ou mais precisamente de Nazaré – o que, para seus contemporâneos, não queria dizer lá muita coisa. E Jesus não fez nada para esclarecer suas origens às pessoas que o rodeavam. Seria ele descendente da casa de Davi ou não? Será que tinha nascido em Belém? Existem vários indícios fundamentais para revelar o messias que podia se esconder sob esse anonimato aparente. A única conexão que ele fazia com seus primeiros trinta anos de vida, antes do batismo no Jordão, era seu nome, que desde logo ele fez pesar com justeza. Não se pode esquecer que os judeus antigos atribuíam aos nomes das coisas e dos homens um valor ao mesmo tempo indescritível, místico e mágico, que servia para exprimir suas virtudes próprias. De onde veio o nome de Jesus? Será que derivava do hebraico Yesû, abreviação de Yesûa ou Yehoshua, ele próprio abreviado do nome do grande herói bíblico Josué, sucessor de Moisés, aquele que fez o povo hebreu entrar na Terra Prometida? Jesus significa "Iahweh salva", ou "o auxílio de Iahweh". Jesus teria, então, um nome que ergueria uma ponta do véu de sua identidade real. Em todo caso, Mateus e Lucas desejam que seus leitores pensem assim, já que especificam que o nome não foi escolhido por Maria, sua mãe, nem por José, seu suposto pai, mas sim pelo anjo Gabriel, quando aparece a José em sonho: "Ela dará à luz um filho e tu o chamarás com o nome de Jesus, pois ele salvará o seu povo dos seus pecados" (Mateus, 1, 21); e em pessoa a Maria: "Eis que conceberás no teu seio e darás à luz um filho, e o chamarás com o nome de Jesus" (Lucas, 1, 31). No entanto, é necessário ressaltar que esse nome era muito popular entre os judeus do século I que, suscitados pela resistência ao invasor, adoravam dar nomes de profetas, de heróis e de patriarcas do Antigo Testamento aos filhos. Em suas evocações históricas, Flávio Josefo cita cerca de duas dezenas de Jesus, sendo que mais da metade é contemporânea a Jesus de Nazaré. Entre eles, há um Jesus que é Sumo Sacerdote; e um Jesus Ananias, camponês que seria condenado à flagelação devido a suas profecias contra o templo, sob ordens do procurador da Judeia e dos saduceus. Esse nome é tão comum, na verdade, que se faz necessário distinguir os Jesus entre eles com o adendo de um epíteto. Portanto, quando fala de Jesus de Nazaré, Flávio Josefo ressalta "que chamamos de Cristo*". Jesus se torna então "de Nazaré" ou, mais tarde, "Jesus Cristo" e, ainda posteriormente, no início do século II, nos escritos dos historiadores Suetônio e Tácito, apenas "Cristo".

Em um outro plano, o nome de Jesus não é insignificante. "Iahweh salva": quando o anjo ordena que esse nome seja dado ao filho que Maria carrega, o anjo tem em mente o sentido profundo do nome de acordo com a tradição hebraica.** Jesus, segundo o evangelista Mateus, tinha pai e mãe oficiais: José, carpinteiro de profissão, e Maria. Mateus, logo de início, dá conta de estabelecer a filiação de Jesus. Três vezes catorze gerações, calculou de maneira metódica o antigo coletor de impostos que seguiu Jesus sem hesitar, para se transformar em seu apóstolo; isso quer dizer que 42 gerações separavam José, o pai oficial de Jesus, e Davi, o rei ungido. É uma precisão estranha, já que, nos versículos seguintes, Mateus estipula que Maria, sua mãe, não foi tocada por José. "Maria, sua mãe, comprometida em casamento com José, antes que coabitassem, achou-se grávida pelo Espírito Santo" (Mateus, 1, 18). De que serve, então, estabelecer a árvore genealógica de um homem de que se afirma, uma frase adiante, que não é o verdadeiro pai? Isso significa esquecer o contexto religioso e social no qual Jesus nasceu: uma sociedade em primeiro

---

* De acordo com o historiador Charles Guignebert, o sobrenome Nazareno está relacionado ao grego *Nazôraios* e exprime uma qualidade própria de Jesus. A expressão recebeu a explicação "de Nazaré" quando deixou de ser compreendida pelos cristãos helênicos, que não entendiam mais o aramaico. Nazareno talvez derive do aramaico *nazir*, "o santo de Deus". Charles Guignebert, desse modo, acredita que, quando os primeiros cristãos chamaram Jesus por seu nome acompanhado do sobrenome, escutaram o enunciado de um nome divino todo-poderoso e um sobrenome característico como: "o enviado de Iahweh, o Santo de Deus". Essa seria a razão pela qual, em João, 18, 4-5, lê-se: "Jesus (...) adiantou-se e lhes disse: 'A quem procurais?'. Responderam: 'Jesus, o Nazareno'. Disse-lhes: 'Sou eu'. (...) Quando Jesus lhes disse 'Sou eu', recuaram e caíram por terra". A reação que o nome e a presença de Jesus suscitam autoriza a tese – corrente – de Guignebert: a fórmula serviria para exprimir o ser divino de Jesus.

** O filósofo juiz Fílon, do século I, em *De Mutatione Nominum*, concorda com esta noção: "Dá-se a Jesus a noção de 'saudação do Senhor'".

lugar patriarcal. Apesar de mulheres como Miriam, Débora, a juíza, Hulda, a profetisa, Rute, Iael ou Ester, isso sem falar em Salomé-Alexandra, que comandou o país, terem tido papel importante na história de Israel, as mulheres geralmente não apareciam em funções de comando do país, para as quais eram consideradas moral e afetivamente inaptas. Os judeus não aceitariam que uma criança pudesse herdar da mãe os direitos atribuídos a seu nascimento. A filiação era garantida pelo pai legal e, uma vez que um homem se apresentava, servia para lembrar de quem a criança era filha do ponto de vista legal. Jesus com frequência é anunciado da seguinte maneira nos Evangelhos: filho de José, o carpinteiro.

O segundo evangelista que apresenta narrativas sobre a infância em seu texto é Lucas. De acordo com ele, José continua sendo aquele que tem a linhagem de Davi. "O anjo Gabriel foi enviado por Deus a uma cidade da Galileia chamada Nazaré a uma virgem desposada com um varão chamado José, da casa de Davi; e o nome da virgem era Maria" (Lucas, 1, 26-27). De acordo com Lucas, o anjo não aparece para José, mas sim para sua noiva. Ele não se revela em sonho, e sim em pleno dia. "O anjo, porém, acrescentou: 'Não temas, Maria! Encontraste graça junto de Deus. Eis que conceberás no teu seio e darás à Luz um filho, e o chamarás com o nome de Jesus'." (Lucas, 1, 30-31). As anunciações angelicais e os nascimentos milagrosos eram moeda corrente nos textos fundadores da antiguidade. As figuras mais importantes do Antigo Testamento não são exceção.

Lucas e Mateus são os únicos que evocam os primeiros anos da vida de Jesus, sem outra testemunha ocular direta, já que na época da redação dos Evangelhos todos os personagens citados nesses capítulos, se é que algum dia existiram, já estariam mortos havia muito tempo, como é o caso de Elisabete e o velho Zacarias, Simeão, José, João Batista e os pastores de Belém. Claro que existe a possibilidade de que Maria, mãe de Jesus, seja quem, mais tarde, tenha feito esses relatos sobre a infância de Jesus. Ela era a única pessoa ainda viva na época da redação dos Evangelhos. Quem poderia melhor do que ela se lembrar da aparição do anjo e de sua anunciação? Depois da morte de seu filho, ela permaneceu próxima dos apóstolos. Da cruz, Jesus revelou à mãe seu discípulo preferido: "'Mulher, eis teu filho!' Depois disse ao discípulo: 'Eis tua mãe!' E a partir dessa hora, o discípulo a recebeu em sua casa" (João, 19, 26-27). E Maria não se separou mais dele, como atestam os textos dos Atos dos Apóstolos: "Todos estes, unânimes, perseveravam na oração com algumas mulheres, entre as quais Maria, a mãe de Jesus, e com seus irmãos" (Atos, 1, 14). Quando João, o discípulo favorito, partiu para Éfeso, Maria sem dúvida nenhuma o seguiu. Lá, acredita-se que ela tenha encontrado Lucas, amigo e companheiro de Paulo, redator do terceiro Evangelho, e teria narrado a ele, da maneira como uma mãe lembra do filho, os primeiros anos de Jesus. Algumas pessoas acreditam nisso. Outras invalidam a hipótese ao apontar os erros de Lucas em relação às visitas ao templo depois do nascimento de Jesus e as confusões relativas aos rituais de purificação: "Quando se completaram os dias para a purificação deles, segundo a Lei de Moisés, levaram-no a Jerusalém a fim de apresentá-lo ao Senhor" (Lucas, 2, 22). Será que a essa altura Maria teria esquecido as prescrições da Lei? Nem José nem a criança precisavam passar por esse ritual de purificação. Aliás, parece que os textos relativos à infância de Jesus são mais adendos, invenções baseadas nas lendas que florescem desde os primórdios da Igreja, incluídos para ajudar a convencer os leitores sobre a natureza crística de Jesus. Todos esses detalhes foram escritos sob uma perspectiva teológica, e não com a preocupação de ser fiel às lembranças de Maria ou a relatos escutados em outros lugares. Seja lá como for, não há provas em contrário quanto à existência do que é dito nos Evangelhos de Mateus e de Lucas, apesar de os dois relatos contarem com inúmeras divergências.

Assim, era uma vez uma jovem virgem que vivia em um pequeno vilarejo na encosta de uma colina, em Nazaré, na Galileia. Aos doze ou treze anos – idade normal para noivar naquela época – ela foi prometida a José, o carpinteiro do vilarejo. José era de boa família. Primeiro por ser de linhagem descendente de Davi, fato atestado por dois evangelistas, ainda que a árvore genealógica apresentada por Lucas não tenha a menor correspondência com a dada por Mateus; e, depois, porque ele exercia uma profissão que requer certo aprendizado e bons conhecimentos. A respeito da família de Maria, os evangelistas não dizem nada*, a não ser Lucas: Maria tem uma parente, Elisabete, casada com Zacarias, e residente em uma cidade nas montanhas da Judeia; e João, que nos informa, casualmente, que Maria tem uma irmã chamada Maria de Clopas: "Perto da cruz de Jesus, permaneciam em pé sua mãe, a irmã de sua mãe, Maria, mulher de Clopas, e Maria Madalena" (João, 19, 25).

O essencial da tradição que Maria viria a evocar bem mais tarde é tirado do Protoevangelho de Tiago, o mais antigo entre aqueles que chamamos de Evangelhos da Infância. Apesar de ter sido condenado pela Igreja como apócrifo**, esse texto foi muito difundido no ocidente cristão, e os artistas se inspiraram bastante em temas que ele aborda. Composto sem dúvida como resposta às difamações a que Jesus e sua mãe foram submetidos no século II, difundidas pelo escritor Celso***, o Protoevangelho de Tiago, cujo título original é "Natividade de Maria", expõe com detalhes a vida da jovem

---

* Nem nos Evangelhos nem nos Atos se faz qualquer referência em relação à ascendência de Maria.

** O Decreto Gelasiano, no século VI d.C., cita como apócrifos e rejeita os textos "Natividade do Salvador", "Maria, a mulher sábia" e "O Evangelho de Tiago, o Menor", pelo fato de terem sido escritos por hereges e partidários do cisma. Mas esses textos, amplamente difundidos na Igreja do Oriente, que os conserva em seu cânone, caíram tanto no gosto da população, que Jerônimo, tradutor da Bíblia, contorna a proibição e volta a publicá-los como "Evangelho de Pseudo-Mateus", manuscrito que ele afirma ter descoberto tardiamente, que o apóstolo Mateus teria escrito em hebraico.

*** Maria seria uma moça pobre, fiandeira de profissão, que teria tido uma aventura ou teria sido estuprada (segundo as diferentes versões) por um centurião romano chamado Pantera, que seu marido teria expulsado da residência conjugal. Grávida, ela teria se escondido para disfarçar a barriga e teria colocado Jesus no mundo depois de inventar a história da visitação do anjo Gabriel e o anúncio da filiação pelo Espírito Santo.

mãe de Jesus. O autor seria o apóstolo Tiago, como anuncia o signatário do texto em seus últimos versos. Sua versão retoma em linhas gerais a Natividade da maneira como é exposta por Lucas e Mateus, completando-a e harmonizando-a. Os silêncios e as lacunas dos dois evangelistas são preenchidos por explicações em abundância. Ficamos sabendo também que Maria era descendente de linhagem antiga. Seu pai, Joaquim, era criador de animais muito rico e crente ardoroso, mas infelizmente estéril, razão pela qual o Sumo Sacerdote Rubens o expulsou do templo. Aflito, Joaquim se retira para o deserto e faz súplicas durante quarenta noites e quarenta dias de jejum e de preces para que o Senhor lhe conceda um filho. Ana, sua esposa, desconsolada pelo desaparecimento repentino de Joaquim, entrou em luto e se lamentou, mas sua criada, Jutina, aconselhou-a a se recuperar. Ana então lavou os cabelos, voltou a vestir as roupas de casada e, sentada no jardim, embaixo de um loureiro, rezou ao Senhor para que executasse o milagre que já concedera a Sara, a esposa estéril de Abraão, ao lhe dar Isaac. Um anjo então surgiu para anunciar a ela que daria à luz, e que falariam de sua prole no mundo todo. Ana, tomada de alegria, prometeu que a criança, menina ou menino, seria consagrada ao Senhor. Joaquim também recebeu a visita de um anjo e a mesma boa notícia; ele retornou precipitadamente à sua residência para ter com sua mulher, louvar o Senhor e preparar o nascimento milagroso. Surgiu Maria. Ela nasceu prematura, o que era considerado sinal de graça divina. Conforme as promessas que Ana fizera aos céus para agradecer ao Senhor pelo nascimento, Maria foi criada em reclusão, em um santuário montado em seu próprio quarto. Com um ano de idade, ela foi abençoada no templo. Com três anos, foi enviada para lá como pensionista, e o sacerdote lhe disse: "Em ti, nos últimos dias, o Senhor manifestará a redenção dos filhos de Israel" (7, 2). A partir de então, ela passou a viver lá como uma pomba, recebendo alimento da mão de um anjo.

Depois, Maria reapareceu com doze anos, e sua presença sobrecarregava o templo, já que sua puberdade iminente poderia maculá-lo. Os sacerdotes decidiram então que ela devia se casar com um dos viúvos da Judeia, que convocaram logo em seguida. Distribuíram varinhas a essa assembleia de homens, e disso surgiria um símbolo para designar o escolhido. De fato, uma pomba escapou da varinha de José, que protestou. Ele não queria tomar sob sua proteção a Virgem do Senhor. Era velho. Tinha filhos. Seria motivo de risadas em toda a região. Mas ninguém era capaz de resistir à vontade de Deus. Então José instalou Maria em sua casa e pediu a ela que ficasse esperando durante todo o tempo em que ele ficasse fora para visitar suas obras. Maria usou o período de solidão para tecer o véu do templo com fios de cor púrpura e escarlate, a dignidade suprema, reservada às virgens mais puras e mais notáveis de Israel. Depois, certo dia em que ela foi pegar água no poço, uma voz lhe disse: "Alegra-te, cheia de graça, o Senhor está contigo; tu és bendita entre todas as mulheres" (11, 1). Maria, trêmula, retornou apressada para casa e, ao recomeçar a tecer, enxergou um anjo de pé à sua frente, que lhe disse ainda: "Não temas, Maria, porque tu encontraste a graça perante o Mestre de todas as coisas. Tu conceberás com a Palavra dele" (11, 2). E como Maria ficou se perguntando como aquilo poderia ser possível, o anjo reapareceu para lhe dar todos os detalhes. Não, ela não conceberia o Senhor Deus vivo da mesma maneira que todas as outras mulheres engravidam: "A força de Deus te cobrirá com sua sombra. Também, a criatura santa que vai nascer será chamada de filho do Muito Elevado. E tu darás a ele o nome de Jesus, porque será ele que salvará seu povo de seus pecados" (11, 3). Maria, submissa, serva do Senhor, terminou o véu do templo e foi para a casa da prima Elisabete, que estava grávida de João Batista. Este, ainda feto na barriga da mãe, agitou-se de alegria e abençoou a moça quando ela chegou. Três meses depois, Maria retornou à casa de José, onde se resguardou: a gravidez começava a aparecer, e ela a escondia de todos. Maria estava com dezesseis anos. Era bonita. Estava grávida de seis meses sem jamais ter estado com um homem. Quem acreditaria nela? José é que não: ao enfim voltar para casa e constatar a barriga da noiva, jogou-se no chão, bateu no próprio rosto e sentiu uma desolação amarga. Ele não sabia o que fazer: lavar a afronta por meio de denúncia, fazendo assim com que ela fosse apedrejada até a morte ou acreditar nela e ficar com o filho que estava em seu ventre, que lá tinha sido colocado por um anjo? Um sonho lhe trouxe a resposta: "Maria diz a verdade", um anjo atestou durante seu sono, "ela realmente engravidou do Espírito Santo, de um filho que deverá se chamar Jesus". José então louvou os céus, mas julgou mais prudente esconder a verdade dos sacerdotes. Infelizmente, intrigado pela ausência do carpinteiro no templo desde seu retorno ao país, um escriba lhe fez uma visita sem avisar. E a gravidez de Maria o deixou horrorizado: José, a quem uma virgem foi confiada, a mais pura e a mais digna das virgens, maculou-a ao consumar o casamento antes que fosse contratado e abençoado no templo! A comoção foi imensa. O Sumo Sacerdote convocou Maria e José mais uma vez, duvidou de suas versões e ordenou que passassem pela provação de Deus no deserto.* Os dois retornaram sãos e salvos do teste e logo todos passaram a acreditar neles. Ambos foram absolvidos e receberam autorização para viver juntos.

Algum tempo depois, o imperador Augusto deu ordens para que fosse feito o recenseamento de todos os cidadãos de Belém, na Judeia; José levou Maria consigo, já que precisava inscrever seu filho. No caminho, Maria sentiu que ia dar à luz; José a acomodou em uma gruta e saiu em busca de uma parteira. Ao redor dele, sinais estranhos anunciavam o acontecimento extraordinário. Homens e animais pareciam paralisados, com o rosto voltado para o céu. A gruta, para onde ele retornou em companhia de Salomé, uma desconhecida que encontrou no caminho, estava tomada por uma névoa luminosa. A parteira, já presente, estava exaltada. Ela tinha tido a premonição da redenção de Israel. Aquilo que Salomé viu na gruta confirmou os presságios da parteira: uma luz ofuscante

---

* O sacerdote faz com que eles primeiramente bebam as águas amargas, segundo as prescrições do Livro dos Números (5, 11-31). Se a mulher fosse culpada, ela se tornaria estéril e seu ventre incharia.

escondia Maria de todos, e quando a luz se extinguiu, uma criança nasceu; era Jesus. Salomé não conseguia acreditar que a mãe ainda fosse virgem. A parteira a obriga a verificar a anatomia de Maria. Convencida pelo exame, Salomé recebeu a visita de um anjo que lhe pediu que não dissesse nada sobre o que tinha visto antes de Jesus chegar a Jerusalém.

Os sinais no céu também tinham atraído magos que foram até lá adorar "o rei dos judeus". Em Jerusalém, eles perguntam a Herodes onde podiam encontrar a criança. Herodes estremeceu. Quem seria esse pretendente que faria seu trono vacilar? Ele pediu aos soberanos do Oriente que retornassem até ele depois de encontrarem o tal rei dos judeus, e que lhe revelassem o local de seu nascimento para que ele mesmo pudesse ir lá se prostrar pessoalmente. Mas, avisados do perigo pelo anjo, os magos foram embora sem passar por Jerusalém depois de prestar sua adoração ao menino Jesus, guiados pela estrela. Cego de raiva, Herodes ordenou que todas as crianças de dois anos ou menos fossem mortas. Advertida pelo Céu a respeito do complô mortal, Maria escondeu Jesus em uma manjedoura de animais, e Herodes, mal-informado, mandou perseguir Elisabete, que também tinha sido mãe, para matar João, filho do sacerdote Zacarias. Elisabete foi embora com João, para se esconder na montanha que se abriu e os abrigou nessa fenda secreta. Os soldados de Herodes foram então interrogar o pai de João, Zacarias. Este se recusou a falar. Embora estivesse no Santo dos Santos, no interior do templo, ele foi assassinado pelos soldados de Herodes.

Aqui termina o Protoevangelho de Tiago. O Evangelho do Pseudo-Mateus, composto por Jerônimo para substituir o de Tiago, que tinha acabado de ser condenado pela Igreja como falso, retoma em sua integralidade e com alguns pormenores próximos a história da Natividade de Maria, mas prolonga seu relato com o episódio da fuga para o Egito mencionada por Mateus. A composição desse segundo texto, com detalhes maravilhosos e abundantes, revela o pensamento calculado e muito preciso de seu autor: provar que todas as profecias do Antigo Testamento se cumprem com o nascimento de Jesus.

Segundo esse Evangelho, duplamente apócrifo, Maria e José, apavorados com a raiva mortal de Herodes, fugiram para o Egito para esconder o menino Jesus, como o anjo do Senhor lhes tinha dito que fizessem. No caminho, Jesus realizou prodígios. Ele foi um bebê que falava "como um homem maduro", que adorava, os leões, os lobos e os leopardos que lhe faziam escolta, todos em harmonia com os cordeiros e as cabras em peregrinação desde Belém. Ainda no caminho, Jesus ordenou às palmeiras que se inclinassem para oferecer seus frutos a Maria, e que erguessem suas raízes a fim de revelar fontes. Ele abreviou o caminho; a distância que devia ser percorrida em trinta dias a pé foi feita em um só. Finalmente no Egito, a presença de Maria e Jesus no Capitólio, onde entraram para descansar, serviu para cumprir a última profecia: os ídolos de sacrilégio caíram ao chão e revelaram seu logro e a vacuidade de seu culto.

Uma outra divergência incita os exegetas a negar qualquer caráter histórico relativo aos elementos da infância de Jesus narrados por Mateus e por Lucas. Trata-se do local de residência de José e Maria. De acordo com Mateus, parece que os dois se instalaram originalmente em Belém da Judeia, onde Jesus nasceu. Os magos, que foram a Jerusalém perguntar a Herodes onde estava o rei dos judeus – a quem iam louvar, e cuja estrela tinham visto se erguer no céu – escutaram a indicação de Belém, "de acordo com a profecia". "E, convocando todos os chefes dos sacerdotes e os escribas do povo, [Herodes] procurou saber deles onde havia de nascer o Cristo. Eles responderam: 'Em Belém da Judeia, pois é isto que foi escrito pelo profeta: E tu, Belém, terra de Judá, de modo algum és o menos entre os clãs de Judá, pois de ti sairá um chefe que apascentará Israel, meu povo'." (Mateus, 2, 4-6). Em troca da informação, Herodes pediu aos magos que especificassem o horário em que a estrela apareceu para eles e que voltassem para lhe dizer onde tinham encontrado a criança-rei. Mateus relatou em seguida que Herodes, enganado pelos magos, incapaz de encontrar Jesus sem eles, resolveu mandar matar todos os meninos de zero a dois anos, "conforme o tempo de que havia se certificado com os magos" (Mateus, 2, 16). Podemos então pensar que, no momento da adoração dos magos, Jesus já tinha nascido havia um bom tempo, pois os cálculos de Herodes levaram-no a exterminar os meninos de 24 meses. De fato, se a estrela que conduziu os magos se ergueu quando o rei dos judeus nasceu, os soberanos do Oriente demoraram noites e dias para chegar a Judeia, meses, quem sabe até dois anos – essa foi a estimativa que Herodes fez, em todo caso. E, durante todo esse tempo, se Jesus e seus pais permaneceram em Belém, isso é um bom indício de que era lá que eles moravam antes do nascimento de Jesus. Assim, quando os magos encontraram a santa família, não foi em um albergue que eles entraram, nem em uma gruta, nem em um estábulo, mas sim em uma casa, a de Maria (Mateus, 2, 11). Enfim, Mateus diz que José, com a morte de Herodes, depois do episódio da fuga ao Egito, preferiu não retornar a Belém por continuar temendo pela vida de Jesus, e preferiu se estabelecer em uma cidade chamada Nazaré.

Para Lucas, Maria e José viviam em Nazaré, na Galileia, onde tinham sua origem. Foi ali que Maria recebeu a visita do anjo. Ela voltou "para casa" (Lucas, 1, 56) depois dos dias que passou com a prima Elisabete. Que razões teriam os dois para se deslocar para Belém, a cerca de cinquenta quilômetros de distância, se Maria estava quase no fim da gravidez? Lucas menciona um recenseamento ordenado por Roma quando Quirino era governador da Síria, do qual José não podia escapar, já que era originário de Belém. A explicação é sedutora. Graças a esse motivo de ordem administrativa, Maria e José, os dois residentes de Nazaré, encontravam-se em Belém, que as profecias situavam como berço de nascimento do Messias (Mi 5, 1: "E tu, Belém-Éfrata, pequena entre os clãs de Judá, de ti sairá para mim aquele que governará Israel".). Acontece, infelizmente, que a história contradiz esses detalhes. Quirino foi nomeado governador da Síria no ano 6 d.C. e de fato organizou um recenseamento, um ano mais tarde, mas restrito à Judeia, excluindo a Galileia. Além do mais, as medidas administrativas não abrangiam as mulheres e, se Maria não participou do censo, por que correria o risco de fazer a viagem se já estava no fim da gravidez? Mas, mesmo assim, ela viajou para Belém e, como não encontrou lugar no albergue, acabou dando à luz em um estábulo e usou uma manjedoura como berço. Foi ali que o recém-nascido, enrolado em mantas, recebeu a visita dos pastores avisados pelos anjos. Alguns dias, quem sabe algumas semanas depois, Maria e José tomaram o caminho de Jerusalém e do templo, onde desejavam apresentar Jesus ao Senhor. Lá, eles encontraram o velho Simeão, sem o menor medo de topar com os soldados de Herodes mencionados por Mateus. O Espírito Santo tinha avisado a esse senhor de idade "que não veria a morte antes de ver o Cristo do Senhor" (Lucas, 2, 26). Atraído ao templo pelo Espírito, Simeão reconheceu o Cristo em Jesus, tomou-o nos braços e o abençoou. Ao mesmo tempo, ele fez a previsão a Maria de que uma espada iria transpassar sua alma. No final, depois de todos os rituais terem sido concluídos de acordo com a Lei de Moisés, "voltaram para Nazaré, sua cidade" (Lucas, 2, 39).

Em resumo, de acordo com Mateus, José e Maria viviam em Belém e se instalaram em Nazaré depois da fuga ao Egito para não voltar a Belém, onde temiam pela vida de Jesus (embora Herodes estivesse morto). E, se eles saíram de Belém, foi por causa do massacre executado por Herodes (massacre esse que nenhum documento histórico atesta, nem qualquer outro Evangelho). Apesar de Nazaré nunca entrar em questão no Antigo Testamento, Mateus, por meio de um jogo de palavras entre o nome dessa pequena cidade obscura da Galileia e *nazir*, "o consagrado" em hebraico, encontra uma ligação entre as profecias: "E foi morar numa cidade chamada Nazaré, para que cumprisse o que foi dito pelos profetas: Ele será chamado Nazareno" (Mateus, 2, 23). Essa especificação, que ele se julga obrigado a fazer, esclarece seu mal-estar de encontrar Jesus, o Messias tão anunciado, o ungido glorioso, em Nazaré. De fato, o norte da Galileia mal era considerado judeu pelos habitantes da Judeia e era objeto de desdém para a aristocracia sacerdotal de Jerusalém: narizes se retorciam de desgosto quando a cidade era citada. "De Nazaré pode sair algo de bom?", Natanael objeta logo de início, quando Filipe chega para buscá-lo e fazer com que o siga ao proclamar, cheio de entusiasmo: "Encontramos aquele de quem escreveram Moisés, na Lei, e os profetas: Jesus, o filho de José, de Nazaré" (João, 1, 45-46). Enfim, para acabar com qualquer equívoco sobre a identidade real do recém-nascido, Mateus convida os magos, soberanos vindos das nações mais longínquas, a se prostrarem perante o berço daquele que uma estrela indicou como o "rei dos judeus".

Na narrativa de Lucas, José e Maria vivem em Nazaré e se deslocaram até Belém porque uma ordem de recenseamento os obrigou a fazê-lo. Maria deu à luz em um estábulo dessa cidade e, depois de um desvio para ir até o templo de Jerusalém para apresentar Jesus ao Senhor, eles retornaram a Nazaré, seu domicílio habitual. Lucas tem a mesma preocupação que Mateus: fazer com que as testemunhas externas e inspiradas pelo Céu conheçam a natureza messiânica de Jesus. Trata-se de pastores informados por anjos, de Simeão que se apressou até o Templo para abraçar o Cristo, e da profetisa Ana, filha de Fanuel – nenhum desses personagens conta com indícios históricos que possam comprovar sua existência.

O único ponto comum entre as duas narrativas é o nascimento em Belém, que permite cumprir uma profecia do Antigo Testamento a respeito da aparição geográfica do Messias. Mas os detalhes apresentados para confirmar o fato são tão contraditórios e tão desprovidos de base histórica que é possível questioná-lo.

Em contrapartida, todos os especialistas se unem para atestar outros pontos de convergência desses dois relatos sobre a infância. Assim, o nome dos pais, José e Maria (que é repetido pelos outros evangelistas), não é questionado. O fato de que Jesus foi criado em Nazaré também não. E as datas do nascimento de Jesus dadas pelos dois evangelistas, e que se encaixam perfeitamente na cronologia da vida de Jesus, parecem ter fundamento real. Jesus nasceu mesmo no final do reino de Herodes, o Grande, e isso serve para situar a data de seu nascimento no máximo no ano 4 a.C. (data da morte de

Herodes) e, no mínimo, no ano 6 a.C. * Tomando a solução intermediária, então Jesus teria nascido no ano 5 d.C., ou 3755 do calendário hebraico.** Assim, Jesus tinha 34 anos quando mergulhou nas águas do Jordão, ao lado de João Batista.

É provável que Jesus tenha sido o primogênito de José e Maria, mas não há nada que certifique o fato do ponto de vista histórico. Apenas Mateus e Lucas apresentam Jesus como o primeiro filho de sua mãe. Os quatro evangelistas, Paulo, Flávio Josefo e alguns dos primeiros Patriarcas da Igreja não hesitam em atribuir-lhe irmãos e irmãs. "Chegaram então sua mãe e seus irmãos" (Marcos, 3, 31). "Não é este o carpinteiro, o filho de Maria, irmão de Tiago, Joset, Judas e Simão? E as suas irmãs não estão aqui entre nós?" (Marcos, 6, 2-3). Assim, é possível contar pelo menos sete filhos que faziam parte da família de Jesus e que sobreviveram até a idade adulta. (Jesus, seus quatro irmãos e "suas" irmãs que são, por força do plural, pelo menos duas.)

Então Jesus tinha irmãos e irmãs... É impossível colocar em dúvida as palavras dos evangelistas, mas como essa afirmação entra em colisão frontal com a noção de virgindade de Maria***, ela foi seguida por uma polêmica que não se

---

* Essa diferença advém de datação puramente teórica da era cristã: estabelecida no século V pelo bispo Cirilo, a partir de estudos e de especulações dos computistas de Alexandria, foi retomada no século seguinte por Denis, o Pequeno.

** Datas das mais fantasiosas já foram apresentadas. Por exemplo, em *A vida de Jesus* em árabe, um apócrifo cristão, o ano do nascimento de Jesus é situado em 304 de Alexandre. A era de Alexandre começa no ano 312 a.C. – de modo que Jesus teria nascido no ano 18 a.C.!

*** Ao mesmo tempo, é considerado de bom grado que os cristãos não aceitem que a mãe do Cristo, uma vez que sua missão foi cumprida, retornasse ao nível das outras mulheres. A doutrina de virgindade de Maria foi substituída pela da virgindade perpétua. Foi o ascetismo dos séculos IV e V que definitivamente estabeleceu as afirmações que se transformaram na fé da virgindade perfeita e total de Maria. Seria errôneo pensar que apenas os católicos defenderam esse dogma. Como ressalta J. P. Meier, "grandes figuras da Reforma Protestante, por exemplo Martinho Lutero e João Calvino, prendiam-se à crença na virgindade perpétua de Maria e não consideravam portanto os irmãos e irmãs de Jesus como verdadeiros irmãos e irmãs. Foi apenas no século das Luzes que a ideia de ver nesses irmãos e irmãs os filhos biológicos de Maria e José passou a ser cada vez mais aceita pela 'corrente dominante' protestante. À exceção de alguns integrantes da 'Alta Igreja', é essa última posição a adotada com mais frequência nas igrejas protestantes".

extinguiu até hoje. De fato, a referência a "irmãos e irmãs" pode ser entendida pelo sentido mais amplo do termo, isto é, como uma alusão aos integrantes de uma família estendida, os primos – e os laços familiares eram especialmente fortes e respeitados nessa época junto aos judeus; o levirato é um bom exemplo disso. É essa acepção (baseada no fato de que o nome grego *adelphos* pode designar ao mesmo tempo o irmão e o primo) que a Igreja católica adotou. Nos primórdios da Igreja, o sentido pricipal de "irmãos e irmãs" não foi colocado em questão, como comprovam as epístolas de Paulo: "Tiago, o irmão do Senhor*" (Gálatas, 1, 19); mas, a partir do século II, as versões divergem. Apesar de Hegésipo, partidário da virgindade de Maria, considerar os irmãos e irmãs de Jesus como seus irmãos e irmãs autênticos – sendo que todos tinham Maria como mãe –, os redatores do Protoevangelho de Tiago e do Evangelho de Pedro, exatamente da mesma época, defendem que os irmãos e irmãs de Jesus eram fruto do primeiro casamento de José com Esha. Outros observam que, se Maria tivesse tido outros filhos, Jesus não teria confiado João a ela, na cruz, antes de morrer. Ela teria terminado seus dias no meio da família, e não entre os discípulos de seu filho, como atestam os Atos dos Apóstolos.

Essas controvérsias, que nunca levaram a Igreja da época a excomungar seus defensores, deram lugar a três teorias que continuam tendo até hoje partidários ferrenhos!** Os historiadores, no entanto, reconhecem que seria inútil (e desonesto) afirmar como verdade histórica a existência ou não existência

---

* É necessário especificar que Paulo conheceu e encontrou todos aqueles a respeito de quem fala em suas epístolas, e em particular Tiago, que chama de irmão de Jesus.

** 1) A helvidiana, defendida por Helvídio na época de são Jerônimo: os irmãos e irmãs são filhos de José e Maria nascidos depois de Jesus. 2) A epifaniana, defendida por santo Epifânio: os irmãos e irmãs são do primeiro casamento de José. 3) A jeroniniana, defendida por são Jerônimo: os irmãos e irmãs são primos e primas de Jesus, filhos e filhas do irmão de um irmão de José chamado Clopas e de uma irmã da virgem também chamada Maria. Essa última teoria prevaleceu até que mitólogos passaram a considerar irmãos e irmãs como grupos de fiéis de Jesus. Jerônimo, em seu tratado *Contra Helvídio*, redigido por volta de 383, sustenta que José também permaneceu virgem para sempre.

de irmãos e irmãs biológicos de Jesus, independentemente de sua preferência pessoal por uma ou outra versão. Esse debate realmente só ganhou amplitude a partir do momento em que se tornou questão de defender o dogma da virgindade de Maria, a virgindade *ante partum* (até o nascimento de Jesus) ou *post partum* (perpétua).

Sabemos ainda que a fé no nascimento virginal é com certeza posterior à preocupação de embasar a ascendência do Messias ligada a Davi, e sua origem permanece obscura. É necessário lembrar que a bacia do Mediterrâneo era, no final do século I, local de verdadeira mistura cultural e religiosa, e o tema do nascimento de uma criança providencial era muito difundido na época. A mitologia greco-romana está cheia de exemplos de concepções milagrosas: a lenda de Perseu, nascido de Dânae, virgem que uma chuva de ouro fecundou; a história de Átis, cuja mãe, Nana, ficou grávida depois de comer uma romã especial. Atia louva Apolo e, à noite, é visitada pelo deus, que a fecunda com Augusto. O Egito também recorre a essa invenção: no dia do solstício de inverno, Hélio tomou o poder e, sob seu reino, deu-se sobre a terra o nascimento de um menino e de uma nova era, como afirma o mito egípcio ligado ao culto do sol e à religião de Ísis. Apesar de sua lealdade radical à Torá, as tradições judaicas nem sempre se mantiveram afastadas desse tipo de influência. Os *Targums*, ou o Pseudo-Fílon* comprovam isso por meio de lendas atribuídas ao nascimento milagroso de Isaac ou de Moisés. Mas apesar de os judeus admitirem que uma criança destinada às obras de Deus pode nascer sob condições milagrosas, de uma mãe estéril por exemplo, nunca imaginaram a possibilidade de a mãe ainda ser virgem no momento da concepção. Nenhuma profecia fez esse anúncio. Nenhum texto propõe a espera de

---

* Nome dado ao autor desconhecido de *Antiguidades bíblicas*, porque sua obra foi acidentalmente transmitida entre obras autênticas de Fílon. O Pseudo-Fílon pertencia provavelmente ao meio das sinagogas, talvez fosse um fariseu do século I d.C. e escrevia em hebraico. Ele compartilha com o evangelista Lucas o mesmo modelo sinagogal da história da salvação e dá atenção especial às mulheres.

um nascimento milagroso dessa espécie. Enfim, apesar de Mateus afirmar com clareza a concepção virginal – e de Lucas a relacionar, para o bem ou para o mal, à ascendência ligada a Davi –, Marcos e João, assim como Paulo em seus escritos, não falam uma palavra a respeito dessa virgindade. Assim, tanto para Marcos quanto para João, é o batismo de Jesus por João Batista que o transfigura em Messias. O Espírito Santo que desce sobre o homem Jesus é um dos instantes fundamentais do quarto Evangelho: João afirma a encarnação da palavra coeterna de Deus em Jesus. A partir de então, não há mais nenhuma necessidade de provar que Jesus precisou fugir das leis humanas da concepção e do nascimento, porque é no momento do batismo que a encarnação divina se deu.

Ao mesmo tempo, apesar de nem Paulo, nem João, nem Marcos se aterem à concepção virginal, os três qualificam Jesus como "Filho de Deus". Segundo os historiadores, essa designação é anterior ao milagre narrado por Mateus e Lucas, e não procede dele. Aliás, uma vez que se convencem de que Jesus, além de ter sido criado por Deus e impregnado com seu Espírito para realizar seus desígnios, teve ainda seu nascimento determinado por Ele, esses três redatores do Novo Testamento quiseram expressar com força a relação particular que se estabeleceu entre Jesus e Deus. Que outro termo além de "Filho" poderia dar conta, de maneira inteligível, ou então perfeitamente adequada, da relação entre Jesus e Deus? O exame crítico dos textos em que a expressão aparece, nos sinóticos, comprova que Jesus não a aplicava pessoalmente e que, aliás, a ela ainda não tinha sido atribuída nenhuma aplicação messiânica em Israel. Os judeus não deram com antecedência o título de "Filho de Deus" ao Messias. Para eles, o Messias devia ser o Servo de Deus e não seu filho; e esse era o termo consagrado para designar os homens de Deus. Mais tarde, os leitores do Novo Testamento realizaram o amálgama de maneira natural: se Maria foi fecundada de modo milagroso, e se Jesus é Filho de Deus, então Deus fecundou Maria. Aliás, é necessário destacar com vigor o fato de que essa ideia de geração direta de um homem por Deus só podia parecer um absurdo monstruoso a qualquer judeu.

Então, de onde vem essa noção da concepção virginal? Será possível que Mateus, em sua vontade de mostrar como Jesus chegou para cumprir as profecias, tenha interpretado a previsão messiânica por excelência de Isaías? "Pois sabei que o Senhor mesmo vos dará um sinal: Eis que a jovem está grávida e dará à luz um filho e dar-lhe-á o nome de Emanuel*" (Isaías, 7, 14). Escutemos o que Mateus tem a dizer, por sua vez: "Tudo isso aconteceu para que se cumprisse o que o Senhor havia dito pelo profeta: Eis que a virgem conceberá e dará à luz um filho e o chamarão com o nome de Emanuel, o que traduzido significa 'Deus está conosco**'" (Mateus, 1, 22-23).

Com o tempo, a afirmação da virgindade de Maria acabou ocupanado um lugar central na apologética cristã e constituindo a grande prova da origem divina de Jesus, mas essa versão (e não há razão alguma para que seja falsa do ponto de vista da fé) surtiu várias outras consequências. O personagem de José, por exemplo, sofreu com as implicações da virgindade de Maria. Qual era a idade dele? As imagens tradicionais o representam como homem idoso. Mas não há nada nos Evangelhos que permita dar a ele idade venerável. Ao contrário, a tradição ditava que os homens deviam se casar aos dezoito anos. Se José tinha essa idade quando ficou noivo de Maria, como acreditar que ele nunca a tenha tocado depois do nascimento de Jesus? Mateus explica: "José, ao despertar do sono, agiu conforme o Anjo do Senhor lhe ordenara e recebeu em casa sua mulher. Mas não a conheceu até o dia em que ela deu à luz um filho. E ele o chamou com o nome de Jesus" (Mateus, 1, 24-25). Isso significa que José não repudiou Maria, que se casou com ela e reconheceu o menino que ela carregava já que, segundo a lei, deu um nome a ele, coisa que o pai legal fazia no momento da circuncisão no templo. Mas será que os dois permaneceram virgens depois do nascimento de Jesus, como colocou são Jerônimo? São Bernardino de Siena apresenta o seguinte argumento: "Como um espírito clarividente pode pensar que o Espírito Santo possa

---
* No texto hebraico de Isaías, está escrito *almah*, "o adolescente", que a Septuaginta traduziu pelo grego *parthenos*, "a virgem".
** Ao longo de todo o seu Evangelho, Mateus lembra as profecias messiânicas (Mateus, 2, 15; 17, 23; 4, 14; 8, 17 etc.).

ter juntado em uma união tão estreita a alma de uma Virgem tão grande com qualquer outra alma sem que esta seja muito semelhante a ela pela prática das virtudes? Acredito portanto que são José foi o mais puro dos homens em virgindade, o mais profundo em humildade, o mais ardente em amor a Deus e em caridade, o mais elevado em contemplação[3]".

Os defensores da virgindade *ante partum* acreditam que, depois do nascimento de Jesus, José e Maria viveram a vida conjugal como todos os outros casais. Os irmãos e as irmãs mencionados pelos evangelistas teriam nascido dessa aliança. Os partidários da virgindade perpétua escolheram envelhecer José a ponto de ele se transformar em uma espécie de figura paterna. E, como todo judeu normal devia casar com uma moça, a lenda providenciou um viúvo venerável. Maria teria sido a segunda mulher de José, e ele, um marido na andropausa, seria totalmente inofensivo para a moça nova. Essa segunda versão, desenvolvida no relato apócrifo do Protoevangelho de Tiago, permite por sua vez imaginar filhos do primeiro casamento que Maria teria criado como se fossem dela.

O desaparecimento de cena rápido da figura corrobora a tese de que José seria idoso. De fato, durante a peregrinação pública de Jesus, não existe a questão de seu pai ser um personagem vivo. Ele aparece pela última vez quando Jesus, aos doze anos, foge para o templo, em um episódio narrado apenas por Lucas. Santo Epifânio* faz com que José morra naquele ano. Lendas apócrifas dizem que Jesus estava com dezenove anos quando José morreu. Ninguém sabe. José desaparece dos relatos, nos quais nunca esteve muito presente mesmo. Veremos Jesus com a mãe e com seus irmãos, veremos Maria sozinha ao pé da cruz, veremos Tiago – "o irmão" – se tornar partidário da fé dos apóstolos e assumir a liderança da Igreja de Jerusalém; mas não temos informações sobre José. E, a esse desaparecimento, ainda é necessário juntar a vontade determinada de Jesus de permanecer em silêncio em relação a sua família, e sua determinação de romper radicalmente com ela. Em um dia

---

* Epifânio de Salamina (310-403), inventor da teologia matrimonial e da virgindade perpétua de Maria.

do ano 28 d.C., quando Jesus arrumava suas ferramentas de carpinteiro e fechava a porta de sua casa em Nazaré para partir na direção do rio Jordão, sabia que nunca mais voltaria para "viver entre os seus pelo resto de sua vida".

O destino de José nos é portanto desconhecido, da mesma maneira que não sabemos nada sobre a infância, a adolescência e os primeiros anos de homem feito de Jesus. "E o menino crescia, tornava-se robusto, enchia-se de sabedoria; e a graça de Deus estava com ele", diz Lucas (Lucas, 2, 40). "E Jesus crescia em sabedoria, em estatura e em graça, diante de Deus e diante dos homens" (Lucas, 2, 52), completa o evangelista um pouco mais adiante. Mas como foi sua vida? Os historiadores só puderam formular hipóteses baseadas nos conhecimentos do meio social e cultural da Galileia do século I. Região fértil e amena, aberta às influências estrangeiras, a Galileia viveu uma retomada da fé e um despertar da identidade nacional e religiosa durante a infância de Jesus. E ninguém duvida que essas marcas tenham chegado até a cidadezinha completamente rural de Nazaré, localizada na encosta de uma colina, que abrigava entre mil e quinhentos e dois mil habitantes. Depois da última revolta, liderada por Judas de Gamala contra o aumento abusivo de impostos decretado por Quirino no ano 7 d.C., a região se encontrava bem calma e a vida em Nazaré era bem regrada. Lá, as famílias respeitavam com rigor as práticas fundamentais da Lei de Moisés. As pessoas se reuniam todos os sábados na casa de preces, a sinagoga, ao redor do rabino. Faziam isso de maneira diferente do que acontecia na Judeia, em que escribas e fariseus passavam horas discutindo. A fé praticada era simples. Uma vez por ano pelo menos, se possível em cada uma das três festas, e de preferência na Páscoa, as pessoas iam até o templo em Jerusalém. José e Maria, apesar de não pertencerem a nenhuma família sacerdotal, também respeitavam essas práticas. As horas da semana se dividiam entre tarefas domésticas, artesanato, pequenos estabelecimentos comerciais e trabalho no campo para os adultos; entre escola e brincadeira nas ruas ou nas campinas para as crianças. As colheitas – das quais todos os membros da família participavam e cujas imagens floresceram tanto as parábolas de Jesus – ditavam o ritmo das estações, o trigo e a vinha, as azeitonas e os figos também. Em Nazaré, naqueles anos ocultos, o ritual cotidiano não tinha surpresas. Pela manhã, cada um podia cuidar de suas ocupações. As mulheres iam até o poço pegar água. À noite, os artesãos e os comerciantes se encontravam com os pastores que retornavam com suas manadas e com os camponeses que cultivavam suas plantações. Trabalhava-se. Louvava-se o Senhor. As lâmpadas a óleo eram apagadas cedo. Vivia-se ao ritmo do sol.

Se Jesus tiver sido mesmo o primogênito da família, não há dúvida de que, com isso, José dava atenção especial a ele. Ele teria lhe ensinado os segredos de sua profissão de *tekton* (artesão da madeira), os mistérios da madeira, o princípio das diversas ferramentas para trabalhar cada essência diferente e essas palavras e essas técnicas também ressurgiriam em seus discursos. Vigas para as estruturas de telhados, pequenos móveis, jogos para as carroças, portas e janelas – era necessário transportar, entalhar, cortar e furar, e esses exercícios devem ter servido para o desenvolvimento de Jesus, dando-lhe força e saúde. Quando Jesus tinha cinco anos, José mandou o filho para a escola, onde ele aprenderia a escrever e a ler a Bíblia hebraica.* Sem receber educação particularmente refinada, que não devia estar disponível na localidade, Jesus sem tardar dominou os detalhes da Torá, como o que vem a seguir comprova.

Aos doze anos, idade na qual os meninos entram na vida adulta, Jesus realizou sua primeira peregrinação ao templo, para a Páscoa, com os pais. Lucas (2, 41-49) chega a contar que Jesus fugiu no decurso dessa viagem (apesar de ser o único evangelista a divulgar o acontecido). Vejamos o que relata:

> Seus pais iam todos os anos a Jerusalém para a festa da Páscoa. Quando o menino completou doze anos, segundo o costume, subiram para a festa. Terminados os dias, eles voltaram, mas o

---

* De acordo com S. Safgrai (*The Jewish people in the first Century*. Van Goerum /Fortress, Filadélfia: 1987), cada cidade na Palestina era dotada de uma escola de ensino elementar, dedicada à leitura da Bíblia, que as crianças começavam a frequentar a partir dos cinco anos.

menino Jesus ficou em Jerusalém, sem que seus pais o notassem. Pensando que estivesse na caravana, andaram o caminho de um dia e puseram-se a procurá-lo entre os parentes e conhecidos. Não o encontrando, voltaram a Jerusalém à sua procura. Três dias depois, eles o encontraram no templo, sentado em meio aos doutores, ouvindo-os e interrogando-os; e todos que o ouviam ficavam extasiados com sua inteligência e com suas respostas. Ao vê-lo, ficaram surpresos, e sua mãe lhe disse: "Meu filho, por que agiste assim conosco? Olha que teu pai e eu, aflitos, te procurávamos". Ele respondeu: "Por que me procuráveis? Não sabíeis que devo estar na casa de meu Pai?".

Essa fuga e esses discursos aos doutores da Lei foram o primeiro sinal da grande originalidade de Jesus e de sua independência frente aos integrantes de sua própria família. Foi também sinal de que Jesus estava longe de ser iletrado*

---

* O fato de Jesus não escrever não pode ser prova irrefutável de seu possível analfabetismo. Na antiguidade, como observa George Steiner em sua obra *Le Silence des livres* (Arléa, 2006), o "confronto frente a frente e a comunicação oral nos espaços públicos são de ordem essencial. O método socrático faz parte, desde o início, da oralidade, em que o encontro real, a presença, o ato de presença do interlocutor são indispensáveis". Assim como para Sócrates, a retórica de Jesus e seu gestual "dão corpo", segundo a expressão de Shakespeare, ao desenvolvimento do argumento e do sentido. Além do mais, "o recurso da escrita reduz o poder da memória. Aquilo que está escrito, que é estocado dessa maneira, não merece mais ser confiado à memória. A cultura oral é aquela da lembrança que sempre volta a ser atualizada; um texto, ou uma cultura ao livro, autoriza todas as formas de esquecimento. A distinção toca no cerne da identidade humana e da *civilitas*. Onde a memória é dinâmica, onde serve de instrumento para transmissão psicológica e comum, a herança cultural se transforma em presente. A transmissão de mitologias de fundação, de textos sagrados através dos milênios (...) atestam o potencial da memória. Saber 'de cor' – quantas informações temos nesta locução – supõe tomar posse de alguma coisa, ser possuído pelo conteúdo do saber em questão. Isso significa que o mito, a prece, o poema têm autorização para se enraizar e florescer dentro de nós mesmos, enriquecendo e modificando nossa própria paisagem interior. (...) Até que ponto Jesus de Nazaré foi iletrado, no sentido próprio e material, continua sendo um enigma espinhoso, perfeitamente insolúvel. (...) A sabedoria divina encarnada no homem Jesus coloca em xeque a sapiência formal e textual dos clérigos e dos eruditos do templo. Jesus ensina por meio de parábolas, cuja concisão extrema e o caráter lacônico apelam de maneira eminente à memória. (...) O mestre e mago vindo da Galileia é um homem que pertence ao mundo oral, uma encarnação do Verbo (o *logos*), (continua)

– muita gente parte desse princípio, porque Jesus discursava mas não escrevia.

Criado em Nazaré, Jesus falava aramaico e um pouco de hebraico, que tinha aprendido na sinagoga. Será que falava grego? Por certo falava, ainda que de maneira rudimentar: seu pai, carpinteiro, sem dúvida praticava essa língua em sua profissão, já que o idioma era amplamente difundido em toda a região, que tinha sofrido influência helenista muito forte e durante muito tempo. A família de Jesus não era rica, mas também não era miserável. Na escala social bastante sumária do século I, teria abaixo de si toda a categoria dos trabalhadores sem função fixa, os escravos agrícolas e os mendigos. Ela vivia à margem da ebulição permanente de Jerusalém, cidade cosmopolita e rica, carregada do ponto de vista religioso, onde, de maneira geral para a população e de modo muito particular para os sacerdotes e as famílias sacerdotais aristocráticas, a Galileia era considerada como a parte mais indigna do país, e seus habitantes como simples camponeses.

Pelo menos 33 anos em Nazaré, como filho de um artesão da madeira.

Seria possível sonhar com um lugar melhor e com condições melhores para a existência de um anônimo?

(cont...) cuja doutrina primordial e cujos exemplos são da ordem da existência, de uma vida e de uma paixão não escritas em texto, mas realizadas em atos. (...) O judaísmo da Torá e do Talmude e o islã do Corão são como se fossem duas ramificações da mesma raiz 'livresca'. A exemplaridade da mensagem cristã, contida na pessoa do Nazareno, deriva da oralidade e se proclama através dela".

A nova vida

> Todos os personagens que se forjaram na luta e através de fortes reviravoltas como por exemplo Paulo, Augusto ou Lutero, conservaram sempre traços indeléveis dessa luta. Sua imagem tem algo de rude, de severo, de sombrio. Não se encontra absolutamente nada disso em Jesus. Desde o início ele se apresenta a nós como natureza perfeita, submissa unicamente à sua própria lei interna, que tem consciência plena de si mesma e que não tem nenhuma necessidade de se converter nem de dar início a uma nova vida.[1]

David Strauss, autor de uma biografia "racionalizada" de Jesus que causou escândalo em 1835, ressalta esse ponto tão particular do retrato de Jesus. Trata-se de uma figura totalmente voltada para um objetivo conhecido, que passeia por uma cena como se a conhecesse antes de todas as aparências, ao mesmo tempo protagonista e diretor de uma tragédia da qual já conhece os grandes atos e o desfecho. É possível ler os Evangelhos começando pelo fim, ou abri-los ao acaso: o Jesus que entra em sua pregação pública é o mesmo que carrega sua cruz – nenhuma evolução psicológica notável modifica seu discurso, nenhuma surpresa altera sua visão de mundo. Ele sabe antes. Ele cumpre uma missão da qual já conhece todas as etapas. Ele irradia com a mesma intensidade a luz que às vezes cega. Os próprios evangelistas sentiram esse mistério: nenhuma cronologia é capaz de estruturar seus relatos, como se nenhum acontecimento tivesse desviado o caminho na direção da morte, nenhum desencadeamento trágico e nenhuma engrenagem fatal tivessem conduzido Jesus até a cruz, como se tudo já estivesse determinado desde toda a eternidade. Claro que os textos são escritos com a preocupação de edificar, de esclarecer um ensinamento mais do que um caminho, mas essa finalidade não basta para varrer toda a cronologia dos atos e das palavras de Jesus. Porém, nos Evangelhos, entre a Natividade e a Paixão, o tempo é desordenado. Esse quebra-cabeça chega a causar vertigem. Mateus sabe disso e agrega a seu relato a lógica das profecias e a demonstração de seu cumprimento. Lucas tenta encontrar o equilíbrio por meio de estruturas narrativas dignas de um romancista. Marcos afirma com humildade que não entendeu nada ou quase nada daquilo que copiou das lembranças de Pedro, tirando o deslumbramento e a força da história, tomado como estava pelo medo de esquecer uma palavra que fosse. Jesus recomenda: "Entrai pela porta estreita, porque largo e espaçoso é o caminho que conduz à perdição. E muitos são os que entram por ele. Estreita, porém, é a porta e apertado o caminho que conduz à Vida. E poucos são os que o encontram" (Mateus, 7, 13-14). Mas, uma vez que a porta é atravessada, nada está garantido só por conta disso: os andarilhos se encontram em um labirinto.

Primeira confusão: Jesus passou cerca de 33 anos no anonimato de Nazaré. Trinta e três anos! Por que tanto tempo? Será que ele deu tempo a si mesmo para aprender sua profissão de homem, para descobrir o que é ser homem? Santo Irineu faria a seguinte revelação posteriormente: "Como então tu serias Deus se ainda não te fizeste homem? Como serias perfeito se acabaste de ser criado? Porque a ti é necessário que primeiro obtenhas tua posição de homem e, somente em seguida, recebas e compartilhes a glória de Deus[2]". Historiadores apresentaram a hipótese de que, com a morte de José, Jesus tenha precisado trabalhar para alimentar a família, já que era o único homem na casa ou o primogênito de meia dúzia de irmãos e irmãs, ou de primos e primas. Quando os pequenos cresceram e enfim alcançaram idade para poder assumir suas responsabilidades, ele reuniu suas ferramentas e tomou o caminho de Beth-Bara, o local do vau. E ele surgiu enfim na estrada de terra empoeirada e castigada pelo sol para descer às águas do Jordão.

Mas por que ele de repente abandonou seu vilarejo e sua família? Acaso? Providência? Sem nem mesmo saber o que o esperava? Mas, se nada foi premeditado, por que então, em sua idade, ele ainda seria solteiro? Nem Paulo nem qualquer outro evangelista levanta a questão. E, no entanto, vimos com Joaquim e Ana, Zacarias e Elisabete e Abraão e Sara como era desesperador não casar, privar Israel de filhos; não ter filhos era a maldição da esterilidade absoluta (e o fato de eles terem vivido ou não essa esterilidade não tem nenhuma importância; suas lamentações traduzem o estado de espírito dos judeus no que diz respeito a essa questão). Na religião judaica, o casamento faz parte do plano de Deus. É um elo sagrado que permite a realização plena. "O judaísmo legitima o casamento como instituição social ao lhe atribuir status ontológico, ao situá-lo no interior de um quadro de referência cósmica, e nunca coloca em questão o fato de este ser um estado natural e desejável para todos os adultos[3]." Ao se casarem, afirma o *Zohar*, o "Livro do esplendor", o homem e a mulher recompõem a alma descida do céu em duas partes. O Sumo Sacerdote deve se casar; se não for casado, não pode celebrar o Yom Kippur. O pai tem obrigação de encontrar uma esposa para o filho. O casamento é um sacramento. Assim, ele é *qiddouchin*: santificação. Mas Jesus não se casa.

José, seu pai, certamente morreu antes de poder escolher uma esposa para ele, como o costume obrigava. Mas esse não é o motivo de ele ser solteiro. Na época de Jesus, a Lei previa duas ocasiões anuais para que os rapazes ainda livres pudessem escolher uma noiva. Em 15 Av, quer dizer, entre julho e agosto, e no momento do Yom Kippur, as moças casadoiras dançavam nas vinhas, aos olhos dos solteiros. Jesus sem dúvida participou dessas festas; todo o vilarejo participava. Mas ele não escolheu nenhuma moça. Desde os dezoito anos, a idade legal recomendada para se casar, até aquele dia no 15º ano do principado de Tibério, no Jordão, Jesus permaneceu obstinadamente sozinho.

Já foi dito que Jesus não se casou por ser de uma feiura incomum. Se isso fosse verdade, a objeção não faria a menor diferença. A Lei judaica estabelece que é o marido que se casa com a mulher, e nunca o contrário. O homem escolhe e a mulher se submete. Além do mais, não sabemos nada a respeito da "aparência" de Jesus salvo informações fornecidas por lendas bem posteriores a ele e desprovidas de autoridade. Claro que uma tradição antiga, derivada de uma profecia de Isaías, privilegiou a ideia de um Jesus de aparência miserável: "Ele cresceu diante dele como renovo, como raiz em terra árida. Não tinha beleza nem esplendor que pudesse atrair o nosso olhar, nem formosura capaz de nos deleitar. Era desprezado e abandonado pelos homens" (Isaías, 53, 2-3). Orígenes encontrou conforto nessa ideia. Ele gostava de descrever Jesus de Nazaré como um ser pequeno, desgraçado, que se assemelhava a um homem que não vale nada. Uma segunda tradição, oposta à versão de Orígenes, tem inspiração na influência grega e no olimpismo que deseja a união da beleza com a divindade. Os discípulos de Jesus o descreviam como tal, belo e bem mais alto do que os mortais comuns. Afinal de contas, um salmo (Salmos, 45, 3) proclama: "És o mais belo dos filhos dos homens, a graça escorre dos teus lábios".

Nesse sentido, dois falsos testemunhos chegaram a ser inventados. *A carta de Lêntulo*, assim chamada devido a seu suposto autor, um tal de Públio Lêntulo, totalmente fictício, que se intitula governador de Jerusalém, teria enviado ao Senado de Roma a seguinte comunicação:

> Ele apareceu nestes últimos tempos e há ainda agora um homem de grande virtude, chamado Jesus Cristo, que é chamado de profeta da verdade pelos pagãos e que seus discípulos chamam de Filho de Deus; ele ressuscita os mortos e cura os doentes. O homem é de estatura média e bonito de se ver, com expressão digna de veneração, que pode ser amada e temida por aqueles que a observam. Seus cabelos têm a cor de uma avelã amadurecida precocemente; são quase lisos até as orelhas, mas, a partir das orelhas, são cachos crespos, um pouco mais claros e mais brilhantes; e, a partir das costas, eles flutuam; e há uma risca no meio da cabeça, ao modo dos nazarenos. Sua testa é lisa e muito serena, seu rosto não tem rugas nem manchas quaisquer e é ainda mais bonito devido a um certo rubor. Seu nariz e suas orelhas são irrepreensíveis. Ele tem barba espessa e juvenil, da mesma cor que os cabelos;

não é longa mas se divide levemente em dois no meio do queixo. Ele tem ar simples e maduro, com olhos verdes, mutantes e claros. Temível quando começa a repreender, é doce e amável quando a questão é incentivar; ele fica alegre sem abandonar a expressão séria. Ninguém nunca o viu rir, mas já foi visto chorando. Sua silhueta é delgada e ereta; suas mãos e seus braços são agradáveis de ver. Ele fala pouco mas com gravidade e modéstia, tanto que o profeta o descreveu justamente como sendo possuidor de beleza impressionante, mais que os filhos dos homens.[4]

Também já foi dito que Jesus era casado e que teria abandonado a mulher e os filhos em Nazaré, da mesma maneira que tinha deixado lá sua mãe e o resto da família.* Não há razão para os evangelistas terem calado em relação a este detalhe, que só poderia fazer com que fosse mais fácil acreditar em Jesus para os judeus. Nos Evangelhos, vemos surgir irmãos e irmãs que vão procurá-lo – se Jesus tivesse abandonado mulher e filhos como William Phipps defende em sua obra, essa esposa fantasma seria necessariamente encontrada no grupo. Cada vez que um discípulo deixa a mulher ou os filhos para seguir Jesus, o sacrifício é mencionado. Se Jesus tivesse dado início a essa moda, os evangelistas o teriam citado como exemplo.

É quase certo que Jesus permaneceu mesmo solteiro. Ele consentiu muito cedo a se sacrificar a Deus. Seu caso é excepcional, mas não único. Os essênios, por exemplo, faziam voto de celibato. Ascetas, isolados no deserto, renunciavam ao casamento para rezar melhor e se dedicar a Iahweh. No Egito, a seita dos terapeutas praticava a abstinência sexual e o controle dos sentidos.[5] Homens e mulheres viviam separados

---

* William E. Phipps, em *Was Jesus Married? The Distortion of Sexuality in the Christian Tradition* (Nova York: Harper & Row, 1970), prefere provar que Jesus era sem dúvida casado, e pai de um ou mais filhos, porque era inconcebível que fosse diferente na época. Segundo Phipps, ninguém fala do casamento de Jesus no Novo Testamento porque este era um estado absolutamente normal. E, se ele não tivesse sido casado, então sem dúvida o escândalo teria sido mencionado.

e só se encontravam na hora de celebrar o sabá. Apesar da riqueza e da multiplicidade das correntes do judaísmo do século I, vê-lo como celibatário, consagrado a Deus, não o exime de reprovação e acinte. Aliás, João Batista também era solteiro, sem dúvida nenhuma. Não há nada nos Evangelhos para corroborar essa tese, mas como imaginar mulher e filhos se sabemos que o homem, coberto de peles de animais, vivia no deserto e se alimentava no máximo de gafanhotos e de mel, e no mínimo de raízes e aparas de madeira, ou percorria o país em toda a sua extensão com os pés na água para batizar? No final, quando João é executado por Herodes Antipas, são seus discípulos que vão buscar seu corpo para ser enterrado, um ritual sagrado importantíssimo para os judeus, que cabe aos cônjuges e aos filhos (Marcos, 6, 29). Mas em parte alguma é levantada a questão da existência de esposa ou filhos durante essa função. A lógica mais rigorosa permite supor que João Batista era solteiro, e Jesus também. Os dois tinham feito essa opção radical à idade de dezoito anos. Jesus explica a situação muito bem: "Com efeito, há eunucos que nasceram assim, do ventre materno. E há eunucos que foram feitos eunucos pelos homens, e há eunucos que se fizeram eunucos por causa do Reino dos Céus. Quem tiver capacidade para compreender, compreenda!" (Mateus, 19, 12).

Jesus não fundou família no sentido legal e biológico (e se considerarmos por um instante que ele era exatamente o que seus discípulos terminaram por concluir e por dizer que era, o "Filho de Deus", tudo se esclarece com esta escolha). A ruptura que ele operou com sua própria descendência também foi exercida com sua família, de maneira brutal, ao abandoná-la da noite para o dia e, em seguida, com sua recusa a voltar a integrar o seio familiar. É necessário medir a gravidade dessa separação: a família tinha importância considerável na época de Jesus, sobretudo nas pequenas cidades e no campo, mais ainda na comunidade judaica. Era elemento de constituição da história e do destino desse povo. Por meio dela, os valores intangíveis da Lei se transmitiam de uma geração à outra.

Fundar uma família era o mesmo que construir uma casa. As pessoas eram da "casa de Judá", da "casa de Davi", e por meio disso o nome se perpetuava. Bater nos pais ou maldizê-los era passível de punição com a pena de morte (Êxodo, 21, 15-17). O filho rebelde devia ser apedrejado (Deuteronômio, 21, 18-21).

Com esses elementos em mente, é possível medir com mais precisão a violência que foi a ruptura de Jesus com a família e apreender, tendo em vista o acontecimento narrado por Marcos e Mateus, os tumultos que sua partida inicial causaram: um dia, Jesus estava na casa de Pedro, em Cafarnaum, onde tinha se estabelecido entre duas viagens. A multidão, ao saber de sua presença, invadiu o lugar. Quando ficam sabendo que Jesus tinha retornado de um longo périplo, alertados pela algazarra que se fazia ao redor dele, pelo número de pessoas que o seguia e pela reação dos escribas e dos fariseus, "os seus saíram para detê-lo, porque diziam: 'Enlouqueceu!'." (Marcos, 3, 21). Maria, com toda a certeza, temia pela segurança de Jesus. Ela conhecia o destino reservado aos causadores de tumultos. Não era verdade que João Batista tinha sido preso e jogado nas celas da fortaleza impenetrável de Maqueronte? Os escribas também estavam em Cafarnaum, vindos de Jerusalém, e sem dúvida tinham sido enviados pelo Sinédrio. Eles se dirigiram aos curiosos do alto de sua autoridade de religiosos e sábios. Garantiram que Jesus estava possuído pelo diabo. Maria escutou os ataques. Ela tremeu. E se a multidão, versátil como sempre e espalhada por todos os lados, acreditasse nos escribas – os doutores da Lei – e se voltasse contra seu filho? Maria ergueu a voz por sua vez. Ela afirma que Jesus não é responsável por seus atos. "Ele está fora de si!" Será que alguém prenderia um incapaz? A família inteira se acotovelou, empurrou alguns, meteu-se no meio de outros. Em vão. Queriam entrar lá, por sua vez, e levá-lo para fora, para conduzi-lo de volta a Nazaré. É por isso que Maria pediu aos irmãos e irmãs de Jesus que a acompanhassem – para lhe dar uma ajuda. Mas eles não tiveram permissão para entrar.

"Chegaram então sua mãe e seus irmãos e, ficando do lado de fora, mandaram chamá-lo. Havia uma multidão sentada em torno dele. Disseram-lhe: 'Eis que tua mãe, teus irmãos e tuas irmãs estão lá fora e te procuram'. Ele perguntou: 'Quem são minha mãe e meus irmãos?' E, repassando com o olhar os que estavam sentados a seu redor, disse: 'Eis a minha mãe e os meus irmãos. Quem fizer a vontade de Deus, esse é meu irmão, irmã e mãe'." (Marcos, 3, 31-35; Mateus, 12, 46-50; Lucas, 8, 19-21).

Jesus constituiu para si uma nova família. Ele ampliou a sua para incluir todos os judeus e, além deles, todos os infelizes, *todos os próximos*. O centurião romano (idólatra), os republicanos (impuros), os pobres, os seres prostituídos. Ele escolheu todos estes para serem seus irmãos e suas mães. Afinal, todos têm o mesmo pai, um único Pai, Abba, nos Céus, Deus.

Aos doze anos, alguns dias antes da maturidade (para os meninos, ela se dava aos treze anos e um dia), Jesus fugira e reivindicara seu direito de permanecer em Jerusalém, no templo, para ali falar dos assuntos de seu verdadeiro pai. Já naquele momento ele deu as costas a José e Maria, sem se compadecer de sua perturbação. "Meu filho, por que agiste assim conosco? Olha que teu pai e eu, aflitos, te procurávamos" (Lucas, 2, 48). Depois ele voltou, *submisso*, Lucas indica. Dessa vez, ele não voltaria mais, e devia a Deus aquilo que era. Ele desejava que cada um operasse a mesma ruptura, que se erguesse da mesma maneira, ultrapassasse as barreiras mesquinhas da família biológica, louvasse o Senhor, o verdadeiro Pai, pelas virtudes recebidas e pelas luzes da conversão, e não pelos pequenos talentos congênitos. Uma mulher se ergue no meio da multidão, um dia, cheia de admiração, entusiasmada, subjugada por suas palavras e exclama para ele: "'Felizes as entranhas que te trouxeram e os seios que te amamentaram!' Ele, porém, respondeu: 'Felizes, antes, os que ouvem a palavra de Deus e a observam'." (Lucas, 11, 27-28). Jesus se recusou a dar valor ao sucesso de suas palavras, a enriquecer os seus, a lustrar o brasão familiar, como era costume fazer. Era o brasão de Deus que deveria reluzir, e esse brilho refletiria sobre aqueles que escutassem sua palavra. Escutassem, compreendessem e a guardassem como um tesouro.

Jesus exigia o mesmo compromisso absoluto de todos. A um discípulo que lhe diz: "Eu te seguirei, Senhor, mas permite-me primeiro despedir-me dos que estão em minha casa", ele responde: "Quem põe a mão no arado e olha para trás não é apto para o reino de Deus" (Lucas, 9, 61-62).

Às enormes multidões que o acompanham, ele diz: "Se alguém vem a mim e não odeia seu próprio pai e mãe, mulher, filhos, irmãos e irmãs e até a própria vida, não pode ser meu discípulo. (...) Portanto, qualquer um de vós que não renunciar a tudo que possui não pode ser meu discípulo" (Lucas, 14, 26; 33).

A tudo que possui, até mesmo aos bens mais caros: aos bens de carne e sangue, pai, mãe, irmão e irmã.

A todas as suas obrigações, estéreis do ponto de vista das exigências de Deus. "'Senhor, permite-me ir primeiro enterrar meu pai.' Mas Jesus lhe respondeu: 'Segue-me e deixa que os mortos enterrem seus mortos'." (Mateus, 8, 21-22). Os mortos? Aqueles que não podiam escutar o chamado. Aqueles que não podiam responder.

Mas, por enquanto, Jesus está sozinho. Não está rodeado de nenhum discípulo. Ele acaba de encontrar João Batista, João Batista acaba de batizá-lo. Ainda pingando água, sem olhar para trás nenhuma vez, ele parte na direção do deserto. "Então Jesus foi levado pelo Espírito ao deserto, para ser tentado pelo diabo" (Mateus, 4, 1); "E logo o Espírito o impeliu para o deserto" (Marcos, 1, 12); "Jesus, pleno do Espírito Santo, voltou do Jordão; era conduzido pelo Espírito através do deserto durante quarenta dias, e tentado pelo diabo" (Lucas, 4, 1).

De onde os três evangelistas, Mateus, Marcos e Lucas tiraram essa informação? Curiosamente, apenas João, o único entre os quatro redatores do Novo Testamento que não menciona esse episódio, poderia ter sido testemunha da partida de Jesus em direção a terras hostis. É necessário então concluir que, mesmo que ele tenha ido para o deserto para fortalecer sua fé, para rezar, essa passagem dos Evangelhos não relata uma realidade. Ela anuncia que, depois de ter sido tomado pelo Espírito Santo, no momento do batismo pela água, Jesus passou a ser acompanhado pelo Espírito para receber o batismo de fogo. No deserto, Jesus triunfaria sobre Satã porque o Espírito lhe soprou toda sua força. Graças a isso, Jesus poderia vencer, por sua vez, todas as provas que o povo hebreu vencera antes dele em seus quarenta anos de Êxodo, quando buscava a Terra Prometida. Graças ao Espírito, Jesus poderá cumprir sua missão: ao mesmo tempo Moisés, Josué e Nova Aliança, ele vai liderar os judeus unidos, reunidos no Reino de Deus.*

O deserto não é um local sem importância para os judeus. Transformou-se até em espaço que carrega sentido e o locutório de Deus. Entre os séculos VIII e VI a.C., foi ali que os profetas encontraram Iahweh, e os judeus mantiveram a nostalgia de Sua voz, que entretém profetas como Oseias, Jeremias e Isaías – em especial esse último, que afirma que a reconciliação com Deus irá se manifestar por meio de um retorno ao deserto.

> Lembra-te, porém, de todo o caminho que Iahweh teu Deus te fez percorrer durante quarenta anos no deserto, a fim de humilhar-te, tentar-te e conhecer o que tinhas no coração: irias observar seus mandamentos ou não? Ele te humilhou, fez com que sentisses fome e te alimentou com o maná que nem tu nem teus pais conheciam, para te mostrar que o homem não vive apenas de pão, mas que o homem vive de tudo aquilo que procede da boca de Iahweh (Deuteronômio, 8, 2-3).

No segundo parágrafo de seu Decálogo, Fílon insiste no fato de que Deus quis entregar a Lei a seu povo no deserto porque ele queria que fosse longe da cidade, corruptora tanto moral quanto física. Como o deserto é puro, Deus o escolheu para a Aliança. Segundo Isaías (40, 3), Judas Macabeu levou

---

* Bento XVI, em seu *Jésus de Nazareth* (Paris: Flammarion, 2007), explica o alcance teológico desta passagem: "Atendo-se ao centro original de sua missão, Jesus precisa entrar no drama da existência humana, atravessando-o até suas maiores profundezas, a fim de assim encontrar a 'ovelha desgarrada', tomá-la sobre os ombros e levá-la para o curral'."

uma dezena de homens para o deserto da Judeia para que vivessem como animais selvagens e comessem apenas capim e assim se descontaminassem da imundície que se seguiu à profanação do templo por Antíoco Epifânio. E apesar de o deserto ser também o lugar da provação, o lugar de passagem assombrado por animais ferozes, hienas e demônios, o lugar para onde foram mandadas pessoas que cometeram erros como Caim, Agar e Ismael, os terapeutas e os essênios preferiram ir para lá para fugir da podridão do mundo, e ali viver na austeridade que lhes tornaria dignos da Israel celestial. Segundo a interpretação de Marie-Madeleine Davy: "Esse recipiente de purificação significa menos um lugar e mais um estado. Inaugura uma passagem do externo para o interno, do caos à ordem, da escravidão à liberdade[6]".

No deserto, Satã atormenta Jesus. Ele lhe promete três poderes: a sedução das multidões por meio do dom de distribuir-lhes pão e riquezas; o poder sobre as terras e os bens do mundo para dominar a humanidade em sua totalidade; e o poder de sair são e salvo de uma queda vertiginosa, do alto do templo. Em suas respostas a Satã, Jesus lembra três princípios fundamentais da Lei: o homem não se alimenta unicamente de pão; deve adorar e servir apenas ao Senhor; e não deve colocar o Senhor à prova.

Depois de vencer o diabo, depois da jejuar e de orar durante quarenta dias, Jesus, ao contrário dos essênios e dos terapeutas, não se fixa no deserto. Ele retorna ao mundo. "Jesus voltou então para a Galileia, com a força do Espírito" (Lucas, 4, 14).

Está na hora de ele cumprir sua missão.

Será que vai cumprir essa missão sozinho?

Depois de seu batismo, quando voltou do deserto, Jesus mais uma vez foi à procura de João Batista. "No dia seguinte, João se achava lá de novo, com dois de seus discípulos. Ao ver Jesus que passava, disse: 'Eis o Cordeiro de Deus'." (João, 1, 35-36). A partir desse versículo, coloca-se a questão de saber se Jesus era ou não discípulo de Batista[7]. Será que ele se juntou ao grupo de homens que proclamavam a iminência do fim dos tempos e pediam o arrependimento? Será que foi batizado com eles e depois formou um pequeno grupo de discípulos e começou a batizar por sua vez?

Alguns historiadores negam essa ideia*, apesar de todos aceitarem o fato de que Jesus, por meio de seu batismo, adotou o conjunto das teorias de Batista; ele as tomou para si. Aos olhos dos homens que o viam passar, que o escutavam, Jesus era, do ponto de vista teológico, da família de João Batista – um de seus discípulos. Segundo João Evangelista, Jesus teria passado algum tempo desempenhando o ritual do batismo; o próprio Jesus mergulharia pessoas no Jordão: "Depois disso, Jesus veio com os discípulos para o território da Judeia e permaneceu ali com eles e batizava. João também batizava em Enom, perto de Salim, pois lá as águas eram abundantes e muitos se apresentavam para serem batizados. João ainda não fora encarcerado" (João, 3, 22-24).

João é o único a relatar que Jesus praticava o ritual do batismo, e é muito possível que o tenha feito. Os rituais de purificação faziam parte da vida religiosa dos judeus. Todos, independentemente da seita a que pertencessem, consideravam os rituais externos como preliminares indispensáveis à prece ou à conversão. Aos olhos de um fiel do século I d.C., abster-se de tais rituais era o mesmo que se excluir da lei. João Batista tinha uma certa autoridade sobre a execução do batismo, já que tinha nascido em uma família sacerdotal. Jesus, no entanto, era um simples laico, vindo de lugar nenhum. Ele não podia falar de Deus com autoridade, nem mostrar prova alguma, por um gesto que fosse, de que respeitava a Lei. É necessário notar que nem Mateus, nem Marcos, nem Lucas afirmam que Jesus tenha executado batismos por sua vez. Mais inacreditável ainda é o fato de João narrar, apenas alguns versículos depois de sua afirmação precedente, que: "Quando Jesus soube que os fariseus tinham ouvido dizer que ele fazia mais discípulos e batizava mais que João – *ainda que,*

---
* Entre eles, os historiadores Ernst, Gnilka e Jeremias.

de fato, Jesus mesmo não batizasse, mas os seus discípulos*
(...)" (João, 4, 1-2). E então? Jesus batizava ou não? Por que tantas tergiversações? Por que essa visão contraditória, apenas catorze versículos adiante?

Isso vem para exprimir o mal-estar que existia entre as duas comunidades: os discípulos de Jesus e os de João Batista. É possível que os últimos continuassem a venerar João Batista como o Messias durante esse período inicial da Igreja, tratando Jesus como usurpador. João não esconde o fato. "Originou-se uma discussão entre os discípulos de João e certo judeu a respeito da purificação; eles vieram encontrar João e lhe disseram: 'Rabi, aquele que estava contigo do outro lado do Jordão, de quem deste testemunho, batiza e todos vão a ele'." (João, 3, 25). Era incontestável o fato de que João Batista tinha sido o primeiro, o inventor do batismo. Ao mesmo tempo, devia ser fato bem conhecido que Jesus batizava com seus discípulos. Sem poder fazer nada, João Evangelista foge da dificuldade. Em seu texto, Batista repete: "Vós mesmos sois testemunhas de que eu disse: 'Não sou eu o Cristo, mas sou enviado adiante dele'." (João, 3, 28).

Mas a atração exercida por Jesus devia ser de fato muito forte, já que, mesmo ao lado de Batista – um profeta que as pessoas vinham dos quatro cantos da Palestina para ver, para ouvir a "voz que clama" –, o desconhecido nazareno conseguiu capturar a atenção do público e atrair para si um grande número de fiéis e, logo, multidões numerosas. "Sua fama espalhou-se por toda a região" (Lucas, 4, 14).

Se acreditarmos em João Evangelista, foi João Batista que designou Jesus duas vezes a seus discípulos. A primeira se deu quando de seu encontro inicial. A segunda, no dia seguinte, quando Jesus passava no meio deles. Entre os fiéis que assistiam à cena estavam André e – sem dúvida – João. Intrigados, os dois homens decidiram seguir o mestre reverenciado por João Batista, em quem ele via o "Cordeiro de

---

* A marcação em itálico foi feita pela autora deste livro.

Deus". Eles saíram caminhando em seu encalço, sem se atrever a alcançá-lo nem dar início a uma conversa. É possível imaginar essa primeira caminhada que fizeram juntos, sob a luz azulada da manhã – eram quase dez horas. O amplo silêncio da paisagem, interrompido por breves cantos de pássaros e de cigarras, com o rumor do rio ao fundo. A transparência do céu leve como a poeira que abafa o ruído dos passos. Depois de um instante, Jesus se voltou e perguntou aos dois jovens: "Que procurais?" (João, 1, 38).

No ano 3788 do calendário hebraico, as estradas pululavam de salteadores, e bandidos não eram raros, sempre à espera dos viajantes solitários. No entanto, Jesus não sentiu medo nem por um segundo. Para comprovar essa afirmação, basta notar que, quando André e João perguntaram onde ficava a casa de Jesus, em vez de responder-lhes diretamente, ele os convidou a se acomodar. Se achasse que eram ladrões, não lhes teria aberto a porta. Ali, André e João escutaram Jesus com atenção. E as palavras de Jesus devem tê-los convencido até os recôncavos mais profundos da alma porque, no dia seguinte, André, transbordando de alegria, apressou-se em sair para buscar o irmão Simão. E anunciou a ele a grandiosa notícia: finalmente tinham encontrado o Messias! Simão precisava largar tudo e se apressar, absolutamente, para conhecê-lo. Simão nem hesita. Redes, barco, ele largou tudo e tomou o caminho indicado por André para, por sua vez, encontrar Jesus.

Como todos os encontros entre judeus, a apresentação tomou toda a sua amplitude; o nome, todo o seu sentido. Logo de início, Jesus deu nome a Simão. Dar nome é o mesmo que dar vida. Ao nomeá-lo, ele honrou o homem, ele o revigorou – ele e sua ascendência: "Tu és Simão, filho de João" (João, 1, 40). O destino de Simão se traçou nesse segundo exato. Simão, Jesus resolvera, seria o pilar dos discípulos, a pedra sólida sobre a qual seria possível construir uma casa. Como Jesus é "Iahweh salva", Simão seria essa rocha: "Chamar-te-ás Cefas [que quer dizer Pedra]" (João, 1, 40), Jesus lhe disse. Simão não reclamou. A aliança estava concluída.

Depois Jesus pediu a Filipe, que acabara de conhecer, que o seguisse. Filipe aceitou sem hesitação e foi buscar Natanael* – judeu radical que lançara dúvidas a respeito de Jesus, por ele ser de Nazaré. Mas bastou um olhar e algumas palavras de Jesus: "Antes que Filipe te chamasse, eu te vi quando estavas sob a figueira" (João, 1, 48), para que Natanael reconsiderasse. Suas hesitações desaparecem. Ele reconheceu o Messias em Jesus. "Rabi, tu és o filho de Deus, tu és o rei de Israel" (João, 1, 49).

Os evangelistas divergem na maneira de contar como Jesus constitui sua equipe de discípulos. De acordo com João e Mateus, Jesus compôs seu grupo de fiéis a partir de seu batismo, e conforme Mateus, quando retornou do deserto. Para Mateus, ao contrário do relato de João, foi Jesus quem convocou os homens que iriam acompanhá-lo a partir dali. E com grande autoridade! Como vimos por meio das respostas ácidas que Jesus deu à sua mãe quando ela chegou para buscá-lo, percebemos que ser discípulo dele implicava enormes sacrifícios e concessões – de fato, renunciar a tudo. Ser discípulo não era vê-lo e escutá-lo de maneira aleatória, nem ir à sinagoga quando ele pregava. Ser discípulo era responder de corpo e alma a seu chamado e segui-lo por todos os lugares, sempre, até o fim. "Então Jesus disse aos seus discípulos: 'Se alguém quer vir após mim, negue-se a si mesmo, tome sua cruz e siga-me'." (Mateus, 16, 24). E, ainda: "Igualmente, portanto, qualquer um de vós que não renunciar a tudo que possui, não pode ser meu discípulo" (Lucas, 14, 33). Seu passado de marceneiro e carpinteiro ressurgia nas explicações que ele dava para ilustrar suas exigências.

"Quem de vós, com efeito, querendo construir uma torre, primeiro não se senta para calcular as despesas e ponderar se tem com que terminar? Não aconteça que, tendo colocado o alicerce e não sendo capaz de acabar, todos os que virem comecem a caçoar dele, dizendo: 'Esse homem começou a construir e não pode acabar!'" (Lucas, 14, 28-30).

---

* Os outros evangelistas lhe atribuem seu patronímico: Bartolomeu.

Responder ao chamado de Jesus não implicava apenas a ruptura com seu grupo – portanto com uma posição de honra, uma reputação estabelecida na sociedade, junto à família ou seus bens –, o ato representava ruptura com um modo de vida bem enraizado no cotidiano dos judeus do século I. Apesar de existirem filósofos cínicos que praticavam a viagem como vetor do estudo, apesar de existirem escolas rabínicas que implicavam presença permanente durante todo o tempo do aprendizado, não tinha existido até então nenhum mestre que agrupasse discípulos ao redor de si *ad vitam aeternam*, a quem ele ensinasse ao mesmo tempo em que viajava, profetizava e curava. Essa inovação não foi pura invenção: há um exemplo no Antigo Testamento. Elias, de fato, deu a ordem a seu discípulo Eliseu para que abandonasse tudo – família, bens, trabalho – para segui-lo por todos os lugares aonde ele fosse em Israel, para servi-lo, para aprender seus ensinamentos e um dia sucedê-lo em sua missão de profeta. Isso aconteceu com Elias, mas apenas com ele e em relação a um único profeta. Apesar disso, não podemos negar o lado exorbitante do convite de Jesus para que o sigam nem a abnegação exigida em troca. Não se encontra em nenhuma outra tradição escolar da antiguidade um mestre que formulasse pretensões assim tão radicais ao encontro de seus alunos.

O próprio Jesus sabia disso. Ele expunha suas exigências sem eufemismos. Ele não era um doce sonhador, inconsciente das repercussões de suas palavras e de seus gestos. Ele avisava àqueles que escolhia: "Não penseis que vim trazer paz à terra. Não vim trazer paz, mas espada. Com efeito, vim contrapor o homem ao seu pai, a filha à sua mãe e a nora à sua sogra. Em suma: os inimigos do homem serão seus próprios familiares" (Mateus, 10, 34-36).

E, depois, havia antecedentes sangrentos de que todos se lembravam, principalmente Jesus. Flávio Josefo fala sobre a sorte reservada aos causadores de tumulto e, apesar de a Galileia estar bem calma e ser próspera entre os anos 26 e 30 d.C., a decapitação recente de João Batista tinha servido para lembrar a disposição das autoridades em relação àqueles que atraem outros homens: "Eis que vos envio como ovelhas entre lobos. Por isso, sede prudentes como as serpentes e sem malícia como as pombas. Guardai-vos dos homens: eles vos entregarão aos sinédrios e vos flagelarão em suas sinagogas. E, por causa de mim, sereis conduzidos à presença de governadores e de reis, para dar testemunho perante eles e perante as nações" (Mateus, 10, 16-18).

Entre a multidão que se reunia para escutá-lo, alguns seguiriam Jesus durante alguns dias, outros passariam apenas o dia com ele e voltariam para casa à noite. Outros, mais tarde, com a fama de Jesus espalhada por todo o país, viriam de longe para lhe trazer seus doentes. Alguns, mesmo que não o seguissem, tornavam-se íntimos e o recebiam quando ele estava de passagem pela região. Entre essas pessoas estavam Marta e Maria, as irmãs de Lázaro, na Betânia, pequeno vilarejo localizado a alguns quilômetros de Jerusalém. Havia a sogra de Pedro que recebia Jesus e seus discípulos toda vez que retornavam a Cafarnaum. Havia ainda o grupo de fiéis que o seguia a maior parte do tempo e, entre estes, mulheres: Maria de Magdala (Maria Madalena), que passou a andar atrás de Jesus desde que ele a curara de seus sete demônios; Joana, esposa de Cuza; Suzana; Maria, a mãe de Tiago, o Pequeno, e de José; e, enfim, Salomé. Mas os discípulos de Jesus, entre os quais ele escolheria, um pouco mais tarde, um círculo ainda mais restrito, o dos "Doze", quer dizer, os apóstolos a quem ele daria a tarefa de carregar a boa palavra, de curar e de pregar, eram os que ele tinha chamado diretamente e que o seguiram às cegas.

É difícil estabelecer de maneira precisa, devido às divergências entre os Evangelhos, quais entre os discípulos conhecidos fariam parte dos Doze. Desse modo, Levi, o coletor de impostos, não seria enviado em missão por Jesus. Ele era um discípulo, mas não um apóstolo. Aparentemente, não era mais do que Natanael. Quais foram os primeiros discípulos? Quais aqueles que decidiram seguir Jesus sem nem mesmo escutá-lo de antemão, sem nem mesmo vê-lo curar? Quais aqueles a quem Jesus deu ordens e eles obedeceram? Vamos ver o que Marcos tem a dizer a respeito da constituição do grupo: "Caminhando junto ao mar da Galileia, viu Simão e André, o irmão de Simão. Lançavam a rede ao mar, pois eram pescadores. Disse-lhes Jesus: 'Vinde em meu seguimento e eu farei de vós pescadores de homens'. E imediatamente, deixando as redes, eles o seguiram. Um pouco adiante, viu Tiago, filho de Zebedeu, e João, seu irmão, eles também no barco, consertando as redes. E logo os chamou. E eles, deixando o pai Zebedeu no barco com os empregados, partiram em seu seguimento" (Marcos, 1, 16-20).

Dá para imaginar a força da voz, o carisma de Jesus nessas simples linhas. Tiago e João não parecem ser dois miseráveis que não tinham nada a perder nem nada melhor para fazer da vida. O pai era rico: ele tinha uma empresa de pesca, já que havia empregados para ajudar a dobrar as redes. Os braços dos dois filhos não bastavam. No entanto, eles abandonam tudo, assim como Simão, proprietário de um barco e de uma casa e, além do mais, chefe de família, já que Jesus iria salvar sua sogra de uma febre ardente que a prendia à cama.

Muito mais tarde, Jesus encontraria Levi, o coletor de impostos. O chamado é enormemente imperioso, e a submissão, total: "Ao passar, viu Levi, o filho de Alfeu, sentado na coletoria, e disse-lhe: 'Segue-me'. Ele levantou e o seguiu" (Marcos, 2, 14).

Em seguida, houve outros grupos de discípulos: Mateus, a quem se juntaram Filipe, Bartolomeu e Tomé, chamado Dídimo, o gêmeo; no final vieram também Tiago de Alfeu, Tadeu, Simão, o Cananeu, chamado de Zelota, e por último Judas Iscariotes. Todos, é necessário notar, eram da Galileia, menos Natanael, citado por João. A Galileia: província impura, aberta às nações, e rústica, que as pessoas da Judeia não frequentariam por nada no mundo, menos ainda a aristocracia de Jerusalém.

Todos, é necessário ressaltar também, eram homens simples, de educação bastante rudimentar – nenhum deles pertencia à classe sacerdotal. Alguns, como Levi ou Mateus – nada garante que eram os mesmos – eram considerados impuros. Outros eram pecadores. Aos olhos dos judeus que esperavam o Reino de Deus e o arrependimento, o grupo parecia péssimo, cheio de pecadores e impuros. Os pecadores não eram apenas aqueles que violavam o contrato moral que os ligava à Lei, que roubavam às vezes, mentiam ou se engraçavam para cima da mulher do vizinho. Os pecadores eram sobretudo aqueles que haviam adotado o modo de vida das "pessoas das nações", e que portanto haviam rejeitado os mandamentos do Deus de Israel. Aqueles que evitavam essênios e terapeutas. Os que desprezavam os fariseus: "Mas este povo, que não conhece a Lei, são uns malditos!" (João, 7, 49).

Ora, Jesus os convidava para que o seguissem. Não há como ele se enganar em relação à função de alguns deles: quando encontrou Levi, o mesmo estava sentado na mesa de coleta, contando os dracmas do imposto. Ele era um publicano. Um homem sem valor. E, no entanto, Jesus lhe disse: "Segue-me".

"Será que esse que convida é um iluminado desequilibrado? Seu cortejo dá a resposta; nenhum poeta poderia inventar algo melhor. Um mestre, um sábio ou, como gostariam de chamá-lo, uma espécie de gênio perdido que se diz ser Deus – rodeado por uma multidão que solta gritos de alegria, ele próprio acompanhado de publicanos, de condenados da Justiça e de leprosos; e ainda mais próximo dele, o círculo escolhido, os discípulos[8]", ressalta Sören Kierkegaard.

Mesmo no interior do círculo desses fiéis, essas misturas e promiscuidades não ofuscavam. Natanael, o autêntico judeu, agora caminhava ao lado de Levi. Todos tinham sido arrebatados pela força, pela voz, pela amplidão da pregação de Jesus. Existia em Jesus algo que impunha respeito: não é verdade que André e João tinham ficado a alguns metros dele sem ter coragem de lhe dirigir a palavra? A impressão que ele suscitava era formidável. Logo à primeira vista, as multidões o chamavam de rabi, de mestre. Mais tarde, Pôncio Pilatos, que nutria desprezo profundo combinado a desgosto por tudo que era judeu ou que tinha qualquer ligação com a religião desse povo, iria se curvar perante Jesus quando o visse entrar.

Todos estavam prontos, como Jesus lhes havia pedido, para segui-lo até o fim.

Mas até o fim de quê?

O Reino de Deus

> As ações simbólicas dos profetas do Antigo Testamento eram compreendidas pelos israelenses religiosos como sendo impregnadas da realidade que designavam; vinham carregadas com a força que desencadeavam. Os diversos gestos de Isaías, de Jeremias e de Ezequiel profetizavam destruição e exílio de maneira dramática. Mas, no espírito dos profetas e das pessoas que os seguiam, esses gestos simbólicos não se limitavam a indicar os acontecimentos futuros que profetizavam; os gestos simbólicos desencadeavam os acontecimentos futuros, fazendo com que se colocassem em movimento de maneira inexorável.[1]

Esse comentário de John Paul Meier esclarece a fé que os judeus tinham em relação aos ditos dos profetas e, portanto, toda a atenção com que escutavam as pregações do Cristo, fossem multidões conquistadas por sua fala ou doutores da Lei vigilantes e céticos. Da mesma maneira que dar nome é soprar a vida, profetizar é provocar. Se de fato fosse um profeta, Jesus estabeleceria uma ordem totalmente nova com suas profecias. Mas será que Jesus era um profeta aos olhos dos judeus? Ou será que era um simples rabi, um mestre que discorria sobre a Lei, ou algo mais? E o que ele dizia para atrair tanto público e causar tanto entusiasmo?

Apesar de não existir nenhuma cronologia precisa a respeito de seus feitos e gestos, portanto nenhuma indicação a respeito da evolução de seus ensinamentos, é possível pensar que Jesus, no começo de sua pregação, tenha retomado as falas de João Batista, às quais demonstrou sua adesão por meio do batismo.

"Naqueles dias, apareceu João Batista pregando no deserto da Judeia e dizendo: Arrependei-vos, porque o reino dos Céus está próximo", escreveu Mateus (3, 1-2). E depois, alguns versos adiante: "Ao ouvir que João havia sido preso, ele voltou para a Galileia (...). A partir desse momento, começou Jesus a pregar e a dizer: Arrependei-vos, porque está próximo o Reino dos Céus" (Mateus, 4, 12; 17). Mateus é o único evangelista a estabelecer um jogo de espelho tão claro entre a pregação de João Batista e a de Jesus, e a colocar esse "Reino dos Céus" na boca de Batista. Essa exceção relativiza o testemunho de Mateus que, sabemos, toma muito cuidado em estabelecer relações entre Jesus e todos os seus predecessores. Dessa passagem, convém reter a expressão de "Reino dos Céus", que aparece pela primeira vez no Novo Testamento e nos discursos de Jesus. Mas o termo reaparece em Marcos, sob as mesmas circunstâncias: "Depois que João foi preso, veio Jesus para a Galileia proclamando o Evangelho de Deus: 'Cumpriu-se o tempo e o Reino de Deus está próximo. Arrependei-vos e crede no Evangelho'." (Marcos, 1, 14-15). No texto de Lucas, o anúncio do Reino de Deus também é uma das primeiras informações que Jesus dá em sua missão. "Ele, porém, lhes disse: 'Devo anunciar também a outras cidades a Boa Nova do Reino de Deus, pois é para isso que fui enviado'. E pregava pelas sinagogas da Judeia" (Lucas, 4, 43-44).

Antes dessa primeira partida na direção das sinagogas da Judeia, Jesus não era uma pessoa muito culta. Em Nazaré, leu para as pessoas que lhe eram próximas, incrédulas ("Não é este o filho de José?" – Lucas, 4, 22), o livro do profeta Isaías, para lhes anunciar que a escritura estava se cumprindo – mas não foi morto pelos seus. Depois, em Cafarnaum, ele salvou a mãe de Pedro de sua febre alta; ele aliviaria e curaria por meio da imposição das mãos todos os doentes que seriam levados até ele na sequência dessa cura, porque a notícia se espalhara por toda a cidade. No dia seguinte, ao amanhecer, Jesus se retirou para um lugar deserto, como tinha o costume de fazer, para rezar e contemplar o esplendor da paisagem a seu redor. Os aldeões, aflitos com sua ausência, saíram para encontrá-lo. Eles queriam fazer com que ficasse lá. Como podiam deixar que um homem de palavras como Jesus, dotado do poder de curar, fosse embora? "As multidões puseram-se a procurá-lo e, tendo-o encontrado, queriam retê-lo, impedindo-o que as deixasse" (Lucas, 4, 42).

Assim, Jesus começou sua pregação por meio desse anúncio. "O aspecto central do ensinamento de Jesus dava conta do Reino de Deus. Não pode haver nenhuma dúvida a respeito desse assunto e, aliás, nenhum exegeta o contesta hoje. Jesus apareceu como alguém que anunciava o reino[2]." Várias vezes, e até os últimos dias, ele o proclamou. Em uma nova prece, ele ensina a seus discípulos: "Quando orardes, dizei: Pai, santificado seja o teu nome. Venha o teu Reino" (Lucas, 11, 2). Nas bem-aventuranças, ele profetiza: "Felizes vós, os pobres, porque vosso é o Reino de Deus. (...) Alegrai-vos naquele dia e exultai, porque no céu será grande a vossa recompensa" (Lucas, 6, 20; 23). Alguém lhe perguntou se poucas pessoas seriam salvas, e ele respondeu com a descrição do Reino aos renegados: "Mas eu lhes digo que virão muitos *do oriente e do ocidente* e se assentarão à mesa no Reino dos Céus com Abraão, Isaac e Jacó, enquanto os filhos do Reino serão postos para fora, nas trevas, onde haverá o choro e o ranger de dentes" (Mateus, 8, 11-12). Na ocasião da Última Ceia, ele avisou a seus companheiros: "Em verdade vos digo, já não beberei do fruto da videira até aquele dia em que beberei o vinho novo no Reino de Deus" (Marcos, 14, 24-25).

De fato, a expressão "Reino de Deus" aparece em abundância nos Evangelhos: treze vezes em Marcos, 25 em Mateus, seis em Lucas e dez em João. Mas o que ela significava para os judeus que escutavam Jesus anunciar a iminência desse Reino e, ao profetizá-lo, colocá-lo em movimento? A que ele estava aludindo, a que passado profético se referia?

Como tal, a expressão exata de "Reino de Deus" está ausente do Antigo Testamento hebraico. Ela também é rara nos textos do judaísmo pré-cristão. Vale dizer que a expressão estava bem longe do uso comum quando Jesus a empregou. A sua originalidade se junta à dificuldade de sua definição, bastante dinâmica. O conceito de Reino de Deus[3] não se define, ele conta uma história, a do povo de Israel, retomado nessa expressão desde sua origem até a atualidade, naquele momento o tempo de Jesus, o ano 3788 da era hebraica. Como o universo está em expansão eterna, o Reino de Deus está em exercício permanente de força e de soberania sobre sua criação, seu povo e a história desse povo. Mas, a partir do momento em que Jesus se exprimiu, a partir do momento que ilustrou esse "Reino de Deus" por meio de parábolas e milagres, a partir do momento que deu a entender seu alcance por meio do compartilhamento de riquezas e de refeições, a partir do momento em que ele enviou os Doze em sua missão, essa noção de Reino de Deus se tornou luminosa para todos porque estava ligada a uma noção tangível para os judeus, que subentendem sua fé e sua história: a escatologia.

Mas o que é de fato a escatologia para os judeus do século I? Trata-se da ideia de realização do mundo, suscitada pela vontade divina no fim dos tempos, que abrange o povo de Israel como um todo e – a noção é importante – um mundo em que o futuro do indivíduo tem pouca importância. A escatologia judaica se concentra sobre a nação inteira, portadora da promessa divina, como anuncia Isaías: "Teu povo, todo constituído de justos, possuirá a terra para sempre, como um renovo de minha própria plantação, como obra das minhas mãos, para a minha glória. O menor deles chegará a mil, o mais fraco, a nação poderosa. Eu, Iahweh, no tempo devido, apressarei a realização destas coisas" (Isaías, 60, 21-22).

Israel é o povo de Deus, e a vitória final traria de volta a verdade e a justiça divina. Isso incluiria a paz entre todos os homens, todos os povos e todas as criaturas do universo. O Reino de Deus estava por vir. Foi isso que os judeus escutaram – mesmo que este não tenha sido exatamente o anúncio feito por Jesus. "Teu reino é reino para séculos todos, e teu governo para gerações e gerações" (Salmos, 145, 13), proclamavam todos, retomando as palavras do salmo.

Desde o exílio na Babilônia, as profecias transbordavam de anúncios escatológicos repetidos por Isaías, Ezequiel e, por fim, Jeremias. Mas este introduziu uma noção nova na perspectiva escatológica. Apesar de Jeremias relatar o combate incessante que o profeta travou contra os reis pecadores de Judá (já vimos em que sentido é necessário interpretar a noção de pecador), ele promete várias vezes que Deus, para restaurar seu reino, iria reunir o conjunto do povo de Israel martirizado, dispersado, abalado. O tema dessa reunião das doze tribos para a chegada do Reino de Deus envolve todos os judeus, até os essênios. Em suas leis, esses últimos retomam o princípio. Segundo o "Rolo da guerra", no fim dos tempos, doze chefes sacerdotes, um por tribo, serviriam para toda a eternidade; e quando se desse o último combate escatológico, o estandarte militar se desfraldaria com a inscrição "Povo de Deus" e também o nome de Israel e de Aarão, além do das doze tribos de Israel.

As doze tribos finalmente estariam reunidas, como promete Jeremias ao mencionar a chegada do Reino. "Serei o Deus *de todas as famílias de Israel**, e elas serão o meu povo. (...) Encontrou graça no deserto, o povo que escapou à espada. Israel caminha para o seu descanso. (...) Eu te construirei de novo e serás reconstruída, Virgem de Israel" (Jeremias 31, 1; 2; 4).

De todas as famílias de Israel: aí estão os doze.

Entre seus discípulos, Jesus vai então escolher doze homens.

O fato é reconhecido em todos os Evangelhos.

Mateus: "Chamou os doze discípulos e deu-lhes autoridade de expulsar os espíritos impuros e de curar toda sorte de males e enfermidades. Estes são os nomes dos doze apóstolos: primeiro, Simão, também chamado Pedro, e André, seu irmão; Tiago, filho de Zebedeu, e João, seu irmão; Filipe e Bartolomeu; Tomé e Mateus, o publicano; Tiago, o filho de Alfeu, e Tadeu; Simão, o Zelota, e Judas Iscariotes, aquele que o entregou" (Mateus, 10, 1-4).

Marcos: "Depois subiu à montanha, e chamou a si os que ele queria, e eles foram até ele. E constituiu Doze, para que ficassem com ele, para enviá-los a pregar, e terem autoridade para expulsar os demônios. Ele constituiu, pois, os Doze, e impôs a Simão o nome de Pedro; a Tiago, o filho de Zebedeu, e a João, o irmão de Tiago, impôs o nome de Boanerges, isto

---

* A marcação em itálico foi feita pela autora deste livro.

é, filhos do trovão, depois André, Filipe, Bartolomeu, Mateus, Tomé, Tiago, o filho de Alfeu, Tadeu, Simão, o Zelota, e Judas Iscariot, aquele que o entregou" (Marcos, 3, 13-19).

Lucas: "Naqueles dias, foi ele à montanha para orar e passou a noite inteira em oração a Deus. Depois que amanheceu, chamou os discípulos e dentre eles escolheu doze, aos quais deu o nome de apóstolos: Simão, a quem impôs o nome de Pedro, seu irmão André, Tiago, João, Filipe, Bartolomeu, Mateus, Tomé, Tiago, filho de Alfeu, Simão, chamado Zelota, Judas, filho de Tiago, e Judas Iscariot, que se tornou traidor" (Lucas, 6, 12-16).

Em João, o episódio da nomeação dos Doze não é narrado, mas os doze são muito bem designados em seu texto. Em primeiro lugar, sob o símbolo do povo dispersado, quando da multiplicação dos pães: "Quando se saciaram, disse Jesus a seus discípulos: 'Recolhei os pedaços que sobraram para que nada se perca'. Eles os recolheram e encheram doze cestos com os pedaços dos cinco pães de cevada deixados de sobra pelos que se alimentaram. Vendo o sinal que ele fizera, aqueles homens exclamavam: 'Esse é, verdadeiramente, o profeta que deve vir ao mundo!'" (João, 6, 12-14). Depois, um pouco adiante, casualmente, ficamos sabendo que Jesus escolheu doze homens entre seus discípulos: "A partir daí, muitos dos seus discípulos voltaram atrás e não andavam mais com ele. Então, disse Jesus aos Doze: 'Não quereis também vós partir?' Simão Pedro respondeu-lhe: 'Senhor, a quem iremos? Tens palavras de vida eterna e nós cremos e reconhecemos que és o Santo de Deus'. Respondeu-lhes Jesus: 'Não vos escolhi, eu, aos Doze? No entanto, um de vós é um diabo!' Falava de Judas, filho de Simão Iscariotes. Este, um dos Doze, o haveria de entregar" (João, 6, 66-71).

Ninguém duvida que Jesus conhecia essas profecias, e se ele tinha escolhido especificamente doze homens entre seus discípulos para enviá-los para pregar e curar, foi para dar a entender que a chegada do Reino estava a caminho. A partir de então, quando Jesus escolheu seus doze apóstolos*, as multidões viram nisso a reconstituição das doze tribos advindas dos doze patriarcas, todos filhos de Jacó e que tinham recebido o nome de Israel, as doze tribos que o rei Davi reunira a seu redor para criar um reino para ele e que foram dispersadas pelo Exílio. Esse ato surtiu uma segunda consequência sobre o espírito dos discípulos: eles reconheceram em Jesus o profeta Elias, já que, segundo a Escritura, seria ele a reunir as doze tribos nos últimos tempos. João exprime isso muito bem. Quando Jesus encheu doze cestos com os restos de uma refeição de cinco pães de cevada que tinham sido multiplicados (como fez o profeta Eliseu, sucessor de Elias**), as pessoas viram o sinal que Jesus representava e, a partir de então, o que ele era para elas: o profeta que veio ao mundo.

Depois de escolhê-los, Jesus se retirou para rezar, como tinha o costume de fazer. Ele adorava se recolher na montanha ou em algum lugar deserto. Naquele dia, foi rezar nas pontas escarpadas do maciço. Depois, chamou seus doze companheiros (Marcos, 6, 7) e lhes expôs com muita exatidão a missão que deviam cumprir. Eles vão partir, dois a dois, aos confins do país para proclamar "que o Reino dos Céus está próximo" (Mateus, 10, 7), para curar toda doença e toda sorte de males. "Curai os doentes, ressuscitai os mortos, purificai os leprosos" (Mateus, 10, 8), ele lhes ordena. Também seria necessário expulsar os demônios. E apesar de todos agora terem sido

---

* Os Doze também não são os apóstolos no sentido mais restrito da palavra. Se esta palavra (derivada do grego, que significa "enviado") é empregada, efetivamente, uma vez por Mateus, duas por Marcos e seis por Lucas para designar os Doze (mas nunca por João), ela designa sobretudo aqueles que, depois da Ressurreição do Cristo, foram enviados para o mundo para anunciar a boa nova e fundar igrejas – assim como Paulo de Tarso.

** "Veio um homem de Baal-Salisa e trouxe para o homem de Deus pão das primícias, vinte pães de cevada e trigo novo em seu alforje. Eliseu ordenou: 'Oferece a esta gente para que coma'. Mas seu servo lhe respondeu: 'Como hei de servir isso para cem pessoas?' Ele repetiu: 'Oferece a esta gente para que coma, pois assim falou Iahweh: Comerão e ainda sobrará'. Serviu-lhes, eles comeram e ainda sobrou, segundo a palavra de Iahweh" (2 Reis 4; 42-44).

dotados desses poderes de taumaturgia e de exorcismo, Jesus lhes apresentou uma longa lista de cuidados e recomendações. Os primeiros eram de ordem material. Caminhar sem peso, com as mãos vazias, sem ouro nem prata no cinto, ter confiança na providência. Esta é a primeira regra. Apresentar-se como pobres entre os pobres, ricos apenas da boa palavra e dos gestos que aliviam. "Não leveis (...) alforje para o caminho, nem duas túnicas, nem sandálias, nem cajado" (Mateus, 10, 9-10). Simples arautos da anunciação, assim eles iriam atrair atenção por suas ações, unicamente sobre a iminência do reino.

Em seguida, durante essa viagem, os doze deviam se comportar de acordo com um modo de conduta, uma *dèrekh èrets** muito particular que os tornaria amáveis aos olhos daqueles a quem pregariam. Ao entrar na casa de seus anfitriões, "saudai-a" (Mateus, 10, 12), recomendou Jesus. Mas era necessário escolher essa casa com cuidado, não ir à que fosse mais fácil. Não podia ser um albergue onde circulavam indivíduos pouco recomendáveis, nem uma residência suspeita na qual a reputação de devassidão manchasse a virtude de seus discursos. "Quando entrardes numa cidade ou num povoado, procurai saber de alguém que seja digno e permanecei ali até vos retirardes do lugar" (Mateus, 10, 11). A casa deve ser digna deles, não pelo luxo mas por sua integridade; digna da palavra que eles entregam e assim, com sua presença, os discípulos devem trazer a paz. Sem dúvida, tendo visto os prodígios que eles iriam realizar, as pessoas iriam lhes oferecer recompensas. Eles deviam recusá-las na mesma hora, porque "de graça recebeste, de graça dai" (Mateus, 10, 8), lembrou Jesus. Também não se trata de um caminho fácil. Jesus só precisou fazer uma previsão voltada para o coração desses convertidos atentos. "Dirigi-vos, antes, às ovelhas perdidas da casa de Israel" (Mateus, 10, 6), ele recomendou. Será que eles temiam ainda não estar verdadeiramente prontos para essa missão? Jesus

---

* Literalmente, "a via do mundo". Os rabinos recomendavam um código de conduta que, apesar de não ser obrigatório, era altamente desejável. Tratava-se de uma interpretação da seguinte frase da *Michnah*: "Aquele com quem os homens se contentam, Deus o faz igualmente" (*Avot*, 3, 13).

delimitou seu terreno de ação aos campos da Judeia e da Galileia, onde não viviam nem fariseus nem escribas, tão sábios e grandes especialistas da lei. "Não tomeis o caminho dos gentios, nem entreis em cidade de samaritanos" (Mateus, 10, 5). Nesses lugares, ou eles se envolveriam em grandes disputas ou ninguém iria ouvi-los. Assim, de que serviria visitar os gentios ou a Samaria? O símbolo dos Doze não seria compreendido por ninguém nesses lugares, porque não fazia sentido para quem não fosse pertencente ao povo judeu.

Enfim, como ele já tinha acautelado os discípulos em relação ao que era necessário para segui-lo, Jesus também deu seu aviso aos apóstolos. Mas o fato de suas palavras serem belas não significa que a recepção seria necessariamente entusiasmada. Muito ao contrário. "Guardai-vos dos homens: eles vos entregarão aos sinédrios e vos flagelarão em suas sinagogas. E, por causa de mim, sereis conduzidos à presença de governadores e de reis, para dar testemunho perante eles e perante as nações" (Mateus, 10, 17-18).

É uma especificação curiosa, de fato, da parte de Mateus. Nesta passagem, Jesus parece estar falando com os apóstolos do futuro, com os que permanecerão depois de sua morte, com os discípulos dos primórdios da Igreja. Se não, por que mencionar os sinédrios, presentes unicamente nas grandes cidades; as nações, que ele acabara de proibir aos apóstolos; e os governadores e os reis, ausentes dos vilarejos e dos campos da província onde ele tinha fixado a missão dos apóstolos, já que reservara para si o terreno mais árduo das cidades? "Quando Jesus acabou de dar instruções a seus doze discípulos, partiu dali para ensinar e pregar nas cidades deles" (Mateus, 11, 1).

À medida que Jesus ia falando com eles, o quadro que apresentava a respeito dos perigos e das perseguições que os Doze precisariam enfrentar ia ficando mais obscuro e mais carregado. "O irmão entregará o irmão à morte e o pai entregará o filho. Os filhos se levantarão contra os pais e os farão morrer" (Mateus, 10, 21), ele anunciou. "E sereis odiados por todos por causa do meu nome" (Mateus, 10, 22).

Que aviso! Seria uma visão premonitória? "Não penseis que vim trazer a paz à terra. Não vim trazer paz, mas espada. Com efeito, vim contrapor o homem a seu pai, a filha à sua mãe, e a nora à sua sogra. Em suma, os inimigos do homem serão seus próprios familiares" (Mateus, 10, 34-36). Se não, como seria possível ele já saber sobre a ruptura entre os próprios judeus quando a questão fosse reconhecer a essência de Jesus, pelo menos pela amplitude e beleza de suas palavras? E, mais tarde, entre os próprios cristãos? Será que o próprio Mateus, ao juntar essas frases ao discurso de Jesus, já sabia que isso seria exatamente o que viria a acontecer?

Tenham coragem! E luz!! Jesus incentivava. "O que vos digo às escuras, dizei-o à luz do dia: o que vos é dito aos ouvidos, proclamai-o sobre os telhados" (Mateus, 10, 27). Os mistérios se desvelam em plena luz porque é unicamente em plena luz que eles se transformam de mistério, no sentido sagrado, em verdade. Essa coragem seria recompensada, desde que os apóstolos não se colocassem em perigo e soubessem distinguir o verdadeiro do falso. "Não temais os que matam o corpo, mas não podem matar a alma. Temei antes aquele que pode destruir a alma e o corpo na geena" (Mateus, 10, 28). Deus estaria do lado deles. Já de início, por meio do Espírito; ele saberia inspirá-los nos passos perigosos. "O Espírito de vosso Pai é que falará em vós" (Mateus, 10, 20). "Quando vos entregarem, não fiqueis preocupados em saber como ou o que haveis de falar. Naquele momento vos será indicado o que deveis falar" (Mateus, 10, 19). Em relação àqueles que fazem zombarias, que se recusam a escutá-los, ou que os denunciam para que sejam lançados ao martírio, pior para eles, porque "No Dia do Julgamento haverá menos rigor para Sodoma e Gomorra do que para aquela cidade" (Mateus, 10, 15). Em contrapartida, ele especifica: "Quem perde sua vida por causa de mim, a achará. Quem vos recebe, a mim recebe, e quem me recebe, recebe o que me enviou" (Mateus, 10, 39-40).

E eles assim partiram. Realmente, Jesus precisava ter força de persuasão e carisma imensos para que esses doze homens, de pés descalços e sem manto, sem meio de subsistência algum, saíssem por caminhos incertos sob céus tempestuosos. Afinal, já tinham deixado para trás seus bens: os filhos de Zebedeu, sua pequena empresa de pesca familiar bem-sucedida; Mateus, o dízimo dos impostos e o tilintar das moedas de ouro entre seus dedos; Pedro, seu doce lar, sua esposa, seu barco e seus amigos; Natanael, seu figueiral e sua boa reputação. Todos eles partiram, não com intenção de guerrear, mas sim de curar.

Jesus deu seus primeiros passos de rabino e de profeta na Galileia. "Jesus percorria toda a Galileia ensinando em suas sinagogas, pregando o Evangelho do Reino e curando toda e qualquer doença ou enfermidade do povo" (Mateus, 4, 23). Ele conhecia perfeitamente os homens que compunham essa população. Simples, dedicados ao trabalho, empenhados em ganhar seu sustento, eles se dividiam entre o artesanato, a pesca, a criação de animais e o trabalho no campo. Havia alguns anos, também viviam uma renovação religiosa que faria com que tomassem consciência profunda de sua identidade judaica. Só na família de Jesus, em Nazaré, a atribuição dos prenomes de seus irmãos, todos tirados de patriarcas do Antigo Testamento, já serve para demonstrar apego e lealdade incontestáveis à Lei.

Em um primeiro momento, logo após o deserto, Jesus retornou à sua casa, em Nazaré. Ele foi até a sinagoga. Todos os aldeões se encontravam lá para a prece, e as crianças, para o estudo. No século I, a casa de orações onde os praticantes se reuniam era considerada local neutro, laico, sem nenhum destino especificamente sacerdotal. Ali não se praticava nenhum sacrifício, exclusividade do templo de Jerusalém e dos sacerdotes. Nos dias de sabá, um integrante qualquer da congregação se encarregava de fazer os comentários e de oficiar a cerimônia, independentemente de ter ou não praticado os rituais de purificação antes de ler os Livros ou de tocar nos rolos da Lei. Ainda assim, havia uma liturgia instituída. Para o ofício do sabá, o guardião da sinagoga convidava um fiel para proclamar sua fé por meio da recitação do *shema*, proclamação de fé de Moisés como é reproduzida no Deuteronômio (6, 4-9):

> Ouve, ó Israel: Iahweh nosso Deus é o único Iahweh! Portanto, amarás a Iahweh teu Deus com todo o teu coração, com toda a tua alma e com toda a tua força. Que estas palavras que hoje te ordeno estejam em teu coração! Tu as inculcarás a teus filhos, e delas falarás sentado em tua casa e andando em teu caminho, deitado e de pé. Tu atarás também à tua mão como um sinal, e serão como um frontal entre os teus olhos; tu as escreverás nos umbrais da tua casa, e nas tuas portas.

Depois, rezava-se, entoavam-se salmos, era possível que passagens da Lei fossem comentadas livremente entre os participantes. E foi isso que Jesus foi fazer em Nazaré, seu lar, na sinagoga que o viu crescer, onde o *hazan** sem dúvida o ensinou a ler e a escrever e guiou seus primeiros balbucios no estudo da Lei. Quando pegou o rolo de Isaías para ler, ele escolheu, de maneira consciente, uma passagem profética: "O espírito do Senhor Iahweh está sobre mim, porque Iahweh me ungiu; enviou-me a anunciar a boa nova aos pobres, a curar os quebrantados de coração e proclamar a liberdade aos cativos, a libertação aos que estão presos, a proclamar um ano aceitável para Iahweh"**. A assembleia o escutou, mas não viu nele o profeta reencarnado nem algum outro profeta, e menos ainda o "ungido" que Isaías descreve nas Escrituras. Eles só enxergaram Jesus, filho do carpinteiro morto havia alguns anos, que também era carpinteiro. "Não é este o carpinteiro, o filho de Maria?" (Marcos, 6, 3). Quando compreenderam a pretensão de Jesus ao se anunciar como o sucessor de Isaías, vindo para cumprir o que dizem as Escrituras, os nazarenos ficaram indignados, divididos entre a incredulidade e o medo. A incredulidade: como é que o filho de Maria, que eles tinham visto crescer, tinha essa audácia assustadora de se tomar pelo profeta***? O medo: e se

---

* Sem ser sacerdote, o *hazan* era o homem que cuidava da sinagoga, o acólito do culto durante os ofícios e aquele que ensinava, de cor, a Lei às crianças.

** Esta passagem de Isaías (61, 1-2), que Jesus lê para anunciar às pessoas próximas dele que é o Messias, é citada por Lucas (4, 17-19).

*** Como observa Michel Léturmy nas notas do *l'Évangile selon Luc*, edição Pléiade, 1971, as pessoas de Nazaré se escandalizaram com Jesus quando ele se apresentou como profeta. "Esse episódio basta para rejeitar a lenda e os prodígios da infância que enchem os apócrifos."

ele atraísse para Nazaré a indignação do poder? João Batista, o profeta comprovado, tinha sido detido, apesar de só pregar a respeito da conversão e do batismo. Furiosos, os nazarenos, seus amigos ou vizinhos de outrora, levantaram-se e ameaçaram Jesus de morte. Queriam colocá-lo em um poste na saída da cidade. Sem dizer uma única palavra, Jesus passou entre o povo e deixou Nazaré para nunca mais voltar.

Ele decidiu então se instalar em Cafarnaum, na Galileia do Norte. Ele escolheu a casa de Simão Pedro como acampamento-base, antes de dar início a suas ações missionárias nos confins dessa província. A cidade tinha uma ótima localização, estratégica. As estradas de Jerusalém, do vale do Jordão e da Samaria entravam em confluência ali. Os viajantes cruzavam com aqueles que, depois das jornadas mais longínquas, chegavam de Damasco ou de Palmira, ou dos grandes portos do Mediterrâneo. A mistura de populações e as idas e vindas agradavam a Jesus, mas desagradavam aos puros e rígidos de Jerusalém e aos guardiões da ortodoxia. Contudo, como as estradas de Cafarnaum se estendiam até as fronteiras, foi ali que Jesus se instalou. E, com muita rapidez, a notícia da cura que ele operava se repetiu e se espalhou para bem longe dos limites da Galileia. "Sua fama espalhou-se por toda a Síria, de modo que lhe traziam todos os que eram acometidos por doenças diversas e atormentados por enfermidades, bem como endemoniados, loucos e paralíticos. E ele os curava. Seguiam-no multidões numerosas vindas da Galileia, da Decápole, de Jerusalém, da Judeia e da Transjordânia" (Mateus, 4, 24-25).

Jesus vivia rodeado de gente – multidões, os discípulos, os doze apóstolos. Ele tinha amigos que o acolhiam. Outras pessoas atendiam às necessidades do grupo. Ele ensinava, cuidava, curava. A partir de então, ele se diferenciou totalmente de João Batista e às vezes até tomava liberdades em relação a certos preceitos da Lei. Assim, perdoou os pecados de um paralítico; escribas o escutaram e, no mesmo instante, acusaram-no de blasfêmia: "Quem pode perdoar pecados a não ser Deus" (Marcos, 2, 7). Ele fazia refeições com pecadores e coletores de impostos, desrespeitando as leis a respeito do puro e do impuro. Nos dias de jejum, seguidos pelos discípulos de

João Batista e pelos fariseus, os fiéis de Jesus não se abstinham. Em um dia de sabá, ele curou um paralítico – gesto proibido. Em uma outra vez, também em um dia de sabá, Jesus e seus discípulos colheram espigas de trigo, atividade proibida nesse dia de festa. Ainda em um outro dia de sabá, Jesus curou a mão paralisada de um homem deitado em uma sinagoga. Ele marcou seu grupo com sinais específicos: o batismo, a rejeição ao jejum voluntário, a rejeição do banimento de certos judeus, como os publicanos e os párias. Inaugurou para eles uma nova jurisprudência: proibiu o divórcio. Até chegou a ensinar-lhes uma nova prece! "Abba, meu Pai querido." Nunca, no Antigo Testamento, qualquer profeta, rei ou sacerdote alguma vez tinha se dirigido ao Senhor com esse nome. Nunca uma prece ou um salmo tinham sido formulados de maneira a pedir que "venha a nós o Vosso reino" nem, nos tempos mais modernos de Jesus, como foram ensinados aos discípulos.

Quem sabe toda essa gente pudesse se retirar para o deserto, como a seita de Qunran ou os terapeutas, para praticar o judaísmo como ele o entendia, só que afastados, sem publicidade? Mas, não. Jesus caminhava, convidava, conversava com todo mundo. Ele ia ao encontro dos judeus, de todos os judeus, dos pecadores e das pessoas justas, pobres e doentes. Em nome de Deus, com o pretexto da iminência do Reino. Ele dava um mau exemplo.

É necessário constatar: Jesus não era João Batista. Sua voz não tinha nada de fúria inexaurível – apesar de ele também saber discursar. Não havia ascetismo em sua vida. Não havia solidão em sua pregação: ele e suas visões de um lado, assombrado pelo Apocalipse que espreita, os céus que se abrem e despejam cataclismo, o fogo da geena que arde; e, do outro, os convertidos, batizados na água e que retornam a seu lar, constantes em seu arrependimento. Não. Jesus se fez rodear pelas pessoas. Jesus compartilhava. Jesus era bondoso, ele pedia que as pessoas manifestassem amor, perdão, compaixão e nada mais. Jesus se sentava à mesa e comia, mesmo nos dias de jejum. Ele já sabia qual era sua reputação: "Veio o filho do Homem, que come e bebe, e dizem: 'Eis aí um glutão e beberrão, amigo de publicanos e pecadores'." (Mateus, 11, 19; Lucas 7, 34).

O mais surpreendente é que, em suas pregações, ele dizia que esse Reino de Deus que ele anunciava, como anunciava Batista, já estava presente. "A vinda do Reino de Deus não é observável. Não se poderá dizer: 'Ei-lo aqui! Ei-lo ali!', pois eis que o Reino de Deus está no meio de vós" (Lucas, 17, 20-21). E por isto, sem dúvida, Jesus foi o profeta mais marginal de todos: ele convidava à repetição generalizada do Reino de Deus na vida cotidiana, nos gestos do dia a dia, nas refeições em que o pão e o vinho são compartilhados com todos aqueles que o seguiam e executavam a palavra, por sua doçura, sua generosidade, sua compaixão, sua abnegação, sua tolerância, seu amor ao próximo. Esses, portanto, conheceriam a mesa do rei, em um reino onde, segundo as profecias de Isaías, "os cegos recuperam a vista, os coxos andam, os leprosos são purificados e os surdos ouvem, os mortos ressuscitam e os pobres são evangelizados" (Mateus, 11, 5). Não era verdade que Jesus já realizava tudo isso? Não dava visão aos cegos, não permitia que os coxos caminhassem, não purificava os leprosos, não dava audição aos surdos, vida aos mortos e fé aos párias? Ao realizar milagres, Jesus, naquele exato momento e naquele exato local, oferecia um vislumbre do Reino. "Contudo, se é pelo dedo de Deus que eu expulso os demônios, então o Reino de Deus já chegou a vós" (Lucas, 11, 20). Ele, o noivo do casamento, estando presente, significava alegria, a abolição dos sofrimentos – isto é, para aqueles que seriam capazes de encontrar *dentro* de si mesmos as portas abertas do Reino de Deus. "Tu não estás longe do Reino de Deus" (Marcos, 12, 34), Jesus respondeu ao escriba que veio a ele e que acabara de confirmar que "amá-lo de todo o coração, de toda a inteligência e com toda a força, e amar o próximo como a si mesmo vale mais do que todos os holocaustos e todos os sacrifícios" (Marcos, 12, 33).

Eis uma nova originalidade: Jesus, ao anunciar o Reino de Deus, não incita o instinto nacionalista nem o ressentimento político; ele não fala somente sobre o medo suscitado pela cólera que Deus manifestará no último dia. Ele espiritualiza o Reino, faz com que se coroe na religião interna. Ele o anuncia como uma notícia muito boa.

Jesus respondeu à seguinte pergunta que as multidões não paravam de lhe fazer: quem poderá entrar, e o que é necessário fazer para entrar no Reino? Até então, os requisitos eram precisos: ser judeu, portanto circuncidado; observar a Lei com rigor; realizar os rituais de purificação para separar bem o puro do impuro. Já vimos o que João Batista pensava a respeito dessa tipologia e até mesmo dos essênios e das outras seitas do judaísmo. Vimos como os judeus deduziram, desde os fracassos da monarquia, a insuficiência dessas prescrições para o surgimento do Reino. Medimos a amplitude de sua espera e a precisão de sua escuta quando um novo profeta se apresentou. A que código era necessário obedecer agora para se beneficiar dessa nova aliança, a única que trazia a chave do Reino? "Convertei-vos!", berrava João Batista. Mas como? E quem?

E então, um dia, Jesus deu a resposta. "Vendo ele as multidões, subiu a montanha. Ao sentar-se, aproximaram-se dele os seus discípulos. E pôs-se a falar e os ensinava, dizendo: 'Felizes os pobres no espírito, porque deles é o Reino dos Céus'." (Mateus, 5, 1-3). Ele não diz "Raça de víboras!", mas "Felizes". E assim enumera todos que o são e, por sê-lo, entrarão no Reino.* Assim como Moisés ao receber os mandamentos de Iahweh, Jesus sobe uma montanha para falar com seus discípulos de Deus e do Reino:

> Felizes os mansos porque herdarão a terra.
> Felizes os aflitos, porque serão consolados.
> Felizes os que têm fome e sede da justiça, porque serão saciados.
> Felizes os misericordiosos, porque alcançarão misericórdia.
> Felizes os puros no coração, porque verão a Deus.
> Felizes os que promovem a paz, porque serão chamados de filhos de Deus.

---

* Esse capítulo de Mateus é chamado de o Sermão da Montanha. É a composição mais importante deste evangelista. Jesus se afirma como mestre. Segundo Raymond E. Brown (*Que sait-on du Nouveau Testament?*, Bayard, 2000): "O Jesus de Mateus se exprime com *exousia*, quer dizer, com força e autoridade divina e por meio disso expressa uma nova existência". É nesse discurso que as bem-aventuranças são enumeradas. Elas são oito no texto de Mateus e quatro no de Lucas. Esse sermão é o primeiro dos cinco que Jesus formula ao longo de sua pregação pública.

> Felizes os que são perseguidos por causa da justiça, porque deles é o Reino dos Céus.
> Felizes sois, quando vos injuriarem e vos perseguirem e, mentindo, disserem todo o mal contra vós por causa de mim. Alegrai-vos e regozijai-vos, porque será grande a vossa recompensa nos céus (Mateus, 5, 4-11).

Puros no coração, misericordiosos, oprimidos, difamados, injuriados, com má fama: em suma, as vítimas. As pessoas que tinham sido acometidas pelo luto. As que escolheram a maior bondade possível. É necessário compreender esses discursos no âmbito da época em que foram pronunciados. Uma época terrível em que ninguém protegia os fracos, nem mesmo a família, quando se tinha uma. Em que as piores exigências eram feitas pelos poderosos. Em que se capturavam homens como se fossem animais, para serem vendidos nos países dos conquistadores. Em que, mesmo na nação onde a Lei sempre preconizou o respeito à vida, não matar e honrar a Deus, certos correligionários eram banidos por serem doentes, impuros por causa das afecções que os acometiam. Aos poucos, com o verdadeiro discurso programático que Jesus enunciava, ele foi abrindo as portas do Reino, de maneira lenta, mas deixando-as cada vez mais escancaradas: da consolação à visão de Deus; da visão de Deus à felicidade e à recompensa – a de estar nos céus*.

"Vós sois o sal da terra. Ora, se o sal se tornar insosso, com que o salgaremos? Para nada mais serve, senão para ser lançado fora

---

* As bem-aventuranças eram uma forma de sabedoria corrente na antiguidade, fosse no Egito, na Grécia ou em Israel. Presentes 26 vezes nos salmos e doze vezes nos Provérbios, elas se iniciam por "Felizes... ". No Antigo Testamento, elas anunciam aos bons uma recompensa nesta vida. A ideia de receber recompensa em outro mundo então não tinha nenhuma realidade teológica. Depois das perseguições de Antíoco Epifânio, as bem-aventuranças foram integradas às visões apocalípticas dos profetas por se tornar evidente que os bons nem sempre são, para não dizer que raramente são, recompensados nesta terra. O livro de Daniel se encerra em uma dessas bem-aventuranças: "Bem-aventurado aquele que perseverar, chegando a 1.335 dias. Quanto a ti, vai tomar o teu repouso. Depois te levantarás para receber a tua parte, no fim dos dias" (Daniel, 12, 12-13). O livro de Enoque e o livro de Tobias usam muito esse procedimento estilístico. Os judeus do século I portanto estavam acostumados a esta forma de retórica.

e pisado pelos homens. Vós sois a luz do mundo" (Mateus, 5, 13-14). Ele lhes revelou a beleza de ser bons, até sua finalidade de ser Deus em ação, o Reino em andamento: eles davam luz e sentido à vida ao testemunharem a perfeição de Deus em seus atos e em seu próprio ser. "Portanto, deveis ser perfeitos como o vosso Pai celeste é perfeito" (Mateus, 5, 48).

Mas Jesus ainda fala mais, naquele dia. Bem longe do estilo profético a que sua plateia estava habituada, em que o orador se limitava a dizer em voz alta o que tinha recebido do céu, Jesus falava com o coração para ensinar a Lei, para visitá-la como um arquiteto em uma casa em ruínas. Então, ele alargou muito os limites que julgava estreitos demais para conterem seu próprio ensinamento: "Com efeito, eu vos asseguro que se a vossa justiça não ultrapassar a dos escribas e a dos fariseus, não entrareis no Reino dos Céus" (Mateus, 5, 20).

Jesus acabava de dar um passo a mais no caminho que ele criou ao mesmo tempo em que percorreu. Ele se colocou na posição de novo legislador e anunciou a ética dessa reforma. "Não penseis que vim revogar a Lei ou os Profetas. Não vim revogá-los, mas dar-lhes pleno cumprimento" (Mateus, 5, 17). Ele avisa que vai respeitar a Lei, mas não pode mais se contentar com a tristeza proposta pelos fariseus e pelos escribas. Deus é exigente, ele lembra. Não há meias-medidas com ele. Se matar continua sendo passível de julgamento, o mesmo vale para várias outras ações nocivas, que a maior parte comete, apesar de se acreditar pura. "Eu, porém, vos digo: todo aquele que se encolerizar contra seu irmão, terá de responder no tribunal; aquele que chamar ao seu irmão 'Cretino!' estará sujeito ao julgamento do Sinédrio; aquele que lhe chamar 'renegado' terá de responder na geena* de fogo" (Mateus, 5, 22). A exigência de Jesus era radical. As tábuas da Lei continuavam sendo o soco imperceptível, mas também eram um convite para que fossem ultrapassadas. A

---

* A Geena designava, em sua origem, o vale do Enom, que se estende pela parte sul e sudoeste de Jerusalém, onde crianças tinham sido sacrificadas em honra a Moloque. Mais tarde, o mesmo braseiro serviria para queimar lixo.

partir de então, Jesus passou a sondar o próprio espírito da Lei. Ele alargou o campo de atuação dos mandamentos que Deus ditou a Moisés. À proibição de matar, ele juntou a da cólera. À interdição do adultério, ele juntou a da "concupiscência": "Ouviste o que foi dito: Não cometerás adultério. Eu, porém, vos digo: Todo aquele que olha para uma mulher com desejo libidinoso já cometeu adultério com ela em seu coração" (Mateus, 5, 27-28). Cortar o mal pela raiz, remexer o coração para erradicar a tentação, ser imperdoável consigo mesmo: este é o novo código da boa conduta. "Caso teu olho direito te leve a pecar, arranca-o e lança-o para longe de ti, pois é preferível que se perca um dos teus membros do que todo o teu corpo seja lançado na geena. Caso a tua mão direita te leve a pecar, corta-a e lança-a para longe de ti, pois é preferível que se perca um dos teus membros do que todo o teu corpo vá para a geena" (Mateus, 5, 29-30). De que serve se abster se a alma está banhada pela lama? O cumprimento da Lei passou a ser interno.

Apesar disso, Jesus não foi um reformador, mesmo que proibisse práticas autorizadas pela Lei como fazer juramentos e se divorciar, que podia ser autorizado por uma simples carta de repúdio. "Foi dito: Aquele que repudiar sua mulher, dê-lhe uma carta de divórcio. Eu, porém, vos digo: todo aquele que repudia sua mulher, a não ser por motivo de 'prostituição', faz com que ela adultere; e aquele que se casa com a repudiada comete adultério" (Mateus, 5, 31). As recomendações de Jesus eram um avanço radical da religião tradicional. O amor ao próximo o levava a falar dos sacrifícios do templo. "Amar o próximo como a si mesmo vale mais do que todos os holocaustos e todos os sacrifícios" (Marcos, 12, 33). A observância interna acabava com a observância literal da Lei. Ele chegou até a atacar com violência as crenças e os rituais ligados ao que é puro e ao que é impuro, que eram, no entanto, a fonte de todas as religiões praticadas em seu mundo e que perduram até hoje – às vezes estendendo-se ao fanatismo. De acordo com o texto de Marcos, a imposição é severa: "E, chamando de novo para junto de si a multidão, disse-lhes: 'Ouvi-me, todos, e entendei! Nada há no exterior do homem que, penetrando nele, o possa tornar impuro; mas o que sai do homem, é isso que o torna impuro'." (Marcos, 7, 14-15). Basta imaginar o mesmo discurso hoje para compreender como, em sua época, Jesus foi inovador.

Ele proíbe as maneiras de ser que certas práticas religiosas incentivam. Desse modo, a hipocrisia lhe causa horror. A ostentação o revolta. "Guardai-vos de praticar a vossa justiça diante dos homens para serdes vistos por eles. Do contrário, não recebereis recompensa junto ao vosso Pai que está nos céus" (Mateus, 6, 1). Nesse capítulo, suas palavras se tornam mais duras. Ele aponta os culpados – "não sejais como os hipócritas, porque eles gostam de fazer a oração pondo-se de pé nas sinagogas e nas esquinas a fim de serem vistos pelos homens" (Mateus, 6, 5). Hipócrita, pagão: era desses modelos que se devia fugir. Entre orar ao Pai, na sinagoga, sob as vistas e a ciência de todos, era preferível fazê-lo no segredo de um lugar reservado, à porta fechada e na intimidade do murmúrio.

Seria tudo? Não. Para Deus, isso ainda não basta. Jesus pedia àqueles que desejassem entrar no Reino que renunciassem aos tesouros materiais e que preferissem os do coração, que não julgassem o próximo, que não manifestassem nenhuma insegurança em relação ao futuro porque Deus provê tudo; duvidar disso é duvidar d'Ele. "Tudo aquilo, portanto, que quereis que os homens vos façam, fazei-o vós a eles, pois esta é a Lei e os Profetas" (Mateus, 7, 12).*

Mas Jesus exigia ainda mais. Depois de seguir suas recomendações, ainda era necessário operar a conversão máxima: a recusa à violência – mesmo sob o termo da legítima

---

* Esses discursos citados por Mateus representam o ensinamento do rabino Hilel, presidente do Sinédrio, que morreu no ano 70 a.C. Sábio e discreto, Hilel oficiou sob o reino de Herodes. Ele criticou com firmeza as riquezas que as famílias aristocráticas de Jerusalém detinham. Fariseu, ele ensinava em uma escola famosa por suas controvérsias. Ele era muito fiel à Torá, e sua piedade influenciou muito seus contemporâneos. Ao culto do poder e do Estado, ele opôs o ideal de uma comunidade de eruditos e de judeus que amam a Deus e a seus semelhantes. A um de seus alunos, ensinou: "Não inflige a outros homens aquilo que te é odioso. Isto é a Torá, o resto não passa de uma ilustração desse princípio. Agora, vai e aprende".

defesa. "Eu, porém, vos digo: não resistais ao homem mau; antes, àquele que te fere na face direita oferece-lhe também a esquerda; e àquele que quer pleitear contigo, para tomar-te a túnica, deixa-lhe também o manto" (Mateus, 5, 39-40). Ainda é necessário aprender a perdoar e a se reconciliar com os inimigos. O amor ao próximo é também o amor ao inimigo. "Ouviste o que foi dito: amarás o teu próximo e odiarás o teu inimigo. Eu, porém, vos digo: amai os vossos inimigos e orai pelos que vos perseguem" (Mateus, 5, 43-44). Nenhuma oferenda no altar seria capaz de substituir as disposições do coração, nem de compensar aquilo que não foi praticado.

Então, sim, os pobres, os oprimidos, os excluídos, os puros, desde que conseguissem se arrepender, efetuar essa conversão, por pouco que fosse, poderiam entrar no Reino de Deus – "Portanto, deveis ser perfeitos como o vosso Pai celeste é perfeito" (Mateus, 5, 48).

Ao levantar essas definições, ao delinear esse código, Jesus entrava em conflito profundo com os espíritos do momento. Até então, ele profetizava a iminência do Reino de Deus, do qual oferecia um vislumbre graças aos milagres e às refeições compartilhadas, seu ensinamento se encaixava perfeitamente na tradição, e de maneira particular na tradição profética. Mas, no Sermão da Montanha, Jesus avançou mais uma etapa:

> Em relação a todos esses pontos, ele confrontava princípios bem estabelecidos na religião judaica, assim como nas outras – e isso não pode ter sido feito de maneira inadvertida: ele destituiu o sacrifício de sua supremacia absoluta, abalou a garantia de eficiência automática do ritual, a garantia do mérito infalível obtido por meio do cumprimento literal da lei e a autoridade da palavra sagrada que perde sua influência sobre o espírito se aceita ser discutida por uns e por outros e referida a uma lei não escrita.[4]

Em outras palavras, Jesus acabava de fazer inimigos terríveis.

Os guardiões do templo.

"Jesus realizava ações admiráveis[1]..."

Apesar de não existir nenhuma arqueologia precisa nem confiável a respeito dos feitos, gestos e deslocamentos de Jesus, o evangelista João é formal: o primeiro milagre executado por Jesus se deu em Caná. O que aconteceu exatamente? Três dias depois de Jesus encontrar Natanael, ou seja, três dias depois de o Espírito Santo baixar sobre Jesus, e João Batista designá-lo como o cordeiro de Deus, Jesus viajou para Caná, na Galileia, para participar de um casamento. Talvez tenha sido convidado por seu discípulo Natanael, que conhecera dois dias antes e que era originário daquele lugar.

A cidadezinha se encontrava a uma dezena de quilômetros ao norte de Nazaré. Maria, a mãe de Jesus, também estava presente, e Jesus disse que compareceria ao casamento com seus discípulos. Todos ainda estavam à mesa quando o vinho acabou. O pessoal da cozinha ficou agitado. A escassez era mau agouro. O vinho faz parte dos rituais das festas judaicas. De certa maneira, consagra a união. Maria, a mãe de Jesus – seria ela uma simples servente, que foi ajudar com o banquete? –, ficou preocupada com a falta. Foi procurar o filho para, fica subentendido, lhe pedir que interviesse, e isso implica a informação de que ela sabia quem ele era na verdade, que ela conhecia seus poderes.

Ainda não estava na hora, foi a resposta enigmática de Jesus. (A que faria ele alusão? À Última Ceia, na qual daria vinho a beber como se fosse seu sangue, ou ao fato de que ele ainda não desejava realizar o milagre, que ainda era cedo para isso? Essa segunda hipótese justificaria que ele não fizesse nenhum gesto direto que transformasse, em uma relação de causa e efeito evidentes, a água em vinho.) Maria foi buscar os serventes e pediu que obedecessem a seu filho. De acordo com suas ordens, eles encheram seis talhas com uma quantidade entre 80 a 120 litros de água, destinadas às purificações ritualísticas. Uma vez que as talhas estavam cheias até a borda, os serventes, sempre sob as ordens de Jesus, serviram uma concha de água e levaram para o mestre-sala beber. Depois de experimentar a bebida, ele parabenizou o noivo: "Todo homem serve primeiro o vinho bom e, quando os convidados já estão embriagados, serve o inferior. Tu guardaste o vinho bom até agora!" (João, 2, 10). O primeiro milagre se deu. "Esse princípio dos sinais, Jesus o fez em Caná da Galileia e manifestou sua glória e os seus discípulos creram nele" (João, 2, 11).

Os termos dessa passagem são enigmáticos. Por que João coloca o acontecimento sete dias depois da descida do Espírito sobre Jesus Cristo, na ocasião de seu batismo no Jordão com João Batista? Seria uma referência simbólica aos sete dias da criação do mundo? E seria também um sinal, segundo o relato de João, o fato de Maria estar presente na ocasião do primeiro milagre de Jesus, e depois também em sua crucificação? E somente nessas duas passagens? Por que então Jesus recusou o pedido de Maria ("Que queres de mim, mulher? Minha hora ainda não chegou" – João, 2, 4) e, mesmo assim, ela logo ordenou aos serventes que obedecessem a seu filho? Essas não são as únicas questões, todas de ordem teológica, que se colocam pelo milagre da água transformada em vinho no casamento em Caná. O acontecimento não é repetido por nenhum outro evangelista; sua narração é inteiramente tecida de conceitos teológicos e de referências a João. A maior parte dos exegetas considera, aliás, que se trata de uma simples criação do evangelista para ilustrar a mensagem que João quer expressar, pela voz de Jesus: "No princípio era o Verbo e o Verbo estava com Deus e o Verbo era Deus. No princípio, ele estava com Deus" (João, 1, 1-2).

Esse primeiro milagre resume toda a dificuldade de abordar uma parte tão essencial da pregação de Jesus: os milagres e os exorcismos. Nos Evangelhos, há quinze narrativas de curas distintas: sete exorcismos, três ressurreições de mortos e sete milagres referentes à natureza – pesca milagrosa, multiplicação dos pães e, entre outros, uma tempestade acalmada. Esses milagres não são todos relatados pelos quatro evangelistas. Quando se repetem, a narração varia muito.

Então, que conclusão tirar? De maneira geral, é impossível para um historiador qualificar um acontecimento de milagroso. No máximo, é possível verificar se, historicamente, um fato aconteceu ou não e depois atestar que as pessoas presentes tiraram certas conclusões – uma cura é considerada milagrosa, uma abundância inexplicável de comida é atribuída à intervenção de uma força sobrenatural, possivelmente divina. Se fosse possível encontrar provas do milagre, isso não serviria para provar nada do ponto de vista científico: um milagre não poderia jamais ser a prova da existência de Deus. A história pode, no máximo, determinar se um acontecimento extraordinário se deu em um contexto religioso preciso. O pesquisador pode, em seguida, buscar saber se alguém avaliou aquilo como milagre. Depois, se existirem testemunhos verificáveis que o permitam, o historiador fará um levantamento da origem do acontecimento – intervenção humana, fenômenos físicos, trapaça ou outra hipótese. Se todas essas explicações forem excluídas, o historiador pode concluir que um acontecimento considerado milagroso por algumas pessoas não tem causa plausível em nenhuma atividade humana nem força física. E dirá ainda mais: não se trata de história, mas sim de crença, de filosofia ou de teologia.

É necessário ter consciência de que o trabalho dos exegetas relativo aos milagres operados por Jesus trata apenas de sua característica histórica, não de sua realidade médica. Isso não seria possível. Haveria a necessidade de atravessar um abismo de dois mil anos, saber a que doenças exatamente correspondiam os diagnósticos e os sintomas e, enfim, saber o que aconteceu com as pessoas que foram curadas por milagre depois da partida de Jesus: será que ficaram totalmente curadas, sem recaída nenhuma? A pesquisa dos historiadores consiste unicamente em descobrir se os relatos dos milagres foram inventados pela Igreja primitiva ou se Jesus de fato realizou esses atos admiráveis ou extraordinários, como expõe Flávio Josefo em *Antiguidades judaicas*; e, em caso afirmativo, compreender o que significavam esses milagres para seus discípulos e para as multidões. Logo de início, é necessário eliminar a opinião de contemporâneos como Epicuro, Lucrécio, Cícero, Luciano e outros filósofos e retóricos gregos e romanos. Eles duvidavam de maneira unânime da existência dos milagres, não por acharem que os deuses não seriam capazes de efetuar milagres, mas porque acreditavam que os deuses não iriam interferir nos assuntos humanos que não lhes diziam respeito. A concepção teológica grega e latina era radicalmente diferente da fé dos judeus – para estes, como já vimos, Iahweh fazia parte da história do povo.

A questão que se impõe é simples: será que Jesus tinha, quando vivo, a reputação de operar milagres, ou será que a Igreja primitiva inventou o fato? A maioria dos especialistas se inclina para a atestação dos milagres. Eles se apoiam em duas constatações lógicas. Em uma fonte não evangélica, Flávio Josefo conta que Jesus "fazia coisas surpreendentes[2]". Nos Evangelhos, Jesus adquire grande renome com rapidez. Ele reúne multidões a seu redor. Se o boato de taumaturgia e exorcismo que cercava seu nome não tivesse nenhum fundamento, a mobilização das multidões a seu redor logo teria decaído. Mas ela não parava de aumentar, como prova o inquérito cada vez mais incisivo dos escribas e dos fariseus. Jesus exercia atração inegável sobre o povo. "Trouxeram-lhe todos os que estavam enfermos e endemoninhados. E a cidade inteira aglomerou-se à porta. E ele curou muitos doentes de diversas enfermidades e expulsou muitos demônios. Não consentia, porém, que os demônios falassem, pois eles sabiam quem era ele", conta Marcos (Marcos, 1, 32-34). "Jesus, o Nazareno, que foi profeta poderoso em obras e em palavras, diante de Deus e diante de todo o povo" (Lucas, 24, 19), afirmam dois discípulos que desejam descrever Jesus.

Os textos dizem que ele praticava exorcismos e milagres. Todas as culturas antigas concordam com a existência de demônios, capazes de fazer as pessoas sofrerem, seja por meio de uma ação externa – a obsessão demoníaca – ou invadindo o corpo – a possessão demoníaca. Nas religiões da Suméria, da Babilônia, da Assíria e do Egito, as práticas de exorcismo e os encantos mágicos eram abundantes. Flávio Josefo, em

Antiguidades judaicas, relata o exorcismo praticado pelo juiz Eleazar na presença de Vespasiano.[3] Essas crenças e esses rituais não existiam no cânone hebraico do Antigo Testamento, mas brotavam na literatura intertestamentária que surgiu depois do Exílio. Nesses textos, os espíritos malignos são apresentados como inimigos jurados dos homens. Em hebraico, são chamados de *chedim*; nascem do amor de anjos caídos com as filhas dos homens. Por hábito, rodeiam as parturientes e rapazes ainda solteiros; residem em ruínas e infectam os lugares desertos, os cemitérios e o próprio deserto. Azazel é seu príncipe, que nutre ódio especial por Israel. É para ele que se envia o bode expiatório no Yom Kippur, para acalmar sua hostilidade. Esses espíritos existem em grandes números, muito superiores aos dos homens. Podem tomar o aspecto de sua escolha, roubar, ficar invisíveis. Eles conhecem o futuro. Como os homens, são mortais. Os demônios se tornam numerosos quando o equilíbrio entre o bem e o mal, a santidade e a impureza se rompe em favor do mal devido aos pecados dos homens. Portanto, é sintomático que, de acordo com os Evangelhos, os demônios estejam tão presentes no século I, descrito como o fim dos Tempos. Eles se mostravam sobretudo ofensivos se acreditarmos no número de possuídos que Jesus exorcizava. Eles assobiavam ao redor dele e tentavam difamar sua verdadeira natureza.

De acordo com Marcos, o exorcismo constitui o ato de cura mais frequente de Jesus durante sua pregação, a ponto de as autoridades judaicas usarem esses exorcismos para acusar Jesus de nutrir aliança com o demônio. "E os escribas que haviam descido de Jerusalém diziam: 'Está possuído por Belzebu!', e também: 'É pelo príncipe dos demônios que expulsa os demônios'." (Marcos, 3, 22).

Muitos possuídos eram curados pelos discípulos de Jesus, a quem ele deu seus poderes, mas apenas sete são descritos com precisão nos Evangelhos, e os relatos são divididos de maneira desigual. João não relata nenhum. Em Lucas não há nenhuma história completa de exorcismo, apenas simples alusões: em particular o exorcismo realizado por Jesus sobre Maria Madalena, que ele livrou de sete demônios. Já Mateus só apresenta uma breve história de exorcismo. Para Marcos, a prática ocupa lugar importante nas curas: sua descrição é detalhada e ela marca o início da pregação de Jesus. O Nazareno estava em Cafarnaum. Era dia de Sabá e ele entrou em uma sinagoga. "Na ocasião, estava na sinagoga deles um homem possuído de um espírito impuro, que gritava, dizendo: 'Que queres de nós, Jesus Nazareno? Vieste para arruinar-nos? Sei quem tu és, o santo de Deus'. Jesus, porém, o conjurou severamente: 'Cala-te e sai dele'. Então o espírito impuro, sacudindo-o violentamente e soltando grande grito, deixou-o. Todos então se admiraram, perguntando uns aos outros: 'Que é isto? Um novo ensinamento com autoridade! Até mesmo aos espíritos impuros dá ordens, e eles lhe obedecem!' Imediatamente a sua fama se espalhou por todo lugar, em toda a redondeza da Galileia" (Marcos, 1, 23-28). O demônio reconheceu Jesus e clamou sua identidade. No mesmo instante, Jesus ordenou que se calasse. Não podemos esquecer que Marcos desenvolve em seu Evangelho o tema do segredo messiânico, sendo que Jesus se esforça muito para esconder sua identidade.

Depois, Jesus exorcizaria um endemoniado em Gerasa, cidade da Decápole, situada na região do sul da Síria e do nordeste da Galileia, na margem oposta do lago de Tiberíades, dita como cidade pagã, altamente impura (Marcos, 5, 1-20), que Mateus e Lucas chamam de país dos gadarenos. O possuído tinha se isolado em um cemitério – tendo em vista que o contato com um cadáver é uma grande impureza. Nas necrópoles, como ditava a tradição, havia inúmeros demônios. Entregue à sua força demoníaca, o desconhecido se retalhava com pedras. Esse detalhe não é gratuito: o Deuteronômio proíbe aquilo que sem dúvida é ritual de luto entre os pagãos: "Nunca vos marcareis com uma incisão ou tonsura entre os vossos olhos por causa de um morto" (Deuteronômio, 14, 1). A população tentou impedi-lo, prendendo-o com correntes, mas, tomado pela força sobrenatural dos demônios, ele rompeu todas as amarras e continuou a se mutilar. Quando Jesus se aproximou, o homem se apressou em se prostrar a seus pés. Os demônios que tomavam conta de seu corpo eram tão numerosos que se caracterizavam como "Legião". Uma vez expulsos do corpo do infeliz, eles se lançaram sobre uma vara de porcos e, reencarnados, precipitaram-se ao mar do alto da falésia. Dois mil porcos morreram assim. Mais uma vez, o detalhe não é desprovido de simbologia. Aos olhos dos judeus, e segundo as recomendações do Deuteronômio, o porco é um animal impuro: "Não comereis de sua carne e nem tocareis em seus cadáveres" (Deuteronômio, 14, 8). E o mar é uma força maléfica dominada por Iahweh, sob o qual se encontra o *sheol*, morada dos mortos onde os defuntos têm existência lúgubre.

O símbolo de impureza representado pelos suínos reaparece na parábola do filho pródigo. Quando o filho ingrato saiu de casa para dilapidar os bens de sua herança e logo se encontrou de bolsos vazios longe de casa, o rapaz foi obrigado a trabalhar para um estrangeiro. Degradação suprema, ele cuidava dos porcos dele e comia as alfarrobas que os animais se dignavam a deixar para ele. Isso serve para descrever o grau de pecado e impureza a que o rapaz foi reduzido por meio de sua má conduta. Mas, tanto em um caso quanto no outro, com o possuído de Gerasa ou o filho pródigo, Jesus ignorou os rituais de impureza. Ele tocava, curava, perdoava, entregava.

Certo dia, talvez em Cafarnaum, para onde tinha retornado, um homem se ergue no meio da multidão à qual Jesus está dando seus ensinamentos. "Mestre, eu trouxe meu filho que tem um espírito mudo. Quando ele o toma, atira-o pelo chão. E ele espuma, range os dentes e fica rígido" (Marcos, 9, 17-18). A criança tinha aquela doença desde sua mais tenra idade. Em crise, era capaz de se jogar na água ou no fogo. Jesus pediu então que levassem o menino até ele. Logo o demônio tomou conta do garoto, que entrou em convulsão. O pai ficou desesperado. Ele duvidava dos poderes de Jesus, já que os discípulos dele não tinham sido capazes de curar seu filho. Jesus passou um sermão nele: se ele duvidava, se não tinha fé, como ia poder salvar seu filho? "Tudo é possível àquele que crê!" (Marcos, 9, 23). Então, da mesma maneira que tinha acontecido com o endemoniado de Gerasa, Jesus repreendeu o espírito impuro e ordenou-lhe que deixasse a criança. O menino, depois de convulsões terríveis provocadas pelo demônio que lutava contra o poder de Jesus, perdeu a consciência. Ficou no chão, inconsciente, até o momento em que a multidão achou que estava morto. Mas Jesus o pegou pela mão e o ergueu. A criança estava viva. Tinha sido salva. Ficou normal. O pai se exaltou em agradecimentos. A passagem sobre a criança possuída é de interesse especial aos exegetas. Em primeiro lugar porque descreve os sintomas que os médicos identificaram como sendo os da epilepsia. Depois, porque nesse relato, ao contrário dos outros, nem o pai da criança nem o demônio identificam a natureza cristológica de Jesus. Não se menciona nada em relação a Filho do Homem, Cristo, Filho do Altíssimo ou do Senhor. Enfim, ao longo desse episódio, pela primeira vez, Jesus se referiu à sua própria fé, e à fé como força salvadora. Jesus ainda exorcizaria um endemoniado mudo e depois um homem cego e mudo. Ele libertaria Maria Madalena dos sete demônios que a possuíam. No final, no território de Tiro, um grego de origem siro-fenícia – quer dizer, um pagão de grande impureza – pediu a ele que liberasse sua filha do demônio que a torturava. Jesus a curou a distância.*

No decurso de seus exorcismos, Jesus nunca usou encantamentos nem súplicas, como preconiza o Talmude, contra os demônios. No entanto, ao expulsá-los, ele se inseria na linhagem dos sábios capazes de afastá-los. Ilel e o rabino Yohanan ben Zakkai compreendiam perfeitamente sua linguagem e, segundo os relatos do Talmude, sempre ganharam deles em confrontos. O rei Salomão, filho do rei Davi, era considerado um exorcista poderoso, além de grande curandeiro. O judeu Eleazar usava seu nome e seu selo para praticar exorcismos em Roma, na presença do imperador Vespasiano. Salomão tinha recebido de Deus o poder de combater demônios para ajudar a curar os humanos.

---

* A maior parte dos exegetas considera históricos três dos sete relatos sobre exorcismos: o do menino possuído, o de Maria Madalena e, de maneira menos categórica, o do possuído de Gerasa. Os quatro outros são acréscimos feitos pela Igreja primitiva, por razões teológicas (o da mulher grega ilustra a teologia missionária dos primórdios da Igreja).

O texto apócrifo "Testamento de Salomão" explora o tema de um rei que prepara receitas e pomadas milagrosas para aliviar os males. Além disso, "Filho de Davi" na boca de um judeu do século I significava "curandeiro maravilhoso". O fato de Jesus ser chamado duas vezes de "Filho de Davi" pela multidão, quando está efetuando a ação de livrar um endemoninhado, é uma referência a seus poderes. E, mais adiante, os Atos dos Apóstolos vão apresentar Paulo como exorcista.

As diversas passagens que atestam exorcismos nos textos do Novo Testamento passaram com sucesso pelas provas de historicidade* – o que isso significa, lembremos, que esses relatos não foram adicionados pela Igreja primitiva, e não que os demônios de fato existiram, coisa que ninguém, jamais, poderá estabelecer. Alguns exegetas, como Morton Smith, basearam-se nessa historicidade para desenvolver a tese do Jesus mago. A proposta tem muitas implicações, porque, se a magia tinha a mesma finalidade que o milagre – utilizar a força divina ou sobre-humana para atingir, no mundo humano, objetivos dificilmente alcançáveis por meios comuns –, ela tinha propósito totalmente ligado ao enriquecimento pessoal e à manipulação. Mas o tom ético e moral incontestável da mensagem de Jesus e o anúncio do Reino de Deus sempre revigorado por seus discursos proíbem a redução de Jesus a um ser amoral, desligado das preocupações escatológicas de seu povo e de seu tempo. Jesus unia palavras e atos de maneira íntima. Os atos são a prática das palavras, que servem para ilustrá-los. Os exorcismos e os milagres que ele efetua não têm nada de pessoal, não indicam especificamente nenhum afeto ao qual ele se entregaria de maneira espontânea; são a marca da força libertadora de Deus em relação ao povo da Nova Aliança.

---

* Para avaliar a historicidade de um fato, de um personagem ou de uma palavra, a exegese se baseia em vários critérios que se complementam, aos quais são submetidos escritos, materiais e fontes diversas. Há critérios de dificuldade, de descontinuidade, de relatos múltiplos, de coerência, de rejeição e de execução. No que diz respeito aos atos de Jesus, certos historiadores levaram outros elementos em conta, como existência de vestígios de aramaico no discurso e alusões ao contexto palestino.

Da mesma maneira que as parábolas esclarecem o aspecto teológico de sua presença e de seu discurso, os milagres e os exorcismos ilustram a realidade do Reino de Deus que está chegando; fornecem uma prova tangível da soberania divina de que o Reino de Deus está por vir e, ao mesmo tempo, já está aqui. Enfim, é necessário destacar o caráter exclusivamente benévolo dos milagres de Jesus, ao contrário dos objetivos visados pelos rituais mágicos que existiam em grande quantidade no século I.

No todo, os mais usuais envolviam papiros gregos mágicos. Esses documentos continham sortilégios para acabar com má sorte, feitiços e insônia, além de doenças e fraqueza. Havia sortilégios para romper alianças, impedir nascimentos e prejudicar adversários. A magia tem como ferramentas fórmulas secretas e tentativas de comunicação com as divindades do além, com frequência não identificadas: sua identidade não tem a menor importância, o essencial é o resultado. Mas Jesus dirigia-se apenas a Deus, sem fazer segredo, em plena luz do dia e perante a multidão. Enfim, para terminar com essa tese de que Jesus não passaria de um ótimo mago, é necessário notar a ausência da qualificação de "mago" entre as diversas acusações, relatadas pelos evangelistas, que as pessoas da época fizeram a Jesus. Mas nem por isso Jesus foi poupado: líder dos demônios, desrespeitador das regras do sabá, blasfemo, impostor, causador de problemas, objetor de consciência no que diz respeito ao imposto devido a César, usurpador (falso rei dos judeus, falso filho de Deus, falso filho do Homem). A primeira acusação de que Jesus praticaria magia só apareceu no ano 150 d.C., em texto de Justino Mártir, em duas de suas obras: *Diálogo com Trifão* e *Primeira apologia*. A acusação em seguida foi retomada por Celso em seu *Discurso verdadeiro,* por volta do ano 178 d.C. Ainda assim, mesmo nesses textos extremamente polêmicos, a única reprovação suscitada por alguns milagres de Jesus está relacionada a exorcismos qualificados como sendo coniventes com o diabo e a milagres praticados no dia do sabá.

O Antigo Testamento menciona um grande número de feitos extraordinários que perturbam a ordem das leis da natureza, de autoria de Deus. Iahweh separa as águas do mar Vermelho para abrir passagem a seu povo. Envia alimento diretamente do céu, o maná. Faz com que Elias suba vivo aos céus. Cura a esterilidade de Sara, provoca o Dilúvio, destrói Sodoma e Gomorra, faz surgir um poço perante Agar no deserto, ataca o faraó com pragas terríveis para castigá-lo pelo rapto de Sara. Essas *gedolot,* ou "coisas grandiosas", como a Bíblia as nomeia, nunca são relatadas com a denominação de milagre. São classificadas como "maravilhas", "sinais" ou "prodígios", já que são executadas por Deus e ilustram seus atos elevados. No Antigo Testamento, essas coisas grandiosas não têm como objetivo apresentar provas da existência de Deus. Sua função é revelar as intenções de Deus e a natureza de suas relações com seu povo. Elas realizam as promessas que Deus tinha feito a seu povo. Assim, depois de chegar às margens do Jordão, os hebreus enfim puderam entrar na Terra Prometida, como ele lhes tinha dito, porque Deus imobiliza as correntes do rio para que eles possam atravessar sem sofrer danos.*

Apenas Moisés, Elias e Eliseu realizam prodígios e são taumaturgos. Os relatos bíblicos lidos nas sinagogas lembram seus feitos nesse âmbito. Tirando esses três profetas, poucos casos de milagres são apresentados. Podemos citar Apolônio de Tiana, mestre e filósofo pitagórico, asceta, viajante nascido na Capadócia, a quem se atribuem milagres, relatados por Filostrato no século II d.C.; mas a historicidade de seus feitos e gestos é contestada, e foi constatado o uso de informações retiradas dos Evangelhos. Flávio Josefo cita, em *Antiguidades judaicas*, dois exemplos de taumaturgos, *hassidim,* ou homens santos entre os judeus, conhecidos por suas preces e por seus

---

* A questão da autoridade conferida pelos milagres seria suscitada por Maimônides, homem da lei e filósofo, pensador eminente do judaísmo medieval. Os milagres não tinham o objetivo de provar a autoridade divina de Moisés: se um profeta falha em sua missão única de promover os ensinamentos da Torá, os milagres que ele possa vir a realizar não servem para lhe conferir a menor credibilidade. Maimônides afirma que não seria exigido do Messias que estava por vir que provasse suas intenções por meio da realização de milagres.

milagres, mas à margem da lei e do templo. Os dois atuavam no norte da Galileia. Trata-se de Honi, que traçava círculos e era mais conhecido como Onias, no século I a.C.; e Hanina ben Dosa (século I d.C.). Da parte de Honi, temos notícia de um milagre meteorológico: ele fez chover. Ele morreu apedrejado em 65 a.C. pelos partidários de Hircano por ter se recusado a pedir intervenção divina contra os apoiadores de Aristóbulo II para que eles perdessem a guerra. Já Hanina ben Dosa foi um rabino conhecido por adivinhar a gravidade de doenças e quanto tempo a pessoa tinha de vida, mas sem efetuar curas.

Encontram-se ainda dois casos de cura ou de exorcismos realizados por homens simples nos manuscritos achados em Qunran. E no apócrifo do Gênesis, outro rolo essênio, o Faraó faz com que seja libertado do demônio que o ameaça, a ele e a seu povo, com uma imposição de mãos praticada por Abraão. Dessa maneira, tirando Moisés, Elias e Eliseu, que são chamados de profetas, nenhum exemplo anteriormente citado operou verdadeiros milagres. Jesus era portanto muito mais singular, já que curava doenças até então incuráveis apenas por meio da prática de exorcismos. Curar um doente tinha um significado que ultrapassava e muito o âmbito da simples medicina. No mundo antigo, tanto para os judeus quanto para os assírios e os babilônios, as doenças eram consideradas castigos divinos, consequência de um pecado ou de uma mácula. Iahweh castigava, e só ele podia curar. Por isso, as pessoas olhavam feio ou com condescendência para os curandeiros com suas pomadas e receitas originárias da Caldeia ou do Egito.

A controvérsia da doença e da inocência – ou da culpa – é a base do livro de Jó e coloca a grande questão relativa aos males físicos da humanidade. Nesse conjunto de poemas, o Antigo Testamento conta como Satã, com a concordância do Senhor, colocou à prova a fé de Jó, lançando sobre ele toda sorte de males. Ele o cobriu de úlceras da cabeça aos pés, depois de tê-lo privado de todos os seus bens materiais e de seus filhos – e nunca conseguiu fazer com que Jó blasfemasse contra Deus. A esposa de Jó suplicou ao marido que renunciasse à sua fé. Jó se recusou. Ao serem informados dos males que acometem Jó, três de seus amigos vieram do mundo oriental para lhe dar apoio em sua provação. Os três afirmaram que Deus não poderia ser o responsável por seus males, pois ele jamais tinha se desviado da justiça. Seus sofrimentos e seus males só podiam ser provenientes de seus pecados e de sua má conduta. Jó se rebelou. Ele era inocente. Não tinha feito nada que o fizesse corar e que pudesse ferir o Senhor. Em um poema que é uma longa lamentação, ele lembra a Iahweh como sempre tinha sido naturalmente fiel. No final, por ele ter permanecido fiel e por ter orado, Deus curaria Jó, que recuperaria sua fortuna e seus bens; seus filhos seriam substituídos por novos nascimentos prósperos.

A certeza de que um doente só pode ser culpado ou impuro estava profundamente inculcada no espírito dos contemporâneos de Jesus. Assim como os três amigos de Jó acreditavam nisso, apesar de conhecerem sua santidade, os discípulos de Jesus se convenceram da mesma coisa. "Ao passar, ele viu um homem cego de nascença. Seus discípulos lhe perguntaram: 'Rabi, quem pecou, ele ou seus pais, para que nascesse cego?' Jesus respondeu: 'Nem ele nem seus pais pecaram, mas é para que nele sejam manifestadas as obras de Deus'." (João, 9, 1-3).

Por isso, é o sacerdote que diagnostica doenças, como está explicado no Levítico, em um capítulo intitulado "Regras referentes ao puro e ao impuro" (Levítico, 11). No templo, depois de um exame meticuloso, o sacerdote declara se a pessoa tem ou não uma doença, se é pura ou impura. E se for declarada impura, é banida da sociedade. Na exposição das impurezas, a lepra – isto é, todas doenças de pele – assim como o escorrimento de sangue – seja devido à menstruação ou a doenças – fazem com que a pessoa doente seja impura, e o mesmo vale para todos aqueles que tocam nelas durante esse período de doença ou de hemorragia, e também para todos aqueles em que elas tocam. O sacerdote, quando faz um diagnóstico, quando decide se o doente é ou não impuro, se deve ser colocado em quarentena ou se deve realizar sacrifícios para efetuar sua purificação, não prescreve nenhum medicamento. Afinal, apenas o Senhor é capaz de curar e livrar de doenças. Por essa razão, as curas de leprosos operadas por Jesus têm forte significado. Ainda por essa razão, os escribas, quando o auxiliavam, perguntavam a Jesus a que título, com que autoridade, com que direito ele "cura os pecados" do leproso. Afinal, curar uma doença que só pode ter sido infligida por Deus, devido a erros e impurezas cometidos, é o mesmo que substituir Deus, é absolver os pecados.

Para fazer isso, Jesus mais uma vez não agiu em desrespeito à lei. Mal ele acabou de curar o leproso – que aliás não tinha pedido a Jesus que o curasse, mas sim que o "purificasse" –, já enviou o homem ao templo. "Cuidado, não digas nada a ninguém, mas vai mostrar-te ao sacerdote e apresenta a oferta prescrita por Moisés, para que lhe sirva de prova" (Mateus, 8, 4). Jesus, cuidadoso para conservar seu anonimato, nem pensou em dispensar o recipiente do milagre de efetuar os sacrifícios de cordeiro e de rolas exigidos pelo Levítico em troca de purificação*.

Apenas dois relatos mencionam, nos Sinóticos, a cura da lepra. Este que acabamos de apresentar, relatado por Marcos (1, 40-45) e por Mateus (8, 4), e a cura de dez leprosos que Jesus encontra na Samaria, narrada por Lucas (17, 11-19). "Ao entrar num povoado, dez leprosos vieram-lhe ao encontro. Pararam à distância e clamaram: 'Jesus, Mestre, tem compaixão de nós!' Vendo-os, ele lhes disse: 'Ide mostrar-vos aos sacerdotes'. E aconteceu que, enquanto iam, ficaram purificados. Um dentre eles, vendo-se curado, voltou atrás, glorificando a

---

* A questão que cerca a lepra está relacionada ao diagnóstico da patologia. A palavra em aramaico *sàra'at*, que designa a lepra, refere-se à legislação do Levítico 13-14, no Antigo Testamento. Quer dizer: essa legislação é muito anterior à lepra propriamente dita, causada pelo bacilo *Mycobacterium leprae*, que foi introduzido no Oriente Próximo pelos exércitos de Alexandre, o Grande, morto em 323 a.C. A palavra *sàra'at*, que evoca o Levítico, provavelmente cobre um amplo conjunto de doenças da pele que inclui psoríase, eczema e outras micoses, mas não a lepra como a conhecemos hoje.

Deus em alta voz, e lançou-se aos pés de Jesus com o rosto por terra, agradecendo-lhe" (Lucas, 17, 12-16). Aqui, mais uma vez, o leproso compreendeu que só devia o milagre a Deus. Quando ele percebeu que sua lepra tinha desaparecido, que ele portanto tinha se purificado, voltou atrás. Em vez de ir ao templo para constatar o fim da doença e proceder aos rituais de purificação necessários, ele voltou para glorificar a Deus e atirou-se aos pés de Jesus. "Pois bem, era samaritano. Tomando a palavra, Jesus lhe disse: 'Os dez não ficaram purificados? Onde estão os outros nove? Não houve, acaso, quem voltasse para dar glória a Deus se não este estrangeiro?' Em seguida, disse-lhe: 'Levanta-te e vai; a tua fé te salvou'." (Lucas, 17, 16-19). Assim, portanto, o próprio Jesus entrega a Deus aquilo que lhe pertence: o mérito do milagre.

Ao curar a lepra, Jesus por duas vezes mexe com as prescrições rigorosas relativas ao que é puro e ao que é impuro. A primeira, ao cuidar de leprosos, que têm uma doença que implica quarentena perpétua (e, de todo modo, Lucas, médico, especifica que os leprosos não infringem a regra e se mantêm à distância); a segunda, ao atravessar o território da Samaria, que todas as pessoas que respeitavam a Lei tinham o cuidado de evitar, por hábito, preferindo ir pelo vale do Jordão para atravessar a Palestina, em uma depressão de cerca de trezentos metros, já que o mar Morto, alimentado pelo rio, fica abaixo do nível do mar. Era um vale abafado, rochoso, com limites perigosos e desérticos, mas que fazia com que os peregrinos a caminho de Jerusalém ou de retorno de festas evitassem colocar os pés em solo sujo. De fato, a Samaria abrigava um povo bem mais miscigenado do que o da Judeia, mais receptivo às influências externas e favorável a novas combinações religiosas. A região constituía uma espécie de cisma no interior do povo de Israel: no retorno do Exílio, os judeus que se recusaram a repudiar suas esposas assírias se instalaram na Samaria. Ergueram um templo no monte Garizim e afirmaram que foi nesse lugar que Deus pediu a Moisés que fosse construído. Eles portanto consideravam o templo de Jerusalém falso, coisa que os habitantes da judeia achavam boa.* Desde o começo, era proibido a eles oferecer sacrifícios no templo de Jerusalém e se casar com judeus.**

Foi na Samaria, na cidade de Sicar, que Jesus decidiu se revelar a uma mulher considerada duplamente impura. Em primeiro lugar por ser samaritana e, em segundo, por ter cinco maridos e viver em concubinato. E, no entanto, foi a ela que Jesus anunciou que era o Messias. "A mulher lhe disse: 'Sei que vem um Messias (que se chama Cristo). Quando ele vier, nos explicará tudo'. Disse-lhe Jesus: 'Sou eu, que falo contigo'." (João, 4, 26-27).

Ao circular pela Samaria, ao curar um leproso samaritano, Jesus estendeu a força de Deus às nações. O critério de escolha não era mais a ascendência de Abraão (aquela mesma vilipendiada por João Batista com as palavras "raça de víboras", por sua falta de sinceridade), mas sim a fé. A mesma fé manifestada pelo leproso, pela mulher grega de origem siro-fenícia cuja filha possuída por um demônio ele curou e pela samaritana de Sicar se anuncia de maneira gritante no caso do centurião romano cujo servo Jesus salvou. A cena se passou em Cafarnaum, uma das raras cidades da Galileia onde uma guarnição romana se erguia, graças à sua

---

* A doutrina que prevalecia junto aos samaritanos excluía em princípio a fé na ressurreição, mas ela acabou por se impor. Eles também esperavam por um Messias, que chamam de Taheb, "aquele que deve voltar ou que restaura", com base no Deuteronômio (Dt 18, 18): "Vou suscitar para eles um profeta como tu, do meio dos seus irmãos. Colocarei as minhas palavras em sua boca e ele lhes comunicará tudo que eu lhe ordenar". Essa espera provoca nesse povo movimentos análogos às crises messiânicas da Palestina. Orígenes localiza na época de Jesus a tentativa de Dositeu que, parece, procura se fazer passar por aquele anunciado por Moisés e se diz Filho de Deus. Ele prega uma doutrina de ascetismo que se enraíza com bastante solidez. Se acreditarmos em Epifânio, os adeptos de Dositeu se assemelham aos essênios e se apegam a Simão, que pode ter sido mestre ou discípulo de Dositeu.

** O templo dos samaritanos foi demolido duas vezes, por João Hircano em 128 a.C., e em 486 d.C. O imperador Justiniano colocou fim à sua autonomia e samaritanos foram martirizados pelos muçulmanos, que não os consideravam como pertencentes ao povo do Livro. Deles só restou um pequeno grupo de quinhentos habitantes, concentrado em Israel, essencialmente em Naplusa.

posição estratégica. Um dia, quando Jesus voltava de uma de suas missões pastorais, recebeu a visita de sábios anciãos que chegaram para fazer um pedido em nome de um centurião (Lucas, 7, 2-10). Seu escravo, por quem ele nutria estima, estava gravemente doente e, como tinha ouvido falar dos feitos de Jesus, ele apreciaria muito se pudesse salvá-lo. Os anciãos judeus sabiam que o centurião era impuro. Ele era um enviado das nações que tinham tudo aquilo que existe de mais corrupto: o exército. "Ele é digno de que lhe concedas isso, pois ama nossa nação, e até nos construiu a sinagoga" (Lucas, 7, 4), eles suplicam. "Jesus foi com eles. Não estava longe de casa, quando o centurião mandou alguns amigos lhe dizerem: 'Senhor, não te incomodes, porque não sou digno de que entres em minha casa; nem mesmo me achei digno de ir ao teu encontro. Dize, porém, uma palavra, para que o meu criado seja curado'." (Lucas, 7, 6-7). Jesus ficou feliz ao escutar essas palavras. A fé do centurião lhe tocou o coração. "Jesus ficou admirado e, voltando-se para a multidão que o seguia, disse: 'Eu vos digo que nem mesmo em Israel encontrei tamanha fé'. E, ao voltarem para casa, os enviados encontraram o servo em perfeita saúde" (Lucas, 7, 9-10).

Jesus louvava essa fé que salva a partir do momento em que a detectava. Ele a louvou em público na casa da mulher impura, banida da comunidade havia doze anos por causa de uma hemorragia permanente, que tocou a franja do manto de Jesus sem ninguém notar. Era um gesto-tabu! Sua doença proibia que ela tivesse qualquer contato com as pessoas normais, os puros. E, se isso acontecesse, as pessoas em questão precisavam se submeter a rituais de purificação intermináveis. "Jesus insistiu: 'Alguém me tocou; eu senti que uma força saía de mim'. A mulher, vendo que não podia se ocultar, veio tremendo, caiu-lhe aos pés e declarou diante de todos por que o tocara, e como ficara instantaneamente curada. Ele disse: 'Minha filha, tua fé te salvou; vai em paz'." (Lucas, 8, 46-47).

E Jesus chegou até a colocar essa fé à prova, como Deus fez com Jó. E isso aconteceu, mais uma vez, com uma mulher das nações: era uma impura que precisaria provar sua lealdade ao Senhor, como Mateus relata (Mateus 15, 21-28): Jesus se abrigou em terreno neutro depois de seu confronto terrível com os fariseus e os escribas de Jerusalém em relação ao que é puro e ao que é impuro e à ostentação com a qual Jesus e seus discípulos se recusavam a seguir as orientações. Aos olhos dos doutores da Lei, essa era uma verdadeira transgressão, e eles não mediram suas palavras: "Por que os teus discípulos violam as tradições dos antigos? Pois que não lavam as mãos quando comem" (Mateus 15, 2). A questão lhes vale uma discussão exaltada, no decurso da qual Jesus os chama de corruptores da Lei, de hipócritas, de cegos condenados à queda. Para acusá-los, Jesus invoca a profecia de Isaías (29, 13). "Bem profetizou Isaías a vosso respeito, quando disse: 'Este povo me honra com os lábios, mas o coração está longe de mim. Em vão me prestam culto, pois o que ensinam são apenas mandamentos humanos'." (Mateus, 15, 7-9). Os próprios discípulos de Jesus ficaram estupefados com a violência das acusações: Jesus acabara de atacar de frente os representantes da Lei em pessoa. Pedro relatou a Jesus o escândalo. Mas Jesus insistiu, e tomou as multidões como testemunha: "Não entendeis que tudo o que entra pela boca vai para o ventre e daí para a fossa? Mas o que sai da boca procede do coração e é isto que torna o homem impuro. Com efeito, é do coração que procedem as más intenções, assassínios, adultérios, prostituições, roubos, falsos testemunhos e difamações. São essas coisas que tornam o homem impuro" (Mateus 15, 17-20).

Depois desse discurso, Jesus julgou preferível se retirar. Ele acabara de insultar os fariseus e os escribas que o Sinédrio tinha enviado para sondar suas intenções. Ele tinha sido informado de que Herodes, o tetrarca, tinha tomado conhecimento da fama de Jesus, que tomou por um João Batista ressuscitado. "Certamente se trata de João Batista: ele foi ressuscitado dos mortos e é por isso que os poderes operam através dele" (Mateus, 14, 2), disse o monarca a seus oficiais.

Jesus se recolheu à província de Tiro e de Sidom, que ele próprio descreveu como caldeirão do paganismo. Uma cananeia veio ter com ele. Ela lhe suplicou para que curasse sua filha, possuída de um demônio maligno. Jesus a colocou à prova ao recebê-la com silêncio pesado, mas, como ela insistia, os discípulos pediram a Jesus que a mandasse embora, porque estava gritando. "Tu não és judia", Jesus respondeu a ela, abrupto, e "eu não fui enviado senão às ovelhas perdidas da casa de Israel" (Mateus, 15, 24). A mulher ficou fora de si. Ela se prostrou. Ela insistiu. Ele agiu com ainda mais brutalidade: "Não fica bem tirar o pão dos filhos e atirá-lo aos cachorrinhos" (Mateus 15, 26). Ela não se ofuscou com o insulto. Ela acreditava. Ela iria se contentar com migalhas, como os cachorros, foi sua resposta. A fé da cananeia não se abalou durante todo o diálogo. Jesus então a atendeu. Ele louvou sua fé.

A ausência de fé continua sendo aquilo que o revolta. Jesus, o homem gentil e misericordioso, tinha surtos terríveis de cólera quando, apesar dos sinais que tinham diante dos olhos, as pessoas e às vezes seus discípulos continuavam a não enxergar e não se convertiam.

> Então começou a verberar as cidades onde havia feito a maior parte dos seus milagres, por não se terem arrependido: "Ai de ti, Corazin! Ai de ti, Betsaida! Porque se em Tiro e em Sidônia tivessem sido realizados os milagres que em vós se realizaram, há muito se teriam arrependido, vestindo-se de cilício e cobrindo-se de cinza. Mas eu vos digo: No dia do Julgamento haverá menos rigor para Tiro e Sidônia do que para vós. E tu, Cafarnaum, por acaso te elevaras até o céu? Antes, até o inferno descerás. Porque se em Sodoma tivessem sido realizados os milagres que em ti se realizaram, ela teria permanecido até hoje" (Mateus, 11, 20-23).

Mesmo assim, Jesus acabou conhecendo a derrota. Desse modo, no início de sua pregação, em Nazaré, ele não conseguiu realizar nada – a massa só via nele um trabalhador da madeira, o filho do carpinteiro, e contestava qualquer autoridade e carisma profético que ele pudesse ter.

Então, como aquelas pessoas também não tinham a fé necessária, nenhuma cura se deu.

"E muitos assim creram nele..."

À medida que sua pregação foi se desenvolvendo, os ensinamentos de Jesus foram se afastando das ameaças de fogo e de fim e da descrição do Julgamento Final que iria engolir Israel inteira, que constituíam o pano de fundo dos discursos de João Batista. Ele preferia anunciar o Deus que chega com força para restabelecer e salvar seu povo pecador e dispersado. É por meio dessa escolha que Jesus desvela o aspecto mais radical, mais inovador de seu ensinamento: a noção de Reino de Deus, tão pouco usual entre seus contemporâneos que só aparece em alguns salmos de uma profecia de Isaías e que traz à toma e evidencia a ideia de um Deus Rei soberano. Ao mesmo tempo em que essa noção renova os próprios fundamentos da história do povo de Israel e revigora a palavra do Senhor a Moisés – "Fala a toda a comunidade dos israelitas. Tu lhes dirás; Sede santos, porque eu, Iahweh, vosso Deus, sou santo" (Levítico, 19, 1) –, ao mesmo tempo em que dá sentido à espera escatológica que se estende por toda a Palestina, confere autoridade à palavra de Jesus, que não contradiz a Lei de Moisés, mas sim amplia seu alcance. Jesus agia como se retomasse das autoridades de seu povo – os escribas, os fariseus e os saduceus – o poder que Deus lhes confiara e que usaram tão mal durante tantos séculos. Essa posição era perigosa em uma época em que a conduta espiritual do judaísmo pertencia aos eruditos, fossem eles integrantes do poder sacerdotal de Jerusalém, fariseus ou escribas; e Jesus não podia se valer de nenhum estudo superior sob a autoridade de um mestre de renome de Jerusalém – como depois faria são Paulo. Com os milagres e as curas, com seu ensinamento e a generosidade que transborda nas parábolas, graças principalmente à sua presença, Jesus abriu uma janela sobre o Reino, para que todos enxergassem e escutassem aquilo que está por vir e aquilo que a fé, nada mais do que a fé, era capaz de colocar em movimento. Ele deu a entender o dinamismo do

Reino. "Nem todo aquele que me diz 'Senhor, Senhor' entrará no Reino dos Céus, mas sim aquele que pratica a vontade de meu Pai que está nos céus" (Mateus, 7, 21).

À luz do exemplo oferecido por Jó, ele incitou a esperança e a lealdade. Assim, todos seriam curados, reunidos e salvos. Assim, e apenas assim, os famintos seriam saciados, os pobres e os aflitos, consolados – todas as promessas enunciadas no Sermão da Montanha e nas Bem-Aventuranças iriam se cumprir. Esse vislumbre do Reino presente e do Reino por vir se fazia compreender por meio do símbolo que alguns milagres carregavam – eles também parábolas dos ensinamentos de Jesus.

Os milagres podem ser classificados em três categorias distintas: as curas, sejam de paralíticos ou de inválidos, de cegos ou de leprosos. Os milagres referidos como "da natureza": o imposto do templo encontrado dentro da barriga de um peixe, a maldição da figueira estéril, a pesca milagrosa, o caminhar sobre o mar, a tempestade acalmada, a transformação de água em vinho em Caná e a multiplicação dos pães. Por fim, a última categoria de milagres é a ressurreição dos mortos.

Na categoria das curas de paralíticos, um ponto comum salta imediatamente aos olhos do leitor atento: os quatro milagres se deram em dias de sabá, e ainda por cima em uma sinagoga, o que suscita a ira dos fariseus, ofendidos com o desrespeito à Lei de Moisés. No primeiro caso, o do paralítico cuja maca foi levada até o telhado para que ele pudesse escutar o Nazareno, Jesus provocou os escribas presentes em sua pregação às multidões, ao dizer ao doente: "Filho, teus pecados estão perdoados" (Marcos 2, 5). Assim, Jesus deu a entender que não podia fazer levantar um acamado se não o absolvesse de seus pecados, já que eles eram responsáveis por sua doença. Ele tinha autoridade para isso porque era Filho do Homem. "Pois bem, para que saibais que o Filho do Homem tem poder de perdoar pecados na terra, eu te ordeno – ele disse ao paralítico – levanta-te, toma o teu leito e vai para tua casa" (Marcos, 2, 10-11).

Jesus já tinha se mostrado original ao restaurar a noção de "Reino de Deus", e o mesmo vale para o uso da expressão "Filho do Homem", igualmente pouco usual na época. "Filho de Deus" era utilizado de maneira corrente para designar um homem, e "Filho do Homem" tinha um sentido preciso, e uma história. Ela se refere ao livro de Daniel, que anuncia um Messias vindo do céu: "Eu continuava contemplando, nas minhas visões noturnas, quando notei, vindo sobre as nuvens do céu, um como Filho do Homem. Ele adiantou-se até o Ancião e foi introduzido à sua presença. A ele foi outorgado o poder, a honra e o reino, e todos os povos, nações e línguas o serviram. Seu império é império eterno que jamais passará, e seu reino jamais será destruído" (Daniel, 7, 13-14). Essa expressão também se refere ao pseudoepígrafo do Antigo Testamento, o livro de Enoque que anuncia, em um capítulo dedicado à chegada do Escolhido para o Julgamento Final (46, 1-8):

> Ali eu vi Aquele que detém o princípio dos dias.* Sua cabeça era como lã branca, e com Ele um outro, cujo rosto tinha aparência humana e transbordava graça como um dos anjos santos. Eu interroguei um dos anjos santos que me acompanhavam e que me mostravam todos os segredos a respeito desse Filho do Homem: "Quem é ele? De onde ele vem? Por que ele acompanha o Príncipe dos Dias?". Ele me respondeu: "É o Filho do Homem que pertence à justiça, a justiça reside nele, e é ele que revelará todo o tesouro dos mistérios. Porque é ele que o Senhor dos Espíritos escolheu e cujo destino obteve a vitória sobre o Senhor dos Espíritos, segundo o direito, por toda a eternidade. Esse Filho do Homem que tu viste fará reis e poderosos se erguerem de seus leitos, os fortes de seus assentos. Ele soltará as amarras dos fortes e triturará os dentes dos pecadores. Ele expulsará os reis de seus tronos e de seu reino, porque eles não o exaltarão, não o glorificarão e não confessarão de onde veio sua realeza".

E, um pouco mais adiante, o livro de Enoque retoma o assunto (48, 1-7).

---

* Aquele que detém o princípio dos dias: em outras palavras, Deus.

Eu vi nesse lugar a fonte da justiça que não seca, toda rodeada de diversas fontes de sabedoria, das quais todos os sedentos beberão e se encherão de sabedoria. E sua morada será junto aos justos, aos santos e aos escolhidos. Nessa hora, o Filho do Homem foi chamado perante o Senhor dos Espíritos e seu nome foi pronunciado na presença do Princípio dos Dias. Antes que tivessem sido criados o sol e os signos. Antes que os astros do céu tivessem sido feitos, seu nome foi proclamado perante o Senhor dos Espíritos. Ele será um bastão para os justos, eles se apoiarão sobre ele sem risco de vacilar. Ele será a luz das nações, ele será a esperança daqueles que sofrem no coração.

"Quando o Filho do Homem vier em sua glória, e todos os anjos com ele, então ele se assentará no trono da sua glória. E serão reunidas em sua presença todas as nações", Jesus diz ainda no texto de Mateus (25, 31-32). Ao atender ao paralítico que tem fé nele, Jesus prefigura o momento do julgamento final em que os pobres e os oprimidos se levantarão por sua vez para sentar-se à sua direita. Da mesma maneira, quando ele curou a mão morta do aleijado na sinagoga em um dia de sabá, Jesus deu a entender que não há hora para fazer o bem, porque o bem sempre será superior a qualquer prescrição da Lei. "É permitido, no sábado, fazer o bem ou fazer o mal? Salvar a vida ou matar?" Como os fariseus se calaram, Jesus, "entristecido pela dureza do coração deles" (Marcos, 3, 4-5), recuperou a mão do doente. O sentido é o mesmo para a mulher encurvada ao meio na sinagoga, que ele curou mais uma vez em um dia de sabá (Lucas, 13, 10-16), e para o enfermo que esperava havia 38 anos, perto da piscina de Bezata, em Jerusalém, a possibilidade de se curar por meio do mergulho na efervescência das águas (João, 5, 1-18). Jesus o curou e ordenou que caminhasse, apesar de ser sabá. Ele ensinou, portanto, que, de fato, o amor ao próximo e a compaixão se sobrepõem a simples regulamentos, mesmo que sejam litúrgicos; e que o homem, por seu princípio mais pleno e mais santo, o amor, deve se impor à lei. "O sábado foi feito para o homem, e não o homem para o sábado, de modo que o Filho do Homem é senhor até do sábado", ele lembra (Marcos, 2, 27-28).

Assim, seria inútil e sem propósito situar Jesus fora da esfera religiosa que era a sua e a de seus contemporâneos. Jesus não parou de pregar para fazer com que as multidões prestassem mais atenção a Deus, para convertê-las à sua Palavra, para que os rituais e as práticas materiais não as cegassem em relação à exigência do Senhor e à dificuldade do caminho da conversão. Ele não se colocou à margem da religião, ele a agarrou, restabeleceu seu sentido perdido, pregou que se ultrapassassem por inteiro seus quadros rígidos demais – e assim deu ao indivíduo sua liberdade fundamental de salvar a si mesmo. É isso que deixou o sacerdote do templo preocupado. Se ele tivesse constituído, com seus discípulos, uma nova seita, se tivesse estabelecido uma comunidade totalmente separada em algum lugar do deserto, da mesma maneira que tinham feito os essênios ou os terapeutas, nada em seus atos ou em suas propostas seria um choque. A audácia que Jesus comprovava com seus deslocamentos geográficos e sociais por toda a Palestina, ao estender a mão a quem ele bem entendia quando bem entendesse, suscita entusiasmo preocupante para as autoridades. Como desrespeitava as fronteiras consideradas intransponíveis entre a Judeia e a Samaria com passos leves e ligeiros, como rompia o silêncio inviolável entre os judeus e os samaritanos com palavras calorosas e cheias de cumplicidade, ele ultrapassou e rompeu os grilhões dos rituais que dividiam – e sustentavam – Israel. Jesus não se dirigia apenas aos judeus, assim como não pregava unicamente aos párias.

Seus ensinamentos abrangiam todas as camadas da população, os bem providos e os pobres, os oficiais e os oprimidos. Ele conversava com o rico Nicomedes, que era Sumo Sacerdote, realizava ofícios no templo e fazia parte da alta aristocracia de Jerusalém. Seu amigo Lázaro era um homem influente. Com sua morte, muitos notáveis foram de Jerusalém a Betânia para consolar suas duas irmãs. Jairo, chefe da sinagoga, foi procurá-lo quando sua neta caiu doente, e Jesus não criticou o luxo de sua residência ao entrar na casa. Ele não demonstrava indiferença em relação às pessoas mais marginalizadas da população. No âmbito do povo judeu, muita gente era considerada impura: os camponeses, os marinheiros pescadores, os cobradores de impostos e as mulheres da vida, porque sua profissão os impedia de respeitar as prescrições ritualísticas. Não se deviam aceitar seus convites, nem entrar na casa deles, nem convidá-los para visitar sua casa. E, no entanto, Jesus se relacionava com eles, falava com eles, entrava em suas casas e até compartilhava suas refeições! Entre eles, havia mulheres.

Claro que Jesus não escolheu nenhuma mulher para ser sua discípula. Quando ele compôs o grupo dos Doze, deixou de fora o sexo frágil. No entanto, muitas mulheres o escutavam, louvavam e até seguiam. Essa escolha, da parte delas, era ousada. A mulher ficava em casa. Casada aos treze anos, era a dona do lar, mas se beneficiava de poucos direitos na sociedade. O sangue perdido todos os meses a tornava impura, e as prescrições do Levítico em relação a essa impureza são numerosas e detalhadas. Ela precisava passar por vários rituais de purificação durante a vida, principalmente depois de partos, mais ou menos importantes se ela colocou no mundo um menino ou uma menina. Maria, jovem virgem criada no templo pela mão do anjo, precisou abandonar o local sagrado a partir do momento em que a puberdade a ameaçou. Sem a proteção de pai ou de marido, as mulheres se transformavam em presas, seu destino era miserável. A atitude de Jesus em relação a elas era igual à que ele tinha para com seus discípulos: imensa compaixão, uma grande atenção que as levava a escutá-lo e amá-lo. Algumas saíam de casa para segui-lo. Outras usavam suas reservas pessoais para financiar as atividades do grupo. Desde o começo de sua pregação, elas se colocaram a seu lado. "Depois disso, ele andava por cidades e povoados, pregando e anunciando a Boa Nova do Reino de Deus. Os Doze o acompanhavam, assim como algumas mulheres que haviam sido curadas de espíritos malignos e doenças: Maria, chamada Madalena, da qual haviam saído sete demônios, Joana, mulher de Cuza, o procurador de Herodes, Suzana e várias outras, que o serviam com seus bens" (Lucas, 8, 1-3). O

Evangelho de Lucas é preciso. Muitas mulheres seguem Jesus. Algumas, "curadas de espíritos malignos", largaram sua vida má. Mas nem todas eram prostitutas, havia até "abastadas", capazes de ajudar financeiramente, "de servir" a Jesus e a seus apóstolos. A esposa do procurador de Herodes era sem dúvida de boa família e de dote. Apesar de a misteriosa Suzana não aparecer em nenhum outro lugar, nem mesmo no resto do texto de Lucas, a outra citada, Joana, estaria presente no momento da descoberta da tumba vazia.

Lucas e Marcos concordam em estabelecer uma relação de causa e efeito entre o exorcismo de Maria Madalena por Jesus e sua presença a seguir. De onde tinham vindo seus demônios? Será que ela era mesmo prostituta? Os redatores do Novo Testamento não apresentam nenhuma resposta. A lenda ácida que envolve o personagem de Maria Madalena foi criada pelo Evangelho apócrifo de Filipe, em que Jesus se "casa" com ela. De fato, nenhum historiador até hoje foi capaz de entrar em acordo em relação ao número exato de Marias que circulam nas páginas dos Evangelhos. Será que Maria, a irmã de Marta, era também a irmã de Maria Madalena? A tese seduz os românticos; ela corrobora, por meio dessa sugestão, as visitas assíduas de Jesus a essa mulher e valida também todas as fantasias que derivaram dela e que os romancistas foram capazes de imaginar.* Parece que essas alegações são das mais insanas. Maria, assim como Jesus, era um nome muito comum no século I; há de fato seis apenas nos Evangelhos: Maria, a mãe de Jesus; Maria, a mãe de Tiago; Maria de Clopas; Maria Madalena; Maria, irmã de Marta; e Maria, mãe de João Marcos; a elas, é necessário juntar a Maria que Paulo menciona em sua epístola aos romanos.

Seja como for, a coragem e a fé dessas mulheres, que escolheram se filiar com Jesus e até mesmo sair de casa para

---

* Já na época dos Pais da Igreja, os textos apócrifos e gnósticos apresentaram Maria Madalena como adepta privilegiada de Jesus: o Evangelho de Tomé, copta, o Evangelho secreto de Marcos, o Evangelho segundo Maria, a Pistis Sofia, a Sabedoria de Jesus Cristo, o Diálogo do Salvador, o Evangelho de Filipe e os Atos de Filipe.

segui-lo, é notável; e ainda mais extraordinária se levarmos em conta a época. Não há necessidade de fazer estudos sociológicos para medir as margens de liberdade de que as mulheres gozavam, nem o peso terrível da opinião pública em relação a seus hábitos. Desde Eva e o Gênesis, elas tinham má reputação. Basta lembrar a mulher adúltera condenada à morte por apedrejamento. A mulher estéril foi banida e expulsa do templo. Um texto de Qunran se intitula "Armadilhas da mulher". Os textos de são Paulo são pontuados de misoginia incontestável. E quando Maria Madalena anunciou aos discípulos a ressurreição de Jesus, "eles, ouvindo que ele estava vivo e que fora visto por ela, não creram" (Marcos, 16, 11).

Quando aceitou que as mulheres seguissem seus passos, e pagassem suas despesas, Jesus agiu com liberdade sem precedentes. Ele transgrediu os tabus e ridicularizou as regras da decência. Ele não as afastou sob o pretexto de que elas chocariam a moral. Ele falou com a samaritana, duplamente impura, por sua raça, por seus costumes: depois de cinco casamentos, ela vivia em concubinato. Ele defendeu a mulher adúltera que estava prestes a ser apedrejada pelos bons crentes e a salvou da morte certa. Ele falou com a mulher que tinha hemorragia e a tocou, apesar da perda de sangue dela proibir qualquer contato. Ele permitiu que uma prostituta lavasse seus pés. E apesar de os demônios de Maria Madalena a terem corrompido, ele aceitou seu arrependimento e sua presença. Quando os fariseus lhe perguntaram se um homem tinha o direito de repudiar sua mulher por um motivo qualquer – coisa que a Lei de Moisés autoriza –, Jesus mencionou um outro texto do Levítico que regula essas questões. Ele lembrou que o Gênesis estipula com clareza que Deus fez sua criatura, logo no começo, masculina e feminina. Recordou a eles que homem e mulher não são dois, mas um só dividido em duas metades que precisam ser reunidas para formar uma única carne. Deus não modelou a mulher a partir da costela de Adão para que ela fosse inferior, mas sim para que eles fossem, exatamente, um ser único quando, de um espírito meio masculino e meio feminino, se tornassem duas criaturas distintas, mas da mesma carne. O homem deixa o pai e a mãe para se ligar à mulher "e os dois serão uma só carne" (Mateus, 19, 3-12). Aquilo que Deus uniu, Jesus lembra, o homem não pode separar. A mulher não é uma moeda de troca, nem um objeto do qual é possível se separar com uma carta de repúdio, ainda que isso tenha sido autorizado por Moisés. Na prece, no estudo da Lei de Moisés, a mulher é tão legal quanto o homem. Ela não deve ser mantida afastada dos assuntos de Deus. Na Betânia, quando Marta repreendeu a irmã quando ela se colocou, como um discípulo, aos pés de Jesus para escutar sua palavra em vez de ajudá-la a cuidar da casa como se devia fazer, a fim de dar conta de todo o serviço para que tudo ficasse em ordem, na hora e em seu lugar, Jesus interveio. A arrumação da casa era a menor de suas preocupações. E a irmã, em vez de se incomodar com essas coisas insignificantes, deveria mesmo se colocar ao lado de Maria, onde é seu lugar prioritário: escutando a elevação do coração. "Marta, Marta, tu te inquietas e te agitas por muitas coisas, no entanto, pouca coisa é necessária, até mesmo uma só! Maria, com efeito, escolheu a melhor parte, que não lhe será tirada" (Lucas, 10, 38-42).

No relato de João, as mulheres têm papel fundamental. Maria, a mãe de Jesus, inaugurou em Caná o ciclo de prodígios e da pregação pública, ao passo que Marta deu-lhe um desfecho ao assistir ao último milagre realizado por "vosso Senhor": a ressurreição de seu irmão Lázaro. Maria pressentiu a força de seu filho. Marta exprimiu sua fé e o reconheceu como o "Cristo, o filho de Deus que vem ao mundo" (João, 11, 27). Quando fez sua voz audível às nações, Jesus escolheu falar com duas mulheres: a samaritana, a quem ele afirmou ser o Messias – fato que ela aceita com confiança total; e a grega siro-fenícia (seria possível maior mestiçagem?), que ele colocou à prova ao tratá-la, por meio de metáforas, de cadela. Enfim, ao pé da cruz, fora João, seu discípulo favorito, só havia mulheres, que chegaram para chorar e implorar a Jesus, apesar da repressão policial. "E também estavam ali algumas mulheres, olhando de longe. Entre elas, Maria de Magdala, Maria, mãe de Tiago, o Menor, e de Joset, e Salomé. Elas o seguiam e serviam enquanto esteve na Galileia. E ainda muitas outras que subiram com ele para Jerusalém" (Marcos, 15, 40-41). No final, é a Maria Madalena que ele apareceria pela primeira vez depois da morte. "Tendo ressuscitado na madrugada do primeiro dia da semana, ele apareceu primeiro a Maria de Magdala, de quem havia expulsado sete demônios" (Marcos, 16, 9). Claro, Jesus fez questão de não escolher seus discípulos entre as mulheres. Mas o amor que tinha em relação a algumas delas era igual ao amor que tinha em relação a certos amigos e discípulos – isso significa o amor que tinha em relação à humanidade inteira, homens, mulheres e crianças. A confiança que ele depositou nelas e o pé de igualdade ao qual ele as ergueu, o papel que as fez ter em sua história prodigiosa fazem com que esse detalhe seja bem insignificante.

Jesus não curava de maneira aleatória. Ele cumpria a profecia de Isaías (29, 18-20), como lembrou aos discípulos de João Batista que foram até ele para levantar-lhe a questão. Como Isaías previu, ele purificou os leprosos, fez os mancos andarem, evangelizou os pobres, ainda devolveu a visão aos cegos e fez os mortos se erguerem (Mateus, 11, 2-5). É isso que ele realizou com a cura de Bartimeu, que pedia esmola à saída de Jericó, na estrada de Jerusalém, para onde os peregrinos vão na Páscoa: ele cuspiu nos olhos de Bartimeu e colocou as mãos por cima, e Bartimeu, estupefato, enxergou. No caso do jovem cego de nascença a quem ele devolveu a visão nas ruas de Jerusalém (João, 9, 1-41), ele confeccionou um cataplasma de lama e de saliva, que colocou por cima das pálpebras dele, antes de mandá-lo lavar os olhos na piscina de Siloé para que enfim enxergasse pela primeira vez na vida. Em Betsaida, mais uma vez levaram um cego para Jesus (Marcos, 8, 22-26) para que fosse curado. Depois de cuspir-lhe saliva nos olhos e colocar as mãos sobre as suas pálpebras, Jesus fez com que ele visse. Com um surdo-mudo, ele soprou nas orelhas e sobre os lábios: *Effata*, "abre-te", e o surdo-mudo escutou e falou.

E, depois, há a ressurreição dos mortos. Os evangelistas mencionam três milagres dessa natureza realizados por Jesus.

Tanto Mateus e Marcos quanto Lucas relatam a ressurreição da neta de Jairo, de doze anos. A ressurreição do filho único da viúva de Naim não aparece em Lucas, e a de Lázaro só está em João. Nenhum outro milagre pode rivalizar com a ressurreição de um morto em termos de "maravilhoso" ou de "inacreditável". Por isso, a mentalidade e as crenças dos homens do século I a.C. não se ofuscavam com essa possibilidade. A ressurreição lhes parecia sem dúvida extraordinária, mas não impossível. Parecia possível que um bom homem dotado de certos poderes fosse capaz de trazer outro homem de volta à vida. O mundo greco-romano não estava isento de casos assim. Plínio, o Velho, Apuleu, Luciano e Filostato relatam casos de mortos que voltaram à vida. O Antigo Testamento menciona ações nesse sentido de Elias e de Eliseu. Elias ressuscita o filho de uma viúva:

> "Dá-me teu filho." Tomando-o dos braços dela, levou-o ao quarto de cima onde morava e colocou-o sobre seu leito. Depois clamou a Iahweh, dizendo: "Iahweh, meu Deus, até a viúva que me hospeda queres afligir, fazendo seu filho morrer?" Estendeu-se por três vezes sobre o menino e invocou Iahweh: "Iahweh, meu Deus, eu te peço, faze voltar a ele a alma deste menino!" Iahweh atendeu à súplica de Elias e a alma do menino voltou a ele e ele reviveu. (I Reis, 17, 19-24).

Uma outra ressurreição é narrada no segundo livro de Reis. Dessa vez, é Eliseu que traz um menino pequeno de volta à vida.

> Lá estava o menino morto e estendido sobre sua própria cama. Ele entrou, fechou a porta atrás deles dois e orou a Iahweh. Depois subiu à cama, deitou-se sobre o menino, pondo a boca sobre a dele, os olhos sobre os dele, as mãos sobre as dele, estendeu-se sobre ele e a carne do menino se aqueceu. Eliseu pôs-se a andar novamente de um lado para outro na casa, depois voltou a subir e se estendeu sobre ele: então o menino espirrou sobre ele e abriu os olhos. Eliseu chamou Giezi e disse-lhe: "Chama a sunamita". Chamou-a e, quando ela chegou perto de Eliseu, este lhe disse: "Toma teu filho". Ela

entrou, lançou-se a seus pés e prostrou-se por terra; depois tomou seu filho e saiu (2 Reis, 4, 32-37).

Enfim o último milagre, quando Eliseu estava morto e enterrado, o contato com seus ossos ressuscitou um morto que tinha sido colocado no mesmo túmulo (2 Reis, 13, 20-21). Jesus, como já vimos, deu poder a seus apóstolos para que curassem e ressuscitassem os mortos. Muito depois da crucificação, Pedro, a quem os discípulos foram chamar para que realizasse o milagre, ressuscitaria Tabita, "Dorcas". Para isso, colocou-se de joelhos na frente do leito da morta. Ele orou, depois ordenou à mulher: "Tabita, levanta-te!", como tinha visto e ouvido Jesus fazer. "Ela abriu os olhos e, vendo Pedro, sentou-se. Este, dando-lhe a mão, fê-la erguer-se. E chamando os santos, especialmente as viúvas, apresentou-a viva" (Atos 9, 40-41).

A partir desse relato, outros mortos retomaram a vida. Lucas (Atos, 20, 7-12) descreve quando Paulo salvou Êutico de uma queda mortal do terceiro andar. Bem mais tarde, o Talmude da Babilônia perpetuaria essa tradição, mesmo que a conotação do relato esteja mais para irrisória. Cabe a nós julgar: Rabá, muito embriagado durante a festa de Purim, mata o rabino Zera. No dia seguinte, horrorizado com a descoberta macabra do corpo do amigo, ele ora para devolvê-lo à vida, e consegue.

No que diz respeito às ressurreições operadas por Jesus, os exegetas reconhecem que os relatos dos evangelistas não tinham sido acrescentados posteriormente pela Igreja primitiva, mas que correspondiam a uma tradição muito anterior, sobre a qual todos fizeram trabalho de redação. Mais uma vez, a pesquisa dos exegetas não consistiu em estabelecer a realidade histórica da ressurreição, mas sim em certificar que os contemporâneos de Jesus acreditavam que ele tinha ressuscitado a neta de Jairo, o filho único da viúva de Naim e o irmão de Marta e Maria, Lázaro. Quando Jesus ressuscitou esses três, ficou evidente que não os livrou da morte para sempre por meio de qualquer promessa de vida eterna sobre a terra, como Deus tinha feito com Elias ao erguê-lo aos céus em uma carruagem de fogo. Ele se contentava em curá-los da doença que tinha sido fatal. Um dia, eles morreriam mais uma vez.

A Bíblia se interessa pouco pelo destino dos humanos depois da morte, imaginando que eles descem para uma região chamada *Sheol*, onde fazem uma jornada eterna e lúgubre. A partir do segundo templo, passam a ser mencionadas as ideias de imortalidade das almas, redenção messiânica e ressurreição. A doutrina da ressurreição, muito forte no judaísmo do século I, compartilhada por diversas seitas, pelos fariseus e pelos escribas, era fortemente contestada pelos saduceus. Para os primeiros, que defendem o Talmude, no fim dos tempos, o *olam ha-ba,* o mundo por vir, vai substituir o *olam ha-zeh,* o mundo aqui embaixo. Então, os justos seriam entronados no esplendor da presença de Deus. Ao ressuscitar seus três mortos, Jesus os enviava a *olam ha-zeh*. Mas quando ressuscitou a si mesmo, foi ao Céu, perto de Deus, assim como Elias, que ele subiu. As ressurreições operadas por Jesus, além do fato de realmente cumprirem a profecia de Elias, expuseram a fé imensa e obstinada de Jairo por um lado e de Marta e Maria por outro. A do filho da viúva de Naim revelou a compaixão de Jesus pelos oprimidos, e não havia nada pior naquele tempo do que a condição de viúva ou de órfão. A viúva de Naim, ao perder seu filho único depois do marido, sabe o abismo em que esse luto a faria mergulhar – fora a tristeza, ela ainda viveria desclassificada e na miséria. Jesus não esperou por um pedido de milagre, ele passou ao lado do cortejo fúnebre do menino. Ele não ignorava o que estava à espera da mulher. Ficou comovido e, de maneira espontânea, ressuscitou o menino.

A ressurreição do filho da viúva de Naim só é relatada por Lucas. Será que ele inventou o episódio? Acredita-se que Lucas o tenha inserido no decurso de seu relato, logo antes de João Batista questionar Jesus a respeito de sua identidade. Graças à ressurreição em Naim, Jesus tinha cumprido a profecia de Elias a tempo. Ele pode responder aos discípulos de Batista que, com ele, os surdos escutavam, os mancos caminhavam, os cegos enxergavam, os pobres eram evangelizados e os mortos ressuscitavam. Se o evangelista imaginou essa ressurreição, não a inventou completamente. Há um mesmo ato, realizado por Elias no livro de Reis, muito semelhante à ressurreição do filho de Naim. Tanto em um relato quanto no outro, duas mães lacrimosas são viúvas, enterram um filho único, os dois profetas as encontram por acaso nos portões da cidade – Elias em Sarepta, Jesus em Naim – e ambos ficam profundamente comovidos pela solidão e pela miséria das duas mulheres.

A ressurreição da neta de Jairo é narrada pelos três sinóticos. Quem é ele? Jairo, o chefe da sinagoga, correu para chamar Jesus porque sua neta morreu (segundo Mateus) ou estava prestes a morrer (de acordo com Marcos e Lucas). Quando Jesus chegou à casa de Jairo, a menina estava morta. A mãe e os empregados se lamentavam. "Não temas, crê somente, e ela será salva", Jesus preconiza. Apesar de todos darem risada e caçoarem, a confiança de Jairo não falha. "*Talítha kum*", o que significa: "Menina, eu te digo, levanta-te", Jesus vocifera. "No mesmo instante, a menina se levantou" (Mateus 9, 18-26; Marcos 5, 21-43; Lucas 8, 40-56). Já vimos como, no ensinamento de Jesus, o princípio da fé era importante. Apenas a fé permitiria a chegada do Reino de Deus. A fé e a fidelidade – a origem latina *fides* é a mesma para as duas palavras, mais fortes do que a morte. Para isso, de acordo com o texto de João, Jesus anunciou: "Eu sou a ressurreição".

A ressurreição de Lázaro é de elucidação bem mais complexa, como sempre ocorre com João, o único evangelista que relata esse milagre (João, 11, 1-45). Em primeiro lugar, porque o evangelista colocou esse relato como o último "sinal" de Jesus em sua pregação pública. Em segundo, porque a demonstração teológica tece toda a trama do relato, em vez de esclarecê-la posteriormente, método que João costuma empregar. Nele, Jesus deu a vida, a própria vida de Deus. O que aconteceu? Lázaro era um homem rico, tido em grande consideração. Também era amigo de Jesus. Desde que começara suas pregações na Judeia, Jesus com frequência passava na casa dele e de suas duas irmãs, Marta e Maria. O lar dele ficava na Betânia, uma cidadezinha bonita escondida sob a exuberância das figueiras, dos loureiros e das palmeiras, a cerca de dez quilômetros de Jerusalém, em um recôncavo do lado leste do monte das Oliveiras. Lázaro e suas irmãs contribuíam financeiramente para a subsistência de Jesus e de seus discípulos. Quando Lázaro caiu doente, as duas irmãs mandaram um criado chamar Jesus. "Senhor, aquele que amas está doente." Logo de início Jesus já sabia o que ia acontecer, o milagre que ele iria realizar – porque Lázaro ia morrer, Lázaro devia morrer – glorificaria o filho de Deus. Em vez de correr para a cabeceira do amigo, e apesar de amar Marta e Maria, ele não se deslocou do lugar onde estava. Ficou longe durante dois dias. Deixou a doença cumprir seu curso. Depois, finalmente, Jesus anunciou aos discípulos: "Nosso amigo Lázaro dorme, mas vou despertá-lo". Como sempre, eles não compreenderam o sentido mais profundo de suas palavras. Então ele lhes disse com toda a clareza: "Lázaro morreu. Por vossa causa, alegro-me de não ter estado lá, para que creiais. Mas vamos para junto dele!" (João, 11, 14-15). Quando Jesus e os discípulos finalmente chegaram a Betânia, Lázaro estava enterrado havia quatro dias. Marta tomou a dianteira e se lamentou: "Senhor, se estivesses aqui, meu irmão não teria morrido" (João, 11, 21). Mas a morte de Lázaro não tinha sido suficiente para apagar a fé que ela tinha em Jesus. Confrontada com a fatalidade, ela não perdeu nem a esperança nem a confiança. "Mas agora sei que tudo o que pedires a Deus, ele te concederá" (João, 11, 22), ela afirmou. E Jesus assentiu: "Teu irmão ressuscitará" (João, 11, 23).

A isso se segue um diálogo de alto teor simbólico e teológico, como é do feitio de João. Em algumas respostas, a missão de Jesus, o sentido da vida e da morte por vir são revelados, assim como sua identidade. Escutemos o diálogo entre Jesus e Marta, fervorosa de fé, aquela que se apressou para ir ao encontro de seu Senhor: "Disse-lhe Jesus: 'Eu sou a ressurreição. Quem crê em mim, ainda que morra, viverá. E quem vive e crê em mim jamais morrerá. Crês nisso?' Disse ela: 'Sim, Senhor, eu creio que tu és o Cristo, o Filho de Deus que vem ao mundo'." (João, 11, 25-27). Marta foi então chamar a irmã e, juntas, elas seguiram a multidão que havia vindo de Jerusalém para consolá-las da morte de Lázaro, e todos foram até o túmulo. Jesus, diante da perturbação de Maria, chorou. "Comoveu-se de novo Jesus e dirigiu-se ao sepulcro. Era uma gruta, com uma pedra sobreposta. Disse Jesus: 'Retirai a pedra!'" (João, 11, 38-39).

Mas, perante a iminência do fato inacreditável, Marta, a tão fiel Marta, abalou-se. Ela tremeu:

> Marta, a irmã do morto, disse-lhe: "Senhor, já cheira mal: é o quarto dia!" Disse-lhe Jesus: "Não te disse que, se creres, verás a glória de Deus?" Retiraram, então, a pedra. Jesus ergueu os olhos para o alto e disse: "Pai, dou-te graça porque me ouviste. Eu sabia que sempre me ouves; mas digo isso por causa da multidão que me rodeia, para que creiam que me enviaste". Tendo dito isso, gritou em alta voz: "Lázaro, vem para fora!" O morto saiu, com os pés e mãos enfaixados e com o rosto recoberto com um sudário. Jesus lhes disse: "Desatai-o e deixai-o ir" (João, 11, 39-44).

Há uma inversão estranha nesse relato, porque Jesus parece precisar da fé daqueles que o rodeiam para realizar seu milagre. Se não, por que perguntaria a Marta com tanta insistência: "Crês nisso?". E por que deu graças a seu pai em voz alta para que, como ele mesmo explicou, a multidão que o rodeava escutasse, e para que "creiam que me enviaste" (João, 11, 42), se dali a alguns minutos, alguns segundos, Marta, Maria e a multidão não poderiam fazer nada além de acreditar, já que veriam Lázaro sair do túmulo?

Jesus acabava de dar uma resposta à questão da Ressurreição e da vida eterna, que era a base de todo o questionamento religioso da época. Quem confiasse nele viveria, mesmo que estivesse morto. Ele é a Ressurreição, a vida eterna. Claro que discorrer sobre essas pregações pertence ao domínio da teologia ou da filosofia. A trama altamente espiritual com que João teceu sua narrativa proíbe qualquer intromissão da historicidade. Com efeito, diversos exegetas questionaram o fato de essa ressurreição, a mais extraordinária das três, não ter sido relatada pelos outros evangelistas. Alguns argumentam que Pedro e Mateus estariam ausentes no dia em que ela ocorreu, e por isso não relatariam a informação. João, é verdade, menciona apenas Tomé no local do milagre, no meio de discípulos anônimos. Outros apresentam a hipótese de que Lázaro, ameaçado de morte como "cúmplice" de Jesus nessa ressurreição, teria sido retirado do relato de propósito pelos sinóticos. Eles temiam que ele recebesse represálias de Roma ou do templo. Os sinóticos explicam que o fato desencadeador da condenação de Jesus foi o ataque virulento no templo, de onde ele expulsou os vendedores e cambistas. Já João expõe a ressurreição de Lázaro como o elemento que o levou à morte. João coloca o episódio da purificação e da controvérsia logo no começo da pregação de Jesus, quando ele passa sua primeira Páscoa em Jerusalém.

De acordo com João, foi com a ressurreição de Lázaro que Jesus desencadeou a engrenagem inelutável que o levaria ao Sinédrio e depois à Cruz. O pavor que os doutores da Lei e os sacerdotes experimentaram perante esse "sinal" fez com que tomassem a decisão de acabar com Jesus:

> Então, os chefes dos sacerdotes e os fariseus reuniram o Conselho e disseram: "Que faremos? Esse homem realiza muitos sinais. Se o deixarmos assim, todos crerão nele e os romanos virão, destruindo o nosso lugar santo e a nação". Um deles, porém, Caifás, que era Sumo Sacerdote naquele ano, disse-lhes: "Vós nada entendeis. Não compreendeis que é do vosso interesse que um só homem morra pelo povo e não pereça a nação toda?". Não dizia isso por si mesmo, mas, sendo Sumo Sacerdote naquele ano, profetizou que Jesus morreria pela nação – e não só pela nação, mas também para congregar na unidade todos os filhos de Deus dispersos. Então, a partir desse dia, resolveram matá-lo (João, 11, 47-53).

A ressurreição de Lázaro tem uma finalidade que ultrapassa enormemente seu simples retorno à vida: ela manifesta a glória de Deus, sua força perante a obra, ao mesmo tempo em que serve de prelúdio à outra ressurreição, aquela em que Jesus viverá para entrar na vida eterna, a única que traz a vida de verdade e a luz de verdade – de acordo com as próprias palavras de Jesus a Marta. Esse prodígio, assim como os outros, não é apresentado como prova de seu próprio poder, mas como sinal da imensa misericórdia divina. É a misericórdia divina que permite de fato os milagres chamados "da natureza", e eles mesmos pressagiam a grande divisão da abundância de seus frutos no banquete que reunirá todos os justos na glória do Pai. No caso desses milagres, a fé é sempre a fundação do sinal prodigioso. Assim, no episódio da pesca milagrosa, Simão Pedro respondeu que não havia mais peixes quando Jesus lhe pediu que fosse lançar as redes. Ele tinha toda a autoridade de se recusar a voltar ao lago. A pesca era sua profissão. Ele a praticava havia vários anos. E tinha passado a noite inteira pescando, sem pegar nada. Onde já se viu dizer que era possível pegar peixes de dia? "Mas, porque mandas, lançarei as redes" (Lucas, 5, 1-11), ele disse a Jesus e retornou ao barco. De fato, Simão Pedro e seus homens pescaram tantos peixes que o barco quase afundou. Como ele teve fé em Jesus, apesar das razões objetivas para duvidar dele, Simão Pedro capturou mais peixes em uma saída do que em um ano. Por causa dessa confiança, Jesus o transformou em pescador de homens. De maneira inversa, alguns meses mais tarde, pouco depois do episódio da multiplicação dos pães, quando Pedro viu Jesus caminhar sobre a água bem no meio do lago de Tiberíades, ele acreditou estar vendo um fantasma.* Então pediu a Jesus que o fizesse caminhar sobre as ondas por sua vez, para ter certeza de que não tinha sido vítima de miragem, coisa de que ele e todos os discípulos desconfiavam. Durante um tempo, Pedro caminhou assim, mas o medo tomou conta dele, a fé

---

* O "sinal" do poder de Jesus caminhando sobre as águas descrito por Marcos (6, 45-52), Mateus (14, 22-23) e João (6, 16-21) tem diversas ligações com o Antigo Testamento. Em primeiro lugar, na mitologia do Oriente Próximo, o mar é descrito como o caos, a destruição, o território da morte, contra o qual os elementos criadores se debatem. No texto do livro de Jó, o Deus criador "caminha sobre o dorso do mar" (Jó, 9, 8). Essa passagem demonstra os poderes ilimitados de Deus sobre a natureza (Jó, 38, 1-11).

o abandonou e ele quase se afogou. "Jesus estendeu a mão prontamente e o segurou, repreendendo-o: 'Homem fraco na fé, por que duvidaste?'" (Mateus, 14, 26-31).

No decurso desse episódio, como quando acalmou a tempestade, Jesus dominou os elementos naturais. O mar e o vento, que ele domou, obedeceram-lhe (Marcos, 4, 39-41).* Posteriormente, ele secaria uma figueira que não rendeu os frutos que ele esperava (Mateus, 21, 18-20). Ou, ainda, colocaria a moeda para pagar o imposto do templo na barriga de um peixe que se deixaria pegar pelo anzol de Simão Pedro.

Enfim, se acompanharmos os quatro Evangelhos, Jesus multiplicava pães à vontade**, como João havia feito água virar vinho, mesmo sem que Jesus transformasse um elemento no outro. Frente a uma multidão de cinco mil homens que tinham passado o dia inteiro escutando suas pregações, Jesus pediu a seus discípulos que lhe dessem os cinco pães e os dois peixes destinados ao jantar deles: "Tomando os cinco pães e os dois peixes elevou ele os olhos ao céu, abençoou, partiu os pães e deu-os aos discípulos para que lhos distribuíssem. E repartiu também os dois peixes entre todos. Todos comeram e ficaram saciados. E ainda recolheram doze cestos cheios dos pedaços de pão e de peixes" (Marcos 6, 41-44). Aqui, o

---

* O milagre da tempestade acalmada só pode ser compreendido à luz do Antigo Testamento. Por um lado, faz referência ao poder de Iahweh sobre o mar, à origem do caos. Por outro, ao episódio do naufrágio de Jonas, revelado pelo capitão de um navio em apuros, bem no meio da tempestade. Fica subentendido que Jesus atravessou com frequência o lago de Tiberíades, de barco, com seus discípulos. O lugar era conhecido por suas tempestades bruscas e suas rajadas de vento imprevisíveis. Ninguém é capaz de atestar, sem contestação, que Jesus de fato tivesse acalmado os elementos naturais.

** Esse milagre é o único narrado nos quatro Evangelhos, e o único relatado de duas formas diferentes por Marcos e Mateus. A historicidade dessa narrativa com frequência é fortemente questionada pelos exegetas por duas razões: a semelhança extrema com o dom de alimentar de Eliseu, descrito no segundo livro de Reis (4, 42-44), e também pelo discurso de Jesus no momento da partilha, retomado pela Igreja primitiva no momento da eucaristia. Esse milagre seria, portanto, um acréscimo da última. Os historiadores acreditam que a partilha de alimento sem dúvida se deu, mas entre a multidão que estava lá para escutar Jesus, sendo que os ricos ofereceram metade de suas provisões aos necessitados.

símbolo é evidente: ao repartir cinco pães, Jesus alimentou cinco mil homens. Marcos introduz o leitor ao alcance altamente teológico do banquete aberto às multidões, aos doze discípulos que vão distribuir o verdadeiro alimento, aquele que sacia, aos homens. Porque, em nenhum lugar, é dito o que saciou os homens: a palavra de Jesus transformada em pão ou o verdadeiro pão que Jesus multiplicou sem esforço, sem encantamento, sem fórmula específica – e que, por isso mesmo, significa a abundância da doação que ele produz. Albert Schweitzer, autor de *A busca do Jesus histórico*, acredita que Jesus se contentou em distribuir um pedacinho de pão a cada um, como aperitivo do banquete celeste que o Reino ofereceria a todos os justos, em "sacramento de redenção". Quando é mencionada pela segunda vez nos Evangelhos de Marcos e de Mateus, a multiplicação dos pães muda de ares. Jesus já não estava mais rodeado de judeus. Encontrava-se na região de Tiro e Sidônia, terras das nações ímpias, e foi para seus homens, dessa vez quatro mil, que ele repetiu os gestos da futura eucaristia. Tanto um acontecimento quanto o outro, na Judeia ou em Tiro, lembram sem nenhuma ambiguidade o maná que Iahweh enviou aos hebreus esfomeados no meio do deserto durante o Êxodo. Jesus, a esse propósito, lembra às multidões que não foi Moisés que providenciou o maná, mas sim Deus. E com esses ditos, ele prefigura a última refeição que compartilhará com os discípulos antes da morte.

Nos milagres operados por Jesus, existe sempre essa relação de fé e de amor entre o receptor do milagre e Jesus: "Um leproso foi até ele, implorando-lhe de joelhos: 'Se queres, tens o poder de purificar-me'." (Marcos, 1, 40). Essa ligação comprova o carisma excepcional do Nazareno e o poder que sua palavra exercia sobre cada pessoa e sobre as multidões. Ao mesmo tempo, seus milagres nunca tinham por objetivo deslumbrar os homens – aquilo que Satanás lhe oferecera no deserto quando disse que ele seria capaz de se jogar do alto do templo sem se machucar com a queda. Seu único motivo era desvelar o Reino de Deus.

A tentação de Satanás, os fariseus e os saduceus a reiteram. Eles colocaram a fé de Jesus à prova: "Pediram-lhe, para pô-lo à prova, que lhes mostrasse um sinal vindo do céu. Mas Jesus lhes respondeu: 'Ao entardecer, dizeis: Vai fazer bom tempo, porque o céu está avermelhado; e de manhã: Hoje teremos tempestade, porque o céu está de um vermelho sombrio. O aspecto do céu, sabeis interpretar, mas os sinais dos tempos, não sois capazes! Geração má e adúltera! Reclama um sinal e de sinal não lhe será dado senão o sinal de Jonas'. E, deixando-os, foi-se embora" (Mateus, 16, 1-4).

A resposta de Jesus estava clara: os sinais são inúteis para aqueles que são incapazes de enxergar a verdade. O único sinal é aquele que Deus enviou a Jonas. Jonas que lhe desobedeceu e, em vez de ir pregar e converter Nínive, pagã que ele odeia, preferiu fugir em um barco. Então Deus provocou uma tempestade da qual Jonas acha que escapou porque orou ao Senhor, mas sem se arrepender. É assim que ele foi lançado ao mar e engolido por uma baleia.

"E eu vos digo..."

Entre um ano e meio e três anos. Esse é o período que todos os historiadores consideram para avaliar a duração da vida pública de Jesus, com preferência para o intervalo mais longo indicado por João. Os Evangelhos de Mateus, Marcos e Lucas, por sua parte, concordam em agrupar a pregação de Jesus em um período mais curto: um ano e meio. E, tirando o início no Jordão com João, e o fim na Cruz, em Jerusalém, nenhum outro elemento cronológico permite a reconstrução da pregação pública de Jesus.* Para embasar o relato do que Jesus fez ou disse, cada evangelista construiu um quadro cronológico. Eis aqui o mais provável, elaborado por João, em linhas gerais.

No ano 28 d.C. – com idade de cerca de trinta anos – Jesus comparece ao casamento em Caná. Depois, vai com seus discípulos para Betsaida, na margem oposta do mar da Galileia. Viaja até Jerusalém, a cerca de trezentos quilômetros em linha reta, para comemorar a Páscoa. Lá, expulsa os vendedores do templo e conversa com o rico Nicomedes, um sacerdote do Sinédrio. Depois da festa, ele retorna à Galileia pelo caminho mais curto, que os judeus mais respeitadores da Lei nunca tomam; ele atravessa a Samaria e revela sua identidade à samaritana – ele é o Messias. Ao retornar à Galileia, ele prega, cura, ensina. Estabelece seu acampamento-base na casa de Simão Pedro e, a partir de Cafarnaum, desloca-se de cidade em cidade: Corazim, Tiberíades, Séforis. Ele passa a maior

---

* Os quadros cronológicos, da maneira como são encontrados nos Evangelhos sinóticos ou no de João são perfeitamente arbitrários, puras criações dos evangelistas. A tradição oral da Igreja primitiva apresentava os ditos de Jesus tomados de maneira individual, e às vezes em coleções de discursos reunidos em torno de determinados temas. A estrutura que seu exame crítico exige não é capaz de explicar uma evolução psicológica de Jesus. Nenhuma das hipóteses elaboradas pelos historiadores tem fundamento histórico – não há indícios de que o próprio Jesus tivesse descoberto de maneira progressiva sua natureza divina e, portanto, seus poderes de exorcismo e de taumaturgia. Nenhum tipo de reconstituição histórica pode ser considerado com seriedade.

parte de suas pregações públicas na Galileia, com exceção de breves incursões à Cesareia, a Tiro e à Fenícia, ou a Jerusalém para a comemoração da Páscoa. Foi a época do Sermão das Bem-Aventuranças, da pesca milagrosa, da cura do servo do centurião, da ressurreição do filho da viúva de Naim. Jesus atravessava com frequência o lago de Tiberíades. Ele acalmou a tempestade, expulsou os demônios em Gadara, retornou a Cafarnaum. Na volta, curou a mulher com hemorragia e ressuscitou a neta de Jairo. Em uma colina à margem do lago, pregou a uma multidão de cinco mil pessoas e multiplicou os pães. Teve uma discussão tão violenta com os fariseus que considerou mais prudente se refugiar durante um tempo na Fenícia; mais uma vez multiplicou pães e voltou à Judeia. Na Cesareia, ele se transfigurou. No outono do ano 30, trocou definitivamente a Galileia pela Judeia. Viajou a Jerusalém para assistir à festa dos Tabernáculos, perdoou a mulher adúltera, escolheu 72 discípulos entre aqueles que o seguiam para ajudar os apóstolos. Instalou-se na casa de Marta e Maria. Uma mulher lhe ungiu os pés. Ele ressuscitou Lázaro e, por fim, entrou triunfante em Jerusalém para sua última Páscoa.

Graças às recomendações que dá aos Doze quando os envia para pregar por toda a Palestina, é possível imaginar a maneira como Jesus viveu. Ele viajava a maior parte do tempo. Ele escolheu essa vida nômade, como tinham feito os filhos de Abraão antes dele ao se dirigirem ao horizonte de uma nova Terra Prometida; em espírito, ele permaneceu sempre como uma alma estrangeira e viajante nos lugares que visitava. Quando estava em missão, com frequência dormia ao ar livre. Uma pedra lhe bastava como travesseiro. No inverno, pedia abrigo nos vilarejos. Quando atravessava os portões de um burgo, pedia informações sobre a família mais digna em bondade para se acomodar sob seu teto; frequentava a casa dos pobres, os bairros dos párias e dos rejeitados.

Com muita rapidez, conquistou discípulos espalhados por todos os lugares, e, quando não o seguiam, abriam as portas de casa a ele e a seus companheiros. Ele não se preocupava com nada. Judas Iscariotes cuidava dos fundos e administrava o dinheiro. As mulheres que o rodeavam se encarregavam da roupa e de servi-los. Ele fazia muitas preces e com frequência se levantava ao nascer do sol e partia, na ponta dos pés, para longe da cidade, para se recolher, enquanto todo mundo ainda estava dormindo. Adorava ver o sol nascer no horizonte. Adorava conversar com Deus na intimidade do céu. Com frequência, seus anfitriões ou os apóstolos temiam que ele fosse embora de vez, e saíam por todos os lados à sua procura. Ele ensinou a seus discípulos a maneira com que fazia suas preces, Abba, "Pai querido". Ele era inspirador e tudo o inspirava – uma criança, uma flor, um pássaro. Era capaz de passar noites inteiras sozinho. Quando retornou ao barco de seus discípulos no meio do lago de Tiberíades, depois da multiplicação dos pães, fazia quatro noites que estava rezando na montanha, sem ninguém a seu redor para interromper suas homilias. As paisagens das montanhas eram suas preferidas, principalmente as das terras altas da Palestina, com escarpas gigantescas, onde a ardência do sol fazia as pedras racharem. Talvez elas fossem parecidas com ele. Era sempre a montanha que ele escolhia para pronunciar suas palavras decisivas, ou para discutir seus maiores mistérios com os discípulos. Ele caminhava muito e adorava ir ao encontro do próximo. Adorava a partilha e os momentos de compartilhar. O da refeição lhe parecia essencial, em que todos os alimentos são doados. O pão, o vinho e a palavra.

A palavra era aquilo que Jesus tinha de mais suave e de mais persuasivo, com toda a certeza. O rabi Jesus, assim como os profetas hebreus que o precederam, utilizava a técnica do *mâshâl** para ensinar. *Mâshâl*, em hebraico, significa "parábola", ou uma comparação, uma analogia na qual um dos termos é uma realidade sensível, que pode ser experimentada,

---

* No plural, essa palavra designa os Provérbios, que é um livro do Antigo Testamento. A introdução da *Bible de Jérusalem* (Paris: Cerf, 1998) apresenta a seguinte explicação: "O *mâshâl* é, com mais exatidão, uma fórmula chamativa que prende a atenção, um ditado popular ou uma máxima. As coleções antigas de provérbios só contêm frases curtas. Depois, o *mâshâl* se desenvolve. Ele se transforma em parábola ou alegoria, discurso e raciocínio".

oferecida a todos, apresentada no âmbito de uma experiência comunal; e o outro é uma realidade espiritual que deve ser conhecida. Para ensinar coisas espirituais, coisas místicas, as leis do Reino de Deus em formação e, portanto, a criação de uma nova humanidade, santa e impregnada pela vida divina, Jesus partia das experiências da vida cotidiana. Para chegar ao que é espiritual e místico, ele partia daquilo que era concreto e sensível. E quando Jesus utilizava as realidades sensíveis nos fatos da vida cotidiana para ensinar os mistérios, os segredos que eram comunicados boca a boca sobre a gênese do "reino de Deus", quer dizer, sobre a humanidade divinizada, ele se apoiava sobre uma analogia entre a criação presente, obra da palavra criadora e incriada de Deus, e a criação que estava por vir, aquela que se faria por meio da própria palavra. Para entender bem o alcance desse tipo de ensinamento, é necessário lembrar-se de como aquilo que é sensível traz substância inteligível no pensamento hebraico. Quanta coisa o ato de dar nome suscita. Com efeito, a primeira criação, a da natureza, é obra da Palavra de Deus. "No começo, era o Verbo." A palavra de Jesus, quando ele pregava por meio de parábolas, tornava-se o elo entre a realidade sensível e a realidade espiritual, ela mesma criada por sua Palavra. E suas palavras simples, as parábolas luminosas escolhidas por Jesus, transformavam seus ensinamentos tão ricos e complexos em linguagem universal. Segundo Mateus: "Jesus falou tudo isso às multidões por parábolas. E sem parábolas nada lhes falava, para que se cumprisse o que foi dito pelo profeta: 'Abrirei a boca em parábolas*; proclamarei coisas ocultas desde a fundação do mundo'." (13, 34-35). Aliás, os momentos em que Jesus tentou se fazer ouvir por meio de parábolas eram sempre momentos decisivos. E o próprio Jesus explicou essa escolha. "Aproximando-se, os discípulos perguntaram: 'Por que lhes falas em parábolas?' Jesus respondeu: 'Porque a vós foi dado conhecer os mistérios do Reino dos Céus, mas a eles não. (...)

---

* Consulte, no Antigo Testamento, o Salmo 78: "Povo meu, escuta minha lei, dá ouvidos às palavras de minha boca. Abrirei minha boca numa parábola, exporei enigmas do passado".

É por isso que lhes falo em parábolas, porque veem sem ver e ouvem sem ouvir nem entender'." (Mateus, 13, 10-11; 13). O que teria acontecido para que os discípulos questionassem Jesus? Cedo pela manhã, Jesus tinha saído da casa de Simão Pedro. Como gostava de fazer, acomodou-se à beira-mar. Com muita rapidez, as pessoas foram a seu encontro. Formaram um círculo ao redor dele, escutaram-no. Havia uma multidão. As pessoas eram tão numerosas que ele se afastou um pouco delas, como fazia com frequência. Ele subiu em um barco enquanto a plateia permaneceu na praia.

> E disse-lhes muitas coisas em parábolas. Ele dizia: "Eis que o semeador saiu para semear. E, ao semear, uma parte da semente caiu à beira do caminho e as aves vieram e a comeram. Outra parte caiu em lugares pedregosos, onde não havia muita terra. Logo brotou, porque a terra era pouco profunda. Mas ao surgir o sol, queimou-se e, por não ter raiz, secou. Outra ainda caiu entre os espinhos. Os espinhos cresceram e a abafaram. Outra parte, finalmente, caiu em terra boa e produziu fruto, uma cem, outra sessenta e outra trinta. Quem tem ouvidos, ouça!" (Mateus, 13, 3-9).

Quem entre as pessoas que o escutavam não seria capaz de compreender o que ele dizia? Eram pessoas simples que iam até ele. Pessoas que trabalhavam na terra ou que dependiam daqueles que nela trabalhavam. Elas conheciam as exigências e os cuidados com a semeadura, da qual dependiam para passar o ano todo sem sofrer muito. Depois, para o caso de seus discípulos não terem entendido bem o sentido da parábola, Jesus explicou:

> Alguém ouve a palavra do Reino e não a entende*; vem o Maligno e arrebata o que foi semeado no seu coração. Esse é o que foi semeado à beira do caminho. O que foi semeado em lugares pedregosos, é aquele que ouve a Palavra e a recebe

---

* Aqui, a questão é sobre "a palavra do Reino" (em grego: *ton logon tés basiléias*). Tudo se dá entre *parabolé* e *logos*. A fé consiste em fornecer a *fórmula* (o *logos*) do Reino: quer dizer, o Reino está aqui. O *logos* do Reino é a mensagem crística por excelência, cuja formulação clássica é: "O Reino está próximo".

imediatamente com alegria, mas não tem raiz em si mesmo, é de momento: quando surge uma tribulação ou uma perseguição por causa da Palavra, logo sucumbe. O que foi semeado entre os espinhos é aquele que ouve a Palavra, mas os cuidados do mundo e a sedução da riqueza sufocam a Palavra e ela se torna infrutífera. O que foi semeado em terra boa é aquele que ouve a Palavra e a entende. Esse dá fruto, produzindo à razão de cem, de sessenta e de trinta (Mateus, 13, 19-23).

Aliás, para fazer com que as multidões compreendessem bem seu anúncio essencial, para que todos entendessem a chegada do Reino, Jesus tinha um vasto repertório de parábolas. Há a do joio e do trigo: se uma pessoa maldosa mistura os dois, eles serão separados no dia da moagem – entendamos, no dia no Julgamento Final. O menor grão de todos, o de mostarda, do qual não se espera muita coisa, dará origem, no entanto, à mais bela árvore, na qual os pássaros do céu farão seus ninhos: é o grão do Reino; semeado, ele vai prosperar. E, ainda, o Reino é semelhante ao fermento que uma mulher colocou na farinha e que faz os pães crescerem.

Havia diversas alusões aos textos do Antigo Testamento nas parábolas de Jesus. Os pássaros que fazem ninho na árvore de mostarda lembram a estrofe do livro de Daniel (4, 9) que proclama que "o Altíssimo é quem domina sobre o reino dos homens: ele o concede a quem lhe apraz e pode a ele exaltar o mais humilde entre os homens" (Dn 4, 14), ou os versículos de Ezequiel (17, 23; 31, 6) sobre os pássaros do céu.

Nesse ponto, Jesus operou uma verdadeira revolução. Nas sinagogas, a palavra que era dita pelos escribas era um comentário dos profetas, de certa maneira era um espelho da Torá. Jesus inverte essa relação. Não eram mais os textos que suscitavam a palavra, mas a palavra que suscitava o texto. Essa inversão era espantosa porque libertava a palavra. Até então, o escriba se apagava perante a palavra que anunciava, e atribuía toda a autoridade à tradição e à Torá. No caso de Jesus (e, antes dele, de João Batista), "aquilo que é dito se transforma em palavra do Evangelho – antes do texto, pode-se dizer. O enunciador se torna mestre. Aqueles que se encontram no que ele diz se tornam seus discípulos. A partir de então, compreende-se que essa proclamação, independentemente dos movimentos populares que suscita e dos problemas que possa provocar, passa a ser considerada como contestação radical das instituições sociais, políticas ou religiosas. Sob ordens de Herodes, João é preso, encarcerado na fortaleza de Maqueronte e executado[1]". Por ordens de Caifás e Pôncio Pilatos, Jesus seria detido e crucificado. Mas era necessário ouvir as parábolas de Jesus com atenção, e compreendê-las ainda melhor. Ao contrário daquilo em que algumas pessoas quiseram transformar o Cristo, um contestador devastador determinado a fazer tudo voar pelos ares para fundar uma nova religião, Jesus permaneceu fiel à Torá: ao invocá-la, ele exortava os homens a se arrependerem e a se converterem para se conformar às exigências radicais da religião judaica – seu ideal de santidade. Mas ele se recusava a permitir que a palavra viva se consumisse no texto. Nas sinagogas, aprendia-se de cor, o corpo vivo vivificava a palavra. A linguagem é viva, não pode ser fixada a ponto de fechar a palavra que está por vir. A lei escrita não pode ser um muro que fecha o caminho, mas sim uma pedra que sinaliza a estrada sempre aberta. As pessoas se surpreendem com o fato de Jesus não ter escrito nada; no entanto, seria realmente fora do comum se ele tivesse escrito qualquer coisa.

Jesus falava e esse era seu poder. A mensagem não era uma parábola, a mensagem era Jesus: "Eu sou o Caminho, a Verdade e a Vida. Ninguém vem ao Pai a não ser por mim" (João, 14, 6). A parábola era a palavra de Jesus, que desejava ser escutado. A mensagem era ininteligível àqueles que não tinham fé. E é precisamente por causa desse caráter ininteligível enraizado que ele necessitava de parábolas. Assim, cada uma delas foi avaliada com antecedência em relação a seu alcance possível junto àqueles a quem se dirigia. A partir disso, o significado completo da parábola se delineava, com o intuito de ser a própria revelação daquilo que nos rodeia, daquilo que nos ameaça, daquilo que nos encanta, daquilo que nos faz viver e morrer, de acordo com o espírito daquele que diz: "Eu te louvo, ó Pai, Senhor do céu e da terra, porque ocultaste estas coisas aos sábios e doutores e as revelaste aos pequeninos. Sim, Pai, porque assim foi do teu agrado" (Mateus, 11, 25).

Em poucos meses, Jesus se transformou em mais do que um pregador, passou a ser reconhecido como rabi, como mestre, título imbuído do respeito que confere autoridade; a mesma que ele adquiriu pela força de suas palavras e de seus prodígios. Começaram a surgir rumores de que também fosse profeta, quem sabe o maior de todos, Elias descido do céu. Em outras palavras, ele não seria um novo profeta, nem um profeta a mais, mas sim aquele que cumpriria as previsões dos profetas anteriores. (Mateus, 13, 16-17; Lucas, 10, 23-24): "Mas felizes os vossos olhos, porque veem, e os vossos ouvidos, porque ouvem. Em verdade vos digo que muitos profetas e justos desejaram ver o que vedes e não viram, e ouvir o que ouvis e não ouviram".

Diziam também que ele era um grande taumaturgo, que realizava sinais poderosos e que libertava os possuídos pelo demônio. Quatro, cinco mil pessoas atravessavam as províncias, claro, para levar-lhe seus doentes, mas também para escutá-lo. O que ele pregava? A chegada do Reino de Deus, como já vimos. Mas o que será que trazia de tão novo, de tão alegre, de tão primaveril em suas pregações que lhe valeu tal envolvimento popular e o fato de que pais de família e mulheres ricas largavam tudo para seguir seus passos e se colocar a seu serviço? Logo de início, para a grande surpresa dos doutores da Lei que vão escutá-lo, os escribas e os fariseus, Jesus não se interessava nem um pouco pelas reformas políticas e sociais da Palestina. Por que deveria se interessar? Ele não tinha vindo para reformar o mundo. Ele veio para anunciar seu fim. Mas, então, sua palavra não se encaixava verdadeiramente na tradição profética: antes de Jesus, todos, inclusive João Batista, denunciavam os males sociais e políticos de seu tempo. Suas profecias se baseavam nisso. O que todos esses profetas diziam em seus sermões, como uma cantilena? Os Josués, Isaías, Jeremias, Ezequiéis, Oseias, Amós, Esdras e Daniéis? Em todos os salmos, em todos os versículos, eles denunciavam os reis e os sacerdotes que tinham se afastado do caminho que o Rei verdadeiramente justo, o rei de Israel e da Aliança, exigia que eles tomassem. Acusavam a má conduta dos monarcas que não defendiam nem a viúva nem o órfão. João Batista discorria abertamente, em suas pregações, sobre a má conduta notória e escandalosa de Herodes, que realizava comércio vergonhoso com as nações mas, acima de tudo, tinha se casado com a cunhada e cometido incesto. Jesus nunca condenava as condições econômicas que deixavam esfomeados os pobres e desfavorecidos, nem a escravidão que causava tantos estragos, nem a insuportável dominação romana na Judeia, como tinham feito Jeremias, Isaías e Oseias.

Em seus ensinamentos, não havia menção, em nenhum segundo, em nenhuma frase, em nenhuma palavra, de poder político ou de reivindicação. Ao contrário. "Dai, pois, o que é de César a César, e o que é de Deus, a Deus" (Mateus, 22, 21). Deus não pode tomar como sede o palácio do príncipe. A restauração monárquica não entrava em seu programa, nem qualquer viés nacionalista. Mais do que a revolta, Jesus ensinava a pobreza. "Felizes os pobres no espírito, porque deles é o Reino dos Céus" (Mateus, 5, 3). Felizes porque eles não são os opressores. E, também, porque eles têm o coração livre e as riquezas são obstáculo à verdade. "Não ajunteis para vós tesouros na terra, onde a traça e o caruncho os corroem e onde os ladrões arrombam e roubam, mas ajuntai para vós tesouros no céu, onde nem a traça, nem o caruncho corroem e onde os ladrões não arrombam nem roubam; pois onde está teu tesouro aí estará também teu coração*" (Mateus, 6, 19). O acúmulo de riquezas ocupa todo o coração, que deixa de se voltar a Deus; o poder que elas carregam é artificial e se esvai em fumaça: "Que aproveita ao homem ganhar o mundo

---

* O coração é, para os judeus do século I, o centro da memória, da inteligência e da vontade.

inteiro, se se perder ou arruinar a si mesmo?" (Lucas, 9, 25). De que adianta se aproximar do Reino de Deus quando não se é capaz de distribuir todos os seus bens para ali entrar? Nem de renunciar a esse tipo de idolatria? "Precavei-vos cuidadosamente de qualquer cupidez, pois, mesmo na abundância, a vida do homem não é assegurada por seus bens" (Lucas, 12, 15). Esta é a parábola do jovem rico, que Jesus ama e que ama Jesus, e observa com rigor todos os mandamentos da Lei de Moisés; mas ele não quer distribuir seus bens aos pobres para seguir o Cristo. Ele não é capaz: "'Como é difícil a quem tem riquezas entrar no Reino de Deus!' Os discípulos ficaram admirados com essas palavras. Jesus, porém, continuou a dizer: 'Filhos, como é difícil entrar no Reino de Deus! É mais fácil um camelo passar pelo fundo da agulha do que um rico entrar no Reino de Deus!'." (Marcos, 10, 23-25).

A palavra atingira o coração dos discípulos. Eles largaram tudo para seguir Jesus e entrar com ele no Reino. Eles contavam receber uma recompensa, sem dúvida ainda ligados à ideia da restauração monárquica de Israel, da chegada da teocracia. O rapaz rico não quis abrir mão de nenhuma de suas grandes propriedades, e por isso não receberia nada do Reino. Mas e aqueles que deixaram tudo para trás, mulher, casa, família? Pedro toma a palavra para exprimir a inquietação dos discípulos em relação a esse assunto, que eles devem ter discutido em conjunto: "Pedro começou a dizer-lhe: 'Eis que nós deixamos tudo e te seguimos'. Jesus declarou: 'Em verdade vos digo que não há quem tenha deixado casa, irmãos, irmãs, mãe, pai, filhos ou terras por minha causa e por causa do Evangelho, que não receba cem vezes mais desde agora, neste tempo, casas, irmãos e irmãs, mãe e filhos e terras, com perseguições; e, no mundo futuro, a vida eterna. Muitos dos primeiros serão os últimos, e os últimos serão os primeiros'." (Marcos, 10, 28-31).

É compreensível que todos ficassem com medo. E que continuassem sem compreender muito bem o que ele estava dizendo. Como assim? Perseguições? Era essa a recompensa do Reino? E como era possível que fosse assim, se Jesus não parava de anunciar a chegada do Reino cheio de certeza e alegria? Dessa vez, quem levanta a questão é Simão Pedro, no texto de Mateus, em que Jesus dá uma retribuição melhor à devoção que têm: "Em verdade eu vos digo, a vós que me seguistes: quando as coisas forem renovadas, e o Filho do Homem se assentar no seu trono de glória, vos assentareis, vós também, em doze tronos para julgar as doze tribos de Israel. E quem quer que tiver deixado casas, irmãos, irmãs, pai, mãe, filhos, ou terras por causa do meu nome, receberá muito mais; e terá em herança a vida eterna" (Mateus, 19, 28-29).

Além disso, o que Jesus ensinava às multidões que as deixava com o coração tão leve e que tornava sua notícia tão boa? A leveza, exatamente. A despreocupação. "Não vos preocupeis." Não tende medo! "Quem dentre vós, com as suas preocupações, pode acrescentar um só côvado à duração da sua vida?" (Mateus, 6, 27; Lucas, 12, 25). "Por isso, não andeis preocupados, dizendo: Que iremos comer? Ou, que iremos beber? Ou, que iremos vestir? De fato, são os gentios que estão à procura de tudo isso: vosso Pai celeste sabe que tendes necessidade de todas essas coisas. Buscai, em primeiro lugar, seu Reino e sua justiça, e todas essas coisas vos serão acrescentadas. Não vos preocupeis, portanto, com o dia de amanhã, pois o dia de amanhã se preocupará consigo mesmo. A cada dia basta o seu mal" (Mateus, 6, 31-34). A despreocupação pregada por Jesus não era a desenvoltura, nem a preguiça, nem o ócio ensinados pelos filósofos cínicos. Era um impulso de confiança e de abandono do mundo ao qual o homem pertence, e onde ele nunca está só, já que está sempre sob o olhar do Deus Pai, "Abba". Era um método certeiro para encontrar a mesma candura das crianças que Jesus abençoa, ama e às quais promete o Reino. Essa despreocupação devia ser aplicada nos piores momentos, Jesus ensinou aos Doze, quando os enviou em missão e previu que talvez sua palavra não fosse escutada e que eles sem dúvida seriam entregues ao Sinédrio: "Quando vos entregarem, não fiqueis preocupados em saber como ou o que haveis de falar. Naquele momento vos será indicado o que deveis falar, porque não sereis vós que falareis, mas o Espírito de vosso Pai é que falará em vós" (Mateus, 10, 19-20).

Mas os Doze voltaram a ele sem ter se deparado com esses perigos. As nuvens se afastaram. A serenidade do rabi não fraquejou. Longe das imagens de tormento, de estagnação, de austeridade ou de rigidez que alguns pintores de séculos posteriores quiseram propagar, Jesus amava a vida e condenava a angústia. "Vinde a mim todos os que estais cansados sob o peso do vosso fardo e vos darei descanso. Tomai sobre vós o meu jugo e aprendei de mim, porque sou manso e humilde de coração, e *encontrareis descanso para vossas almas*, pois o meu jugo é suave e o meu fardo é leve" (Mateus, 11, 28-30).

Ele ensinava ainda a bondade, e a força da bondade. A mansidão. Jesus, com seus ensinamentos revolucionários como foram, traçou a relação entre a potência e o poder. O poder é o que permite e outorga a violência – o poder de destruir, de dominar, de privar o próximo de sua liberdade e de seu desenvolvimento pessoal. A bondade engendra a harmonia – ela é a condição primordial para abarcar o mundo. Ela é a única coisa que dá acesso à potência, quer dizer, que permite que o homem assuma seu papel de filho do Reino para criar e engendrar, e não para destruir e negar. As tentações da violência são permanentes. Ainda mais na Palestina do século I*, onde o desejo de enfrentar os romanos jamais se extinguiu e explodia em intervalos regulares.

Essa bondade pertence à religião hebraica. "Não matarás", ordena Iahweh. "Todos os que pegam a espada pela espada perecerão" (Mateus, 26, 5), Jesus insiste. Mas ser bondoso não estava na moda naquele tempo. E, desde o início, qualquer pessoa que escutasse Jesus, que não parava de repetir esse ensinamento, não poderia acreditar que ele tivesse projeto

---

* Os territórios que constituíam o antigo reino de Davi – Judeia, Galileia, Decápole e Pereia, tetrarquia de Filipe – só foram de fato se chamar Palestina depois da revolta judaica e da destruição do segundo templo pelos romanos, em 70 d.C.

de fomentar ou de organizar algum tipo de insurreição, nem em sua intenção improvável de congregar a resistência, caso ela existisse de fato naquela época, coisa que não ocorria: os Zelotas, em sua versão armada e nacionalista, só iriam se instituir mais tarde. Não era necessário escutar com atenção durante muito tempo para compreender que Jesus não considerava o Reino de Deus como uma construção política por vir, mas sim uma conversão pessoal e imediata.

Bondade potente é o mesmo que paz. Iahweh, o Deus único dos judeus, é o exemplo disso, por assim dizer, na comparação com todas as lutas internas que agitam todos os olimpos de seus contemporâneos – Grécia antiga, Egito antigo, Suméria ou Acádia. Nessas culturas, os deuses travavam embates ferozes. Para elas, a guerra era um processo sagrado. Era na guerra que nasciam os deuses e os heróis que as pessoas usavam para se espelhar. Ela era uma necessidade divina da história, para a história. Frente a esses Deuses, Iahweh, único em seu gênero, é o princípio criador que ama sua criação. Dá para imaginar desde início o ódio que ele suscitava e que não deixaria de suscitar nos séculos seguintes: "Magníficos aqueles que fazem a paz, pois serão chamados de filhos de Deus".

Quer dizer, para fazer a paz, razão e consequência irrecusável, é necessário perdoar o inimigo, resistir à tentação de sucumbir à violência ao não revidar e, mais ainda, em atitude ainda mais radical, *amá-lo*. Jesus contestava a lei do talião que, no entanto, está inscrita na Lei de Moisés (consulte: Êxodo 21-24; Levítico, 24, 19, Deuteronômio, 19, 21). Ele opõe esse princípio à docilidade. Oferecer a face esquerda depois de ser atingido na face direita. Não defender seus bens por meio de processos iníquos; ao contrário, dar ainda mais do que aquilo que o ladrão desejava roubar. Fazer o bem até mesmo àqueles que odeiam; abençoar os que maldizem; rezar pelos caluniadores. Não julgar para não ser julgado. Não condenar para não ser condenado. Apagar as dívidas do próximo para que lhe façam a mesma coisa: "Como quereis que os outros vos façam, fazei também a eles", Jesus ordena (Lucas, 6, 31).

Para se preparar para o perdão, é necessário iniciar-se na piedade e na compaixão. Antes de amar o inimigo, Jesus ensina a amar o próximo. Todos os próximos. A abrir-lhes o coração: "Não julgueis pela aparência, mas julgai conforme a justiça" (João, 7, 24). Assim, nós o vemos compartilhar refeições com coletores de impostos e pecadores. "Os fariseus, vendo isso, perguntaram aos discípulos: 'Por que come o vosso Mestre com os publicanos e os pecadores?' Ele, ao ouvir o que diziam, respondeu: 'Não são os que têm saúde os que precisam de médico, e sim os doentes. Ide, pois, e aprendei o que significa: Misericórdia quero, e não o sacrifício. Com efeito, eu não vim chamar justos, mas pecadores'." (Mateus, 9, 11-13). Ele não expulsou a prostituta que entrou na casa onde ele estava para lavar seus pés e enxugá-los com os cabelos. Ele a pegou pela mão e fez com que se levantasse: "Este é o meu mandamento: amai-vos uns aos outros como eu vos amei" (João, 15, 12). E no dia em que um legista, para colocá-lo à prova, perguntou qual era esse próximo a quem devia amar como ama a si mesmo, Jesus respondeu com uma parábola:

> Jesus retomou: "Um homem descia de Jerusalém a Jericó e caiu no meio de assaltantes que, após havê-lo despojado e espancado, foram-se, deixando-o semimorto. Casualmente, descia por esse caminho um sacerdote; viu-o e passou adiante. Igualmente um levita, atravessando esse lugar, viu-o e prosseguiu. Certo samaritano em viagem, porém, chegou junto dele, viu-o e moveu-se de compaixão. Aproximou-se, cuidou de suas chagas, derramando óleo e vinho, depois colocou-o em seu próprio animal, conduziu-o à hospedaria e dispensou-lhe cuidados. No dia seguinte, tirou dois denários e deu-os ao hospedeiro, dizendo: 'Cuida dele, e o que gastares a mais, em meu regresso te pagarei'. Qual dos três, em tua opinião, foi o próximo do homem que caiu nas mãos dos assaltantes?". Ele respondeu: "Aquele que usou de misericórdia para com ele". Jesus então lhe disse: "Vai, e também tu, faze o mesmo" (Lucas, 10, 30-37).

E, aliás, Jesus lembrou: quem é puro e santo o suficiente para julgar seu próximo? "Por que olhas o cisco no olho do teu irmão e não percebes a trave que há no teu?" (Lucas, 6, 41), Jesus pregava às multidões. Assim, quando os escribas e os fariseus do templo lhe perguntaram se a mulher adúltera devia ser apedrejada – aos olhos da Lei de Moisés, essa mulher era efetivamente culpada e deveria morrer –, Jesus respondeu: "Quem dentre vós estiver sem pecado, seja o primeiro a atirar-lhe uma pedra!" (João, 8, 7). Quer dizer, quem nunca pecou a não ser Deus? Cabe portanto a Deus julgar, e só a ele. E é a ele que o julgamento retornará. Para os homens, é necessário perdoar, e perdoar uma vez mais.

Simão Pedro escutou aquilo que Jesus lhe disse. Mas esse perdão "universal" que seu mestre pregava ia além dos limites de sua compreensão. "'Senhor, quantas vezes devo perdoar ao irmão que pecar contra mim: Até sete vezes?' Jesus respondeu-lhe: 'Não te digo até sete, mas até setenta e sete vezes'." (Mateus, 18, 21). Em outras palavras, eternamente.

No entanto, seus sinais prodigiosos, seus ensinamentos, todos os pontos elucidados – ou aparentemente elucidados – não foram suficientes para simplificar o retrato de Jesus. O grande enigma que continua a envolvê-lo até hoje é quem ele próprio era, a maneira como se apresentava e que ele parece ter se recusado a desvelar durante toda a duração de sua pregação pública. Suas ações, suas palavras, sua reputação o definiam como um judeu marginal, inovador, exorcista e taumaturgo, profeta como João Batista, rabi que ensinava a Lei e até a transgredir algumas de suas prescrições (o puro e o impuro, o sabá, o jejum), anunciando a iminência do Reino de Deus ao mesmo tempo em que sua presença já é real. Ele batizava seus discípulos mas não constituiu uma seita; era religioso ao extremo, mas convivia com estrangeiros que adoravam César e os ídolos; pregava o amor, o perdão e a compaixão; condenava o desprezo, a vingança e a violência. A angústia e a miséria de seus contemporâneos o esmagavam: "Ao ver a multidão, teve compaixão dela, porque estava cansada e abatida como ovelhas sem pastor. Então disse aos seus discípulos: 'A colheita é grande, mas poucos os operários! Pedi, pois, ao Senhor da colheita que envie operários para a sua colheita'." (Mateus, 9, 36-38). E apesar de ele estar preparado, a dor do luto também o atingia. Jesus chora e derrama lágrimas. Ele não conseguiu segurá-las quando ficou sabendo da dor de Marta e Maria, desamparadas pela morte de Lázaro.

Jesus falava tudo isso, fazia tudo isso, e era popular entre todos. Mas com que direito? Com que propósito? A questão deixou as autoridades inquietas com muita rapidez. Os escribas e os fariseus se deslocaram de Jerusalém para escutá-lo e para compreender o que tinham à sua frente. Já haviam seguido o mesmo roteiro com João Batista. Ficavam à margem do rio Jordão enquanto João batizava. "Este foi o testemunho de João, quando os judeus enviaram de Jerusalém sacerdotes e levitas para o interrogar: 'Quem és tu?' Ele confessou e não negou; confessou: 'Eu não sou o Cristo'. Perguntaram-lhe: 'Quem és, então? És tu Elias?' Ele disse: 'Não o sou'. 'És o profeta?' Ele respondeu: 'Não'. Disseram-lhe, então: 'Quem és, para darmos uma resposta aos que nos enviaram? Que dizes de ti mesmo?'." (João, 1, 19-22).

O exemplo de João Batista é esclarecedor. Antes mesmo do surgimento de Jesus na cena religiosa, os doutores da Lei já se interrogavam e se inquietavam em relação à legitimidade daqueles que falavam em nome de Deus. Essa curiosidade inquieta também foi manifestada por eles no caso de Jesus. Em um primeiro momento, eles o cercaram e observaram. Não havia animosidade aparente da parte deles. Assim como todos os judeus, eles também esperavam o Messias. Os fariseus eram próximos do povo e compartilhavam sua esperança. Ao contrário dos saduceus e dos escribas do templo, eles acreditavam no Reino, no Julgamento Final e na ressurreição. Portanto, foi com imenso interesse que analisaram os atos e os ditos de Jesus. No texto de Lucas, ficamos sabendo que Jesus foi convidado a jantar na casa de um fariseu. Somos informados ainda de que os fariseus o precaveram em relação às intenções de Herodes Antipas de detê-lo e aconselharam-no a fugir para escapar de suas tropas.

Mas, em pouco tempo, a figura começou a desconcertá-los. Jesus não se encaixava em nenhuma das categorias que eles conheciam e nas quais poderiam encaixar os exemplos aprendidos e descritos nos Livros. Jesus não era profeta, já atestamos, porque ele visivelmente não era o porta-voz de Iahweh contra as falhas morais das autoridades, como tinham sido todos antes dele. Então, o que era? As liberdades que tomava em relação à Lei deixavam todos escandalizados. Quando o acusaram de estar mancomunado com Satanás, Jesus negou a sugestão com vigor: como é que Satanás poderia expulsar a si próprio, e como poderia agir contra suas próprias tropas? Então os fariseus o colocaram à prova e lhe fizeram perguntas para testar a verdade de sua palavra e de suas posições frente à Lei. E independentemente do que Jesus respondeu, eles continuaram sem entender. Quem era ele? João Batista tinha atestado sua identidade. Para os fariseus, Jesus tinha dito que era "a voz que clama"; às multidões, posando de juiz, com a altivez que convém ao cargo, dava-lhes a ordem de se converter. Será que era ele o Messias? Mas, se fosse o Messias, por que não dizia? Ao contrário, ele negava a hipótese. A cada vez que a questão lhe era colocada, Jesus tergiversava. Seus propósitos escapavam a todos. Se fosse o Messias, ele se imporia, estabeleceria distância e autoridade em relação às multidões, mas não fazia nada disso. "Quem és tu?" A questão retorna como um estribilho. "Diziam-lhe, então: 'Quem és tu?' Jesus lhes disse: 'O que vos digo, desde o começo. Tenho muito que falar e julgar sobre vós; mas aquele que me enviou é verdadeiro e digo ao mundo tudo o que dele ouvi'." (João, 8, 25).

A popularidade de Jesus só aumentava, então os legistas do templo, todos os sacerdotes e saduceus de Jerusalém, começaram a assediá-lo. A qualidade dos interrogadores serve para comprovar que ele era tido em alta estima, em alta conta, que o caso de Jesus tinha se tornado importante e que o personagem desequilibrava a ordem. Mas como será que ele era visto pelos saduceus, os guardiões do templo, da segurança, do Tesouro e até mesmo do Estado? Um homem que não se dizia o Messias mas que chamava Deus de seu Pai e se dizia Filho do Homem? Ao contrário dos fariseus, aquilo que ele pretendia ser, de fato, interessava pouco aos saduceus. Ortodoxos, fiéis somente à Torá, eles experimentavam o mais profundo desdém por aquele camponês dos arrabaldes longínquos de Jerusalém. Que direito tinha para ensinar? Ele não tinha recebido nenhuma formação teológica séria que lhe garantisse essa autoridade. "Quando a festa estava pelo meio, Jesus subiu ao Templo e começou a ensinar. Admiravam-se então os judeus, dizendo: 'Como entende ele de letras sem ter estudado?'" (João, 7, 14). À sombra do Santo dos Santos, esses especialistas da Lei negavam a Jesus até mesmo a possibilidade de uma palavra: ele não era de Abraão, era da Galileia, era um impuro que se misturou com as nações. Eles lhe disseram: "Não nascemos da prostituição; temos um só pai: Deus" (João, 8, 41). E a Nicomedes, um chefe fariseu com quem Jesus tinha conversado alguns meses antes, na ocasião de uma festa de Páscoa anterior, e que tinha sido convencido pela palavra de Jesus, os sacerdotes disseram: "És também Galileu? Estuda e verás que da Galileia não surge profeta" (João, 7, 52).

O que os inquietava era a atração que Jesus exercia sobre as multidões. Caifás, o Sumo Sacerdote, entendia-se maravilhosamente bem com Pôncio Pilatos. Durante o tempo em que os dois compartilharam o poder sobre a Judeia, os historiadores não registram nenhum incidente notável. Pôncio Pilatos concedeu poderes e uma certa independência ao Sinédrio em relação aos assuntos da Judeia, em troca da garantia de recolhimento de um imposto para Roma, o *tributum,* e garantiria a segurança interna. A colaboração foi frutífera: garantiu aos romanos domínio ao menor custo e, aos saduceus, havia muito afastados do poder, o retorno ao palácio e à direção dos assuntos internos. O historiador Flávio Josefo descreveu a situação dos saduceus durante os cerca de sessenta anos de dominação romana.[2] Pouco numerosos, muito pouco seguidos pelo povo, eles dependiam apenas dos ricos que confiavam totalmente neles. Constituíam "os chefes e os mais importantes" dos judeus. Sob o governo romano, o Sumo Sacerdote, originário das famílias aristocráticas de saduceus, gerenciava a fortuna do Templo e os assuntos ordinários da Judeia.

Jesus exercia uma autoridade incontestável, imensa, sobre as multidões, até mesmo sobre os guardas que, no entanto, tinham sido encarregados de detê-lo, e que retornaram de mãos vazias para o Sinédrio. "Jamais um homem falou assim!", os guardas explicaram aos sacerdotes encolerizados com o fracasso. "Os fariseus replicaram: 'Também fostes enganados'." (João 7, 46-47).

Em Jerusalém, as multidões também começavam a se questionar, absortas pela força das palavras de Jesus. Um boato se propagou pela cidade. "Alguns entre a multidão, ouvindo essas palavras, diziam: 'Esse é, verdadeiramente, o profeta!' Diziam outros: 'É esse o Cristo!' Mas alguns diziam: 'Porventura pode o Cristo vir da Galileia?'" (João, 7, 40-41). "Muitos, porém, dentre o povo, creram nele e diziam: 'Quando o Cristo vier, fará, porventura, mais sinais do que esse fez?'" (João, 7, 31).

E o que ele desejava fazer exatamente com toda essa força? Será que desejava ser rei? Rabi? Já fazia quase três anos que percorria as províncias e desencadeava vocações, mas não tomava a frente de nada e se dizia igual aos outros. O que ele queria? Botar abaixo o Sinédrio? E quando iria dizer o que espera, o que planeja?

> Enquanto ele circulava no Templo, aproximaram-se os chefes dos sacerdotes, os escribas e os anciãos, e lhe perguntavam: "Com que autoridade fazes estas coisas? Ou, quem te concedeu esta autoridade para fazê-las?" Jesus respondeu: "Eu vos proporei uma só questão. Respondei-me, e eu vos direi com que autoridade faço estas coisas. O batismo de João era do Céu ou dos homens? Respondei-me". Eles arrazoavam uns com os outros, dizendo: "Se respondermos 'Do Céu', ele dirá: 'Por que então não creste nele?' Mas, se respondermos 'Dos homens'?" Temiam a multidão, pois todos pensavam que João era de fato profeta. Diante disso, responderam a Jesus: "Não sabemos". Jesus então lhes disse: "Nem eu vos digo com que autoridade faço estas coisas" (Marcos, 11, 27-33).

A partir de então, os questionamentos, as perguntas e as comprovações se multiplicam. Tentam fazer com que Jesus dê um passo em falso em relação ao seu conhecimento da Lei de Moisés. Em vão. Em relação à sua retórica – ele se tornava cada vez mais forte. Em relação à quem ele era, o que queria – ele fazia rodeios. Apesar de os fariseus e de os saduceus não se entenderem nem em teoria nem em prática (os saduceus tinham se empossado novamente nos postos mais importantes do poder), eles rapidamente entraram em acordo em relação à animosidade que nutriam por Jesus. Ela era recíproca. Os doutores da Lei o exasperavam. Eles procuravam desvendar sua identidade mas não prestavam atenção de maneira a compreender o sentido de seu discurso; a única coisa que desejavam era pegá-lo cometendo um erro. Naquele momento, entre o povo judeu, as ovelhas desgarradas eram numerosas e desamparadas, os fariseus as excomungavam, perseguiam com prescrições estéreis e rituais de purificação vazios de sentido, quando deveriam lhes ensinar o caminho do arrependimento: "Ai de vós, legistas, porque tomastes a chave da ciência! Vós mesmos não entrastes e impedistes os que queriam entrar! (Lucas, 11, 52). "Ai de vós, escribas e fariseus, hipócritas, que percorreis o mar e a terra para fazer um prosélito, mas, quando conseguis conquistá-lo, vós o tornais duas vezes mais digno da geena do que vós!" (Mateus, 23, 15). Neles, o coração endurecido e a ausência de compaixão e sobretudo de fé deixavam o homem de Nazaré indignado. Houve ainda uma segunda vez que ele fulminou contra eles: "Ai de vós, escribas e fariseus, hipócritas! Sois semelhantes a sepulcros caiados, que por fora parecem belos, mas por dentro estão cheios de ossos de mortos e de toda a podridão" (Mateus, 23, 27). Em outra ocasião, ele teve a audácia de ilustrar a deslealdade deles em relação à verdadeira fé por meio de uma parábola:

> Dois homens subiram ao Templo para orar; um era fariseu e o outro publicano. O fariseu, de pé, orava interiormente deste modo: "Ó Deus, eu te dou graças porque não sou como o resto dos homens, ladrões, injustos, adúlteros, nem como

este publicano; jejuo duas vezes por semana, pago o dízimo de todos os meus rendimentos". O publicano, mantendo-se à distância, não ousava sequer levantar os olhos para o céu, mas batia no peito dizendo: "Meu Deus, tem piedade de mim, pecador!" Eu vos digo que este último desceu para casa justificado, o outro não. Pois todo o que exalta será humilhado, e quem se humilha será exaltado (Lucas, 18, 10-14).

Além disso, Jesus ridicularizava a fé dos fariseus e minava sua autoridade: "Neste ínterim, havendo a multidão afluído aos milhares, a ponto de se esmagarem uns aos outros, ele começou a dizer, em primeiro lugar a seus discípulos: 'Acautelai-vos do fermento – isto é, da hipocrisia – dos fariseus. Nada há de encoberto que não venha a ser revelado, nem de oculto que não venha a ser conhecido'." (Lucas, 12, 1-2).

Jesus também não falou nada a respeito de sua identidade às multidões. Nos primeiros anos de suas pregações, ele a escondeu com precaução. Os demônios que expulsou do corpo dos possuídos foram os primeiros a revelá-la: "Tu és o Filho de Deus!" (Marcos, 3, 11). E, a cada vez, Jesus os intimava a ficarem quietos: "E ele os conjurava severamente para que não o tornassem manifesto" (Marcos, 3, 12), como se ele desejasse que cada pessoa tivesse acesso a essa revelação por força de uma conversão pessoal. Mas, às vezes, mais do que esclarecer, seus sinais aterrorizavam, principalmente em regiões pagãs onde a fé estava ausente. Entre o povo de Genesaré, onde ele expulsou uma legião de demônios, as pessoas preferiram permanecer na ignorância e na opulência do pecado e desejaram que Jesus fosse embora: "Começaram então a rogar-lhe que se afastasse do seu território" (Marcos, 5, 17). Mas os espíritos malignos não detinham o monopólio da língua solta. Quando curava, Jesus sempre tomava o cuidado de pedir segredo. Ele não queria que seus dons fossem ditos e repetidos. Depois de ordenar à pequena morta *"Talítha kum!"* que se levantasse, Jesus amainou a felicidade da família maravilhada. "E ficaram extremamente espantados. Recomendou-lhes então expressamente que ninguém soubesse o que tinham visto" (Marcos,

5, 42-43). Quando devolveu a audição e a palavra ao surdo, "Jesus os proibiu de contar o que acontecera; mas, quanto mais o proibia, tanto mais eles o proclamavam" (Marcos, 7, 36). Ao cego curado de Betsaida, ele pediu que não entrasse na cidade para que ninguém soubesse o que tinha acontecido.

Se alguém interrogava Jesus diretamente a respeito de quem era, ele se exprimia de maneira misteriosa. Filho do Homem, Filho de Davi, ele não negava; mas não dizia que era o Messias. O termo parecia amedrontá-lo, assim como amedrontava o entusiasmo das multidões que, às vezes, subjugadas por sua palavra, queriam pegá-lo para carregá-lo em triunfo até Jerusalém. "E ele disse a seus discípulos que deixassem um pequeno barco à sua disposição, para que o povo não o apertasse" (Marcos, 3, 9). Mais de uma vez, Jesus se escondeu para fugir do ardor das pessoas. Depois da multiplicação dos pães na praia do lago de Tiberíades, ele teve que efetuar uma retirada prudente: os discípulos poderiam ficar no barco, ele iria se retirar para a montanha. Como prova de sua obstinação em colocar as mãos nele, alguns dias depois, na outra margem, as mesmas pessoas que o fizeram fugir para a montanha e que o procuravam acabaram por encontrá-lo. Queriam saber quem estavam escutando. Então, por meio do artifício de uma parábola, pelo sinal de uma cura, Jesus indicou o caminho: "Quem tem ouvidos para ouvir, ouça" (Marcos, 4, 9).

Alguns meses antes de sua última Páscoa, no momento da festa dos Tabernáculos, em Jerusalém, Jesus caminhava sob o pórtico de Salomão, dentro do Templo. Quando o viram, os judeus se apressaram em sua direção e o pressionaram:

> "Até quando nos manterás em suspenso? Se és o Cristo, dize-nos abertamente." Jesus lhes respondeu: "Já vo-lo disse, mas não acreditais. As obras que faço em nome de meu Pai dão testemunho de mim; mas vós não credes porque não sois das minhas ovelhas. As minhas ovelhas escutam a minha voz, eu as conheço e elas me seguem; eu lhes dou a vida eterna e elas jamais perecerão, e ninguém as arrebatará de minha mão. Meu Pai, que me deu tudo, é maior que todos

e ninguém pode arrebatar da mão do Pai. Eu e o Pai somos um" (João, 10, 24-30).

Os judeus ficaram escandalizados com a resposta, julgaram-na blasfematória: como assim? Tomar-se por Deus, de quem não se deve nem mesmo pronunciar o nome! Deus que é Um! Eles queriam um messias, mas não um messias qualquer – um messias à sua imagem, que detivesse e lhes entregasse o poder absoluto.

Sem buscar discernir o sentido da resposta, eles começaram a juntar pedras para atirar em Jesus. Ele fugiu da cidade e, mais uma vez, refugiou-se na Galileia.

"E vós, quem dizeis que sou?"

Os discípulos ignoraram a identidade de Cristo durante muito tempo. A força de suas palavras fez com que eles o seguissem: eles foram atrás de um mestre excepcional, de carisma irresistível. Identificaram nele um taumaturgo e exorcista. E o que mais? Que nome dar a esse espírito, à força que ele evocava? A percepção de algo especial não bastava para trazer-lhes uma solução. Eles compartilhavam a incompreensão dos fariseus e das multidões em relação à identidade de Jesus. Não compreendiam nada, apesar de Jesus julgar que eles sabiam. "Dizia-lhes: 'A vós foi dado o mistério do Reino de Deus'." (Marcos, 4, 11). Só a afirmação já os incomodava. Como isso poderia ter sido dado a eles? Pela presença de Jesus? Mas quem era ele? A intuição de sua essência, quando chegou até eles, causou-lhes grande temor. "Então ficaram com muito medo e diziam uns aos outros: 'Quem é este a quem até o vento e o mar obedecem?'" (Marcos, 4, 41).

Durante toda a duração de sua pregação pública, Jesus nunca deixou de ficar exasperado com a impermeabilidade do espírito deles. Apesar dos sinais e dos prodígios mais evidentes, continuavam não enxergando. "Eles, porém, no seu íntimo, estavam cheios de espanto, pois não tinham entendido nada a respeito dos pães, mas seu coração estava endurecido" (Marcos, 6, 51-52). Depois do conflito com os fariseus que fez Jesus pronunciar a parábola do puro e do impuro, os discípulos, longe da multidão, questionaram-no a respeito do sentido da metáfora. "E ele disse-lhes: 'Então, nem vós tendes inteligência?'" (Marcos, 7, 18). Alguns dias depois, Jesus os preveniu em relação ao fermento dos fariseus e de Herodes, mas como, em vez de compreender que se tratava de uma comparação, eles começaram a se questionar a respeito da quantidade de pães que tinham em sua posse, Jesus se exasperou: "Por que pensais que é por não terdes pães? Ainda não entendeis e nem compreendeis? Tendes o coração endurecido? Tendes olhos e não vedes, ouvidos e não ouvis?" (Marcos, 8, 17).

Iria demorar um certo tempo até que os olhos deles se abrissem. Certo dia, Jesus estava nos confins da Palestina, nos portões da cidade de Cesareia de Filipe, no sopé do monte Hermon. Depois da festa dos Tabernáculos e de seu desentendimento com o Sinédrio, ele primeiro se refugiou na Galileia e depois na Fenícia. Seus passos o levaram na direção da Decápole antes de conduzi-lo até as terras do tetrarca Filipe. Ele tinha acabado de ensinar na sinagoga e agora deixava o centro da Cesareia para se dirigir aos pequenos vilarejos que cercavam a capital. Nunca tinha gostado das cidades grandes. Pouco tempo antes, tinha aconselhado seus discípulos a evitá-las. E, de repente, no caminho, Jesus levantou a questão que não saía da cabeça dos sacerdotes e das multidões e que intrigava seus discípulos o tempo todo: "'Quem dizem os homens que eu sou?' Eles responderam: 'João Batista'; outros, Elias. Outros ainda, um dos profetas" (Marcos, 8, 27-28.). Jesus para por um breve instante, reflete e pergunta, à queima-roupa, e pela primeira vez: "E vós, quem dizeis que eu sou?" (Marcos, 8, 29).

A cena se deu algumas semanas antes da última Páscoa. Os discípulos de Jesus tinham caminhado muito juntos. Seus passos e suas palavras percorreram um longo caminho. A lucidez tomou o lugar do temor e do espanto. Pedro foi o primeiro a dar a resposta: "Tu és o Cristo" (Marcos, 8, 29). Jesus não consentiu nem negou. Como era seu hábito, ordenou aos apóstolos que não relatassem a ninguém essa conversa nem a conclusão a que Pedro chegara.

Eles tinham compreendido! Jesus finalmente podia pensar em anunciar-lhes o desfecho. Mas, em vez de retomar o termo messias, ele empregou a expressão "Filho do Homem". "E começou a ensinar-lhes: 'O Filho do Homem deve sofrer muito, ser rejeitado pelos anciãos, pelos chefes dos sacerdotes e pelos escribas, ser morto e, depois de três dias, ressuscitar'." (Marcos, 8, 31).

Pedro adivinhou que Jesus era o Messias, mas não percebeu as sutilezas do vocabulário de seu rabi. Durante os quase três anos que tinham passado juntos, Jesus lhes ensinara a Boa Notícia, a alegria e a paz e anunciara-lhes o reino. Ele enfim consentia sua identidade, aquela de que todo mundo na Palestina suspeitava e comentava. Por que, já naquele momento, evocar o sofrimento, a rejeição pelas autoridades, sua prisão e morte? A ressurreição a que ele se referia não servia para dar garantias a ninguém. "Dizia isso abertamente. Pedro, chamando-o de lado, começou a recriminá-lo" (Marcos, 8, 32). Mateus determina com precisão os termos dessa intervenção: "(...) dizendo: 'Deus não o permita, Senhor!' Isso jamais te acontecerá*!'" (Mateus, 16, 22). Com essa resposta, Pedro provou que não compreendeu tudo. Ele amava Jesus. Como imaginar a possibilidade de seu mestre morrer sem que ninguém interviesse? Sem que ele, Simão Pedro, seu amigo leal, agisse? Jesus reagiu com violência. "Afasta-te de mim, Satanás**! Tu me serves de pedra de tropeço, porque não pensas nas coisas de Deus, mas nas dos homens!" (Mateus, 16, 23).

De fato, nenhum discípulo tomou consciência real da iminência do fim, nem da realidade das ameaças que pairavam sobre Jesus. Em primeiro lugar, ele não era um homem qualquer, mas sim o Messias, o Filho do Homem. Em segundo, tinha poderes extraordinários, eles já tinham visto com seus próprios olhos. Ele dava ordens até ao vento e ao mar. Por fim, ele vivia repetindo para eles, que repetiam por sua vez: o Reino de Deus estava ao alcance da mão, sua glória e sua luz seriam compartilhadas por eles, como Jesus prometeu. Eles se entronariam juntos, e juntos julgariam os descendentes das doze tribos. Eles acreditavam nisso com tanta força que Tiago e João pediram a Jesus para ocupar os dois tronos a seu lado, assim provocando a ira dos companheiros. "'Mestre, queremos que nos faça o que te pedimos.' Ele perguntou:

---

* Uma das versões sírias do Evangelho de Marcos diz o seguinte: "Simão Pedro, como teve piedade dele, disse...". A observação destaca a reação de Pedro e, portanto, de todos os judeus, de que o Messias pudesse ter o mesmo destino de qualquer agitador, ou de um profeta como João Batista, decapitado, sem nem mesmo mencionar a eventualidade do suplício da cruz.

** É necessário compreender Satanás de acordo com o sentido hebraico do termo: um tentador, um mau conselheiro.

'Que quereis que vos faça?' Disseram: 'Concede-nos, na tua glória, sentarmo-nos, um à tua direita, outro à tua esquerda'." (Marcos, 10, 35-37). "Ouvindo isso, os dez começaram a indignar-se contra Tiago e João" (Marcos, 10, 41).

Todos concordaram, evidentemente, com o fato de que seria necessário primeiro passar pelo Julgamento Final, mas eles já se consideravam salvos:

> Quando virdes a abominação da desolação instalada onde não devia estar – que o leitor entenda – então os que estiveram na Judeia fujam para as montanhas, aquele que estiver no terraço não desça nem entre para apanhar alguma coisa em sua casa, aquele que estiver no campo não volte para trás a fim de apanhar sua veste. Ai daquelas que estiverem grávidas e amamentarem naqueles dias! Pedi para que isso não aconteça no inverno. Pois naqueles dias haverá uma tribulação tal como não houve desde o princípio do mundo que Deus criou até agora, e não haverá jamais. (Marcos, 13, 14-19).

Eles só pensam na escolha dos justos, da qual fazem parte, já que Jesus os escolheu para que o seguissem. Jesus em seguida os alerta contra os perigos que estão por vir antes do momento de glória:

> Hão de surgir falsos Messias e falsos profetas, os quais apresentarão sinais e prodígios para enganar, se possível, os eleitos. Quanto a vós porém, ficai atentos. Eu vos preveni a respeito de tudo. Naqueles dias, porém, depois daquela tribulação, o sol escurecerá, a lua não dará sua claridade, as estrelas estarão caindo do céu, e os poderes que estão nos céus serão abalados. E verão o Filho do Homem vindo entre as nuvens com grande poder e glória. Então ele enviará os anjos e reunirá os eleitos, dos quatro ventos, da extremidade da terra à extremidade do céu. (Marcos, 13, 22-27).

De acordo com o texto de Lucas, Jesus compara esses últimos dias com os de Noé e o Dilúvio, e com os de Sodoma e Gomorra. "Será desse modo o Dia em que o Filho do Homem for revelado" (Lucas, 17, 30). Diversos exegetas deduziram, a partir desses versículos, que Jesus acreditava absolutamente na proximidade do fim dos tempos. Ele pensava que iria vivê-lo, assim como seus contemporâneos. Acreditava ao pé da letra nas formas cósmicas que esse apocalipse assumiria, feito de trevas e de chuvas de estrelas.

Seis dias depois de Pedro declarar a Jesus que ele era o Messias, este o chamou, junto com Tiago e João. Os quatro homens se separaram do grupo de discípulos. Juntos, eles se afastaram – não a uma dezena de metros, mas longe mesmo, para um lugar deserto e que se localizava no alto de uma montanha, como acontecia sempre que Jesus atravessava um momento determinante em sua pregação. Esses já tinham sido os três discípulos que Jesus escolhera para assistir à ressurreição da neta de Jairo, o chefe da sinagoga. Eles se ausentaram por um longo período. A montanha mais próxima da Cesareia, citada pelos evangelistas, deve ser o monte Hermon: ele se eleva à altitude de dois mil e oitocentos metros. Apesar de a tradição preferir situar o acontecimento no monte Tabor, parece que o Hermon é o local mais provável. "E o Verbo se fez carne, e habitou entre nós; e nós vimos a sua glória, glória que ele tem junto ao Pai como Filho único cheio de graça e de verdade", testemunha João em seu Evangelho (João, 1, 14). "Com efeito, não foi seguindo fábulas sutis, mas por termos sido testemunhas oculares de sua majestade que vos demos a conhecer o poder e a Vinda de nosso Senhor Jesus Cristo" (2 Pedro, 1, 16), escreve Pedro, anos depois, em sua segunda epístola. "Pois ele recebeu de Deus Pai honra e glória, quando uma voz vinda da sua Glória lhe disse: 'Este é o meu Filho amado, em quem me comprazo'. Esta voz, nós a ouvimos quando lhe foi dirigida do céu, ao estarmos com ele no monte santo" (2 Pedro, 1, 17-18). Em relação a Tiago, a terceira testemunha da cena incrível que se deu naquela noite no monte Hermon*, não nos chegou nenhum vestígio do que ele viu ou ouviu – quando Pedro escreveu sua epístola, Tiago já tinha morrido como mártir, decapitado (no ano 44).

---

* De acordo com o versículo 13 do salmo 89: "Tabor e Hermon aclamam o teu nome".

O que aconteceu naquela noite? Deixemos a palavra a cargo de Lucas:

> Tomando consigo a Pedro, João e Tiago, ele subiu à montanha para orar. Enquanto orava, o aspecto de seu rosto se alterou, suas vestes tornaram-se de fulgurante brancura. E eis que dois homens conversavam com ele: eram Moisés e Elias que, aparecendo envoltos em glória, falavam de seu Êxodo que se consumaria em Jerusalém. Pedro e os companheiros estavam pesados de sono. Ao despertarem, viram sua glória e os dois homens que estavam com ele. E quando estes iam se afastando, Pedro disse a Jesus: "Mestre, é bom estarmos aqui; façamos, pois, três tendas, uma para ti, outra para Moisés e outra para Elias", mas sem saber o que dizia. Ainda falava, quando uma nuvem desceu e os cobriu com sua sombra; e ao entrarem eles na nuvem, os discípulos se atemorizaram. Da nuvem, porém, veio uma voz dizendo: "Este é o meu Filho, o Eleito; e ouvi-o". Ao ressoar essa voz, Jesus ficou sozinho. Os discípulos mantiveram silêncio e, naqueles dias, a ninguém contaram coisa alguma do que tinham visto (Lucas, 9, 28-36).

Essa passagem do Evangelho constitui um momento fundamental nas relações de Jesus com seus discípulos: ele confirmou a essas três testemunhas quem era, por meio da própria voz de Deus e, além disso, anunciou o que iria acontecer em Jerusalém – não exatamente o que iria acontecer, mas o que iria se cumprir. Tendo em vista esse acontecimento, nenhuma dúvida podia voltar a atravessar o espírito de Pedro, de João ou de Tiago. Jesus não era um profeta nem um simples rabi que iria se deixar levar pelo curso dos acontecimentos. Ele era o Messias, e sabia disso; Deus, Moisés e Elias atestaram o fato. Ele também sabia o que veio cumprir na terra, e por meio de que sofrimentos e infâmia – a crucificação – o mistério da Páscoa iria se dar. Mais uma vez, Jesus ordenou aos discípulos que não relatassem nada do que tinham visto, pelo menos até que ele ressuscitasse – isso é o que mais tarde seria chamado de "segredo messiânico". Nada deveria obstruir o cumprimento de sua missão, da qual ele conhece o objetivo e os meios: não seria em um dia de regozijo, nem durante um plebiscito do povo, nem em uma coroação, mas na dor e na solidão. "O Filho do Homem deve sofrer muito, ser rejeitado pelos anciãos, pelos chefes dos sacerdotes e pelos escribas, ser morto e, depois de três dias, ressuscitar" (Marcos, 8, 31). Esse anúncio foi, de certa maneira, confirmado pela aparição de Elias e de Moisés em glória, estado que esses dois grandes profetas possuíam, por estarem associados à obra de Deus e por terem retornado a Ele de maneira misteriosa. Elias e Moisés conversaram com Jesus a respeito do que iria se cumprir na ocasião da Páscoa em Jerusalém e que, desde então, já o transfigurara. Os dois profetas se manifestaram a Jesus "quando ele estava fazendo preces, isolado". Ou, em outras palavras, foi quando Jesus fazia preces, depois de seu batismo por João Batista no Jordão, que o céu se abriu e: "o Espírito Santo desceu sobre ele em forma corporal, como pomba. E do céu veio uma voz: 'Tu és o meu Filho; eu, hoje, te gerei!'" (Lucas, 3, 22). A simetria entre essas duas teofanias é perfeita e límpida. A voz de Deus inaugura a pregação pública de Jesus, a voz de Deus que fala aos discípulos na segunda vez encerra o momento de revelação aos apóstolos: "Este é o meu Filho, o Eleito; e ouvi-o" (Lucas, 9, 35).

A partir desse momento, tudo poderia se realizar – a entrada em Jerusalém, os vendedores expulsos do Templo, a prisão, o julgamento e a morte. Os discípulos tinham sido testemunhas e, a partir de então, poderiam atestar, na hora certa, aquilo que tinham visto e ouvido, por mais inacreditável e extraordinário que fosse. Aquilo que aparece na passagem de Lucas também é narrado por Marcos e Mateus. Mas Pedro, que reconheceu e designou o Cristo, que presenciou durante cerca de três anos o espetáculo das curas e dos prodígios, que acabava de ver Elias e Moisés e que os reconheceu e em seguida os nomeou, não compreendeu: "mas sem saber o que dizia" (Lucas, 9, 33).

Assim como acontece com os milagres, não é possível discorrer sobre a historicidade desse episódio da Transfiguração. Tudo leva a crer, do ponto de vista do historiador, que essa passagem foi uma adição dos evangelistas para garantir um acréscimo de sentido a seus relatos, para confirmar o acontecimento principal da ressurreição ao conferir-lhe sinais proféticos. Jesus não aparece na montanha com Moisés e Elias por acaso. Os dois profetas não estavam mortos e enterrados como os outros, mas foram transfigurados e subiram ao Céu. A trama do texto é de alto teor teológico, já que se trata verdadeiramente de uma teofania tal qual não se encontra no Antigo Testamento. Todos os elementos clássicos da teofania estão presentes: as nuvens que escondem Deus das vistas dos homens*; o sono incontrolável que toma conta das testemunhas, que deve ser comparado ao torpor que se abate sobre Adão (Gênesis, 2, 21), sobre Abraão (Gênesis, 15, 12) e que irá se abater sobre os apóstolos na noite da Paixão; a brancura quase incandescente de Jesus: "Olhando Aarão e todos os israelitas para Moisés, eis que a pele de seu rosto resplandecia; e tinham medo de aproximar-se dele" (Êxodo, 34, 30). Por essa razão, esse episódio dos Evangelhos é pouco ou nunca abordado pelas exegeses ou pelos estudos unicamente ligados à historicidade de Jesus. No entanto, para a teologia, o momento da Transfiguração é essencial. Ele sela a união entre Jesus e o Cristo, entre a parte humana e a parte divina do personagem. Nesse momento, Jesus se transforma no elo de sustentação da Revelação, Deus verdadeiramente feito homem. "O mesmo perfeito em divindade e perfeito em humanidade, o mesmo Deus verdadeiro e homem verdadeiro faz com que seja inteligente de alma e de corpo, o mesmo consubstancial ao Pai

---

* Um tratado escrito por um místico medieval anônimo explica que Deus se desnuda atrás de "uma nuvem de desconhecimento" (este é o título dado por ele; consulte *A nuvem do desconhecimento*). Em relação a essa ideia, François Daumas lembra em *Amour de la vie et sens du divin dans l'Égypte ancienne* (Fata Morgana, 1998): "Ao examinarmos as passagens célebres de Jó e sobretudo de Isaías, em que – sem que seja mencionado, propriamente falando, o desconhecimento de Deus – é dito que essas vias não são de jeito nenhum as nossas vias – onde a transcendência de sua natureza está bem indicada –, convém lembrar a resposta de Iahweh a Moisés quando pediu que visse sua glória: 'Não poderás ver a minha face, porque o homem não pode ver-me e continuar vivendo' (Êxodo, 33, 20)".

de acordo com a divindade e consubstancial a nós de acordo com a humanidade*."

Jesus foi perseguido pelas multidões que desejavam carregá-lo em triunfo e sagrá-lo, e pelos guardas do Templo que desejavam detê-lo. A hostilidade do poder agora se tornava manifesta. Herodes temia o retorno de João Batista, que teria ressuscitado na pessoa de Jesus. O poder sacerdotal de Jerusalém desejava se livrar dessa figura que incomodava cada vez mais – e que era inclassificável. "Os chefes dos sacerdotes e os escribas ouviram isso e procuravam como fazê-lo perecer" (Marcos, 11, 18). "Procuraram prendê-lo, mas ficaram com medo da multidão" (Marcos, 12, 12). "A Páscoa e os ázimos seriam dois dias depois, e os chefes dos sacerdotes e os escribas procuravam como prender Jesus por meio de ardil para matá-lo" (Marcos, 14, 1). "Então, a partir desse dia, resolveram matá-lo", conta João. "Jesus, por isso, não andava em público, entre os judeus, mas retirou-se para a região próxima do deserto, para a cidade chamada Efraim, e aí permaneceu com seus discípulos" (João, 11, 53-54). Observações similares são numerosas nos textos de João, Lucas e Mateus. Não há como duvidar dessa hostilidade, e o mesmo vale para a grande audiência de que Jesus goza. Sem uma *nem* a outra, Jesus não teria sido condenado e morto. Ele pronunciou anátemas suficientes para radicalizar a opinião dos fariseus, dos escribas e dos chefes dos sacerdotes contra ele. Com a ressurreição de Lázaro, ele tinha operado um sinal prodigioso demais. Agora, devia morrer.

Muitos historiadores preferem dividir a pregação pública de Jesus em dois períodos. A primavera da Galileia, que teria presenciado sua glória, seu sucesso e a adesão de todos a seus ensinamentos; depois, a partir da escolha de ensinar na Judeia e dos desentendimentos com as autoridades religiosas, o início da solidão. Claro, João observa que sua interação com os

---

* Definição dada pelo Conselho da Calcedônia, em outubro de 451, citada por Joseph Moingt em *L'Homme qui venait de Dieu*, (Paris: Cerf, coleção "Cogitatio Fidei", 2002).

chefes dos sacerdotes serviu para arrefecer o fervor de muitos de seus discípulos. "Muitos de seus discípulos, ouvindo-o, disseram: 'Essa palavra é dura! Quem pode escutá-la?'." (João, 6, 60). Da mesma maneira, o conteúdo de sua palavra e a exigência de sua demanda os descontentava.

> "Isso vos escandaliza? E quando virdes o Filho do Homem subir aonde estava antes?... O espírito é que vivifica, a carne para nada serve. As palavras que vos disse são espírito e vida. Alguns de vós, porém, não creem. (...) Por isso vos afirmei que ninguém pode vir a mim, se isso não lhe for concedido pelo Pai." A partir daí, muitos dos seus discípulos voltaram atrás e não andavam mais com ele. Então, disse Jesus aos Doze: "Não quereis também vós partir?". Simão Pedro respondeu-lhe: "Senhor, a quem iremos? Tens palavras de vida eterna e nós cremos e reconhecemos que és o Santo de Deus" (João, 6, 61-70).

Mas, para contradizer essa versão de declínio, João relata seus sucessos algumas semanas antes da morte. Durante o breve intermédio de reclusão na Galileia, antes da última viagem a Jerusalém, quando Jesus retornou literalmente a seu ponto de partida, às margens do Jordão que presenciaram seu batismo e seu encontro com João Batista, as multidões e os discípulos se agruparam ao redor dele. "Muitos vinham a ele e diziam: 'João não fez sinal algum, mas tudo o que João disse sobre ele era verdade'. E muitos aí creram nele" (João, 10, 41-42). Enfim, seis dias antes da Páscoa, na Betânia, muitas pessoas se reuniram para ver Jesus e Lázaro ressuscitado: "Grande multidão de judeus, tendo sabido que ele estava ali, veio, não só por causa de Jesus, mas também para ver Lázaro, que ele ressuscitara dos mortos. Os chefes dos sacerdotes decidiram, então, matar também a Lázaro, pois, por causa dele, muitos judeus se afastavam e criam em Jesus" (João, 12, 9-11).

Em relação à vontade das autoridades para que ele perecesse, todos concordam, evangelistas e exegetas:

> A maneira como ele foi tratado certamente era motivada por questões religiosas; mas houve outros fatores, como a

> desconfiança das autoridades de Jerusalém frente às figuras religiosas vindas do exterior ou do campo, a dependência econômica de uma boa parte da população de Jerusalém em relação ao Templo, as relações antigas entre os reis herodianos da região da Palestina e o prefeito romano da Judeia, assim como as relações entre fariseus e saduceus.[1]

Se acreditarmos nos evangelistas, Jesus se preparou para sua morte e a anunciou aos discípulos. Ele também nomeou mais 72 deles algumas semanas antes disso, com a mesma missão que tinha dado aos Doze. "E os enviou dois a dois à sua frente a toda cidade e lugar aonde ele próprio devia ir" (Lucas, 10, 1). Depois do milagre de Lázaro, ele trocou Betânia por Efraim, cerca de trinta quilômetros ao norte de Jerusalém. E, então, como a Páscoa se aproximava, Jesus retornou à estrada com os discípulos.

Como sempre, ele parou pelo caminho, na Betânia, onde Marta e Maria o receberam com alegria e todos ainda estavam estupefatos e maravilhados com o retorno de Lázaro, Simão, o Leproso, mandou preparar um grande jantar em sua casa, onde todos se reuniram ao redor de Jesus; Lázaro, o ressuscitado, compartilhou a honra de presidir a ocasião com Jesus. Depois, enquanto Marta servia, Maria (segundo Mateus, é uma mulher anônima) abriu um frasco de perfume "caríssimo" e derramou-o sobre os cabelos de Jesus.

O gesto é fortemente simbólico. Uma mulher executou o gesto da unção naquele que, em algumas horas, seria reconhecido como o Messias. "Derramando este perfume sobre o meu corpo, ela o fez para me sepultar" (Mateus, 26, 12), explicou Jesus, que interveio para acabar com a reprovação dos discípulos, ultrajados por ela ter desperdiçado um perfume assim tão caro, cujo preço pago poderia ter sido destinado aos pobres. "Por que aborreceis a mulher? Ela, de fato, praticou uma boa ação para comigo. Na verdade, sempre tereis os pobres convosco, mas a mim nem sempre tereis" (Mateus, 26, 10-11). Nessa cena, descrita também por Marcos e João (mas, para João, Maria banhou os pés de Jesus, depois os secaria com seu cabelo), Jesus repete a seus discípulos e amigos que sua morte está próxima. Aquilo que nem Maria, nem Maria Madalena, nem mulher nenhuma poderia fazer no túmulo, já que o encontrariam vazio quando fossem levar os unguentos para a limpeza dos mortos, Maria pode fazer agora, naquele jantar de despedida aos amigos.

Foi também na Betânia que ele apareceu para Judas Iscariotes. No relato de João, Judas foi o único a reclamar contra o desperdício de Maria; esta é a segunda vez que seu nome é citado como o do traidor. "Respondeu-lhes Jesus: 'não vos escolhi eu, aos Doze? No entanto, um de vós é um diabo!' Falava de Judas, filho de Simão Iscariotes. Este, um dos Doze, o haveria de entregar" (João, 6, 70-71), avisou ele alguns meses antes, nas vésperas da festa dos Tabernáculos.

Durante esse período, é necessário lembrar, os fariseus, os escribas e os chefes dos sacerdotes se reuniram. O Sinédrio estava com a lotação completa. José Caifás presidia. Seu sogro, o poderoso Anás, sem dúvida tinha deliberado longamente com ele a respeito de Jesus*. Todos tinham na memória a revolta de Simão e a repressão romana impiedosa que acabara erguendo mais de duas mil cruzes nos terrenos elevados de Jerusalém para reprimi-la. É melhor que um homem pereça do que toda a nação, disse Caifás.

O destino de Jesus estava decidido. Os pontífices ordenaram que quem soubesse onde Jesus estava que o dissesse, para que ele pudesse ser detido. Ainda faltava saber como detê-lo. E, sobretudo, por que motivo. Afinal, as multidões o adoravam e seria inábil desencadear a confusão que sem dúvida se seguiria à prisão, por isso seria necessário fazer de tudo para evitá-la.

Jesus entra na última parte de sua vida – aquela que os cristãos chamam de Paixão. Nos Evangelhos, a própria forma do relato já é carregada desse sentimento. A impressão

---

* Flávio Josefo (em *Antiguidades judaicas,* 29. 9. 1, § 198) designa com clareza o Sumo Sacerdote Anás como saduceu. Ele era sogro de José Caifás. Trata-se de um manipulador muito ativo na cena política que, apesar de ter sido dispensado de suas funções no ano 15 d.C. pelo prefeito romano Valério Grato, continuou controlando o poder às escondidas e zelando pelos interesses das grandes famílias aristocráticas, em sua maior parte possuidoras de muitas terras.

é de uma narrativa imposta, que se dirige a um fato único, a crucificação, que prepara o anúncio da Ressurreição. Aliás, essa é a ação contínua mais longa que nos é relatada a respeito de Jesus. Por trás de cada palavra, o leitor busca captar não apenas aquilo que realmente aconteceu durante os dias que mudariam a história do mundo para sempre, mas aquilo por que Jesus passou, o que pensou e o que disse a respeito dessa experiência, à qual ninguém vai se poupar: a chegada de sua própria morte.

Mas Jesus não redigiu o relato de sua paixão, assim como não fizera com sua pregação pública. E, de maneira muito curiosa, apesar de os quatro relatos dos Evangelhos apresentarem concordância muito próxima entre cada uma de suas sequências, seu conteúdo difere em relação ao sentido profundo. Assim, existem três versões diferentes das últimas palavras de Cristo na Cruz – Marcos e Mateus compartilham a mesma. Duas versões diferentes sobre o rasgar do véu, no Santuário, quando da morte do Cristo. Mas qual evangelista esteve de fato em Jerusalém? O grande especialista do Novo Testamento, Raymond Brown*, chama a atenção para o fato de que Flávio Josefo relata a existência de diversos véus no Templo, sendo que cada um tinha uma função diferente. Quem sabia disso entre os evangelistas? Com certeza João, que manifesta conhecimentos muito bons sobre a cidade e sobre toda a Palestina. Como somos incapazes de responder a esta pergunta, fica difícil deduzir a partir do episódio o que é histórico e também teológico. Lucas não menciona o episódio da flagelação pelos soldados romanos, ao contrário de Marcos e Mateus – esse último é o único que revela a flagelação como parte das previsões de Jesus: "Tomando consigo os Doze, disse-lhes: 'Eis que subimos a Jerusalém e se cumprirá tudo o que foi escrito pelos Profetas a respeito do Filho do Homem. De fato, ele será entregue aos gentios, escarnecido, ultrajado, coberto de escarros; depois de o açoitar, eles o matarão. E no

---

* Um dos maiores, se não o maior especialista mundial em Jesus. Professor emérito de estudos bíblicos em Nova York, ele escreveu cerca de quarenta obras sobre o assunto.

terceiro dia ressuscitará'." (Lucas, 18, 31-33). João é o único evangelista a atribuir a Pedro o golpe de espada que corta a orelha do servo de Caifás no momento da prisão de Jesus.

Certos exegetas contestaram a possibilidade material de Jesus ter podido viver tudo que Marcos e Mateus narram entre sua prisão e crucificação no espaço de uma única noite. À luz do receio que eles atribuem ao Sinédrio – "Pois diziam: 'Não durante a festa, para não haver tumulto entre o povo!'" (Marcos, 14, 2) –, essa precipitação se torna compreensível. Outros argumentam que às vezes existem diferenças no âmbito do mesmo relato. A deserção dos discípulos depois da prisão de Jesus tem uma versão que é cada vez diferente no Evangelho de Marcos. Primeiro, todos se salvam. Depois, um rapaz segue os passos de Jesus. Em seguida, é Pedro que o segue de longe. Parece que essas diferenças revelam o mesmo mal-estar ao ressaltar que Jesus foi abandonado por todos os seus discípulos, e Marcos tem dificuldade de dizer isso. Aos olhos da maior parte dos exegetas, esse critério de pudor atesta a historicidade da paixão. A traição de Judas, o abandono dos discípulos e a renegação de Pedro apresentam os Doze em um dia ruim. Se nada da Paixão tivesse acontecido, que interesse teriam os evangelistas em encher seus relatos com esses episódios infames?

Enfim, como última explicação, é preciso saber distinguir, nesses quatro relatos, aquilo que os evangelistas queriam dizer, aquilo que queriam transmitir. Porque, de acordo com as evidências, eles efetuaram uma escolha entre os acontecimentos. Eles tomaram conhecimento do que aconteceu com Jesus muito antes de escrever, como dá para perceber em João: "Há porém muitas outras coisas que Jesus fez. Se fossem escritas uma por uma, creio que o mundo não poderia conter os livros que se escreveriam" (João, 21, 25). Mas eles desejavam apresentar um ensinamento e, ao mesmo tempo, apresentar um esclarecimento pessoal sobre esses acontecimentos. É portanto essencial discernir como cada evangelista compreendeu a morte de Jesus e que perspectivas teológicas desenvolveu em sua narrativa. Assim, Marcos e Mateus retratam um Jesus abandonado, sozinho frente à morte e à cruz.* No monte do Getsêmani, ele reza a Deus para que o cálice seja afastado de seus lábios. Na Cruz, pergunta por que seu Pai o abandonou. É detido sob falso testemunho. É acusado pelas autoridades judaicas de ter tentado destruir o Templo. Quando ele reconhece que é o Messias, o Filho de Deus, os sacerdotes o insultam e o chamam de blasfemador. Como as autoridades judaicas não podem executá-lo, enviam-no a Pôncio Pilatos, sabendo que estão lhe pedindo que condene um homem justo. Jesus é vaiado e flagelado pelos soldados romanos, condenado como "rei dos judeus". Morre sozinho. Ao pé da cruz não há nenhuma voz amiga, apenas zombarias e grosserias. Enfim, quando morre, de acordo com o reconhecimento do centurião, o rasgar do véu do Santuário, os fenômenos meteorológicos, Deus finalmente se manifesta e reconhece seu Filho. E, dos dois evangelistas, Marcos é aquele que ressalta com mais força o sentimento de desamparo experimentado por Jesus, e o medo que se abate sobre todos, até sobre as mulheres, que observam sua morte de longe.

No texto de Lucas, Jesus não sofre de solidão no monte das Oliveiras porque seu pai nunca o abandona. Um anjo o revigora. Deus responde a seu filho quando seu filho suplica a Ele. Na cruz, não há revolta nenhuma, apenas um grito, mas de abandono a Deus: "Pai, em tuas mãos entrego o meu espírito" (Lucas, 23, 46). Se os discípulos abandonaram mesmo Jesus, Lucas não diz nenhuma palavra (mas também não assume o contrário). De acordo com ele, Jesus agradece aos Doze durante a Última Ceia por sua lealdade. Ele olha Pedro nos olhos quando ele o renega, como estava previsto, e assim faz com que se lembre da oração que fez para apagar esse momento de fraqueza. Em Lucas, Jesus permanece como o messias do perdão. Ele recoloca a orelha do servo, perdoa seus

---

* Como apresentaria Paulo em sua epístola aos Hebreus (Hebreus, 5, 7-8): "É ele que, nos dias de sua vida terrena, apresentou pedidos e súplicas, com veemente clamor e lágrimas, àquele que o podia salvar da morte; e foi atendido por causa da sua submissão. E embora fosse Filho, aprendeu, contudo, a obediência pelo sofrimento".

juízes e os pecados do bom ladrão, crucificado ao lado dele, a quem promete o paraíso. Durante sua Paixão, as multidões se afligem com sua dor. As mulheres se lamentam e gemem por causa dele. E quando morre, as hordas se viram e batem no peito. Muitos teólogos consideram que, em Lucas, a morte de Jesus não se assemelha a uma morte expiatória. Ele cura e perdoa. Mas não confere nenhum valor de salvação à Cruz. Para outros, este valor existe, mas Lucas insere essa morte como elemento do desígnio de Deus em nome da salvação do mundo.

A Paixão de João é notável pela escolha soberana de morte decidida por Jesus. Ele apresenta um Jesus mais assediado pelas autoridades religiosas do que em qualquer outro Evangelho. "Ninguém a tira de mim, mas eu a dou livremente. Tenho poder de entregá-la e poder de retomá-la; este é o mandamento que recebi do meu Pai" (João, 10, 18). Os episódios de dúvida no monte Getsêmani neste caso não ocorrem. No máximo, sua alma se inquieta no caminho de Jerusalém: "'Minha alma está agora conturbada. Que direi? Pai, salva-me desta hora? Mas foi precisamente para esta hora que eu vim. Pai, glorifica o teu nome.' Veio, então, uma voz do céu: 'Eu o glorifiquei e o glorificarei novamente'." (João, 12, 27-28). Jesus jamais pede a seu Pai que afaste o cálice de seus lábios. De acordo com essa mesma lógica, porque ele conhece e aceita plenamente o decorrer dos acontecimentos, ele pressiona Judas, durante a Última Ceia, para ir fazer o que tem que fazer. Ele anuncia a seus discípulos que está no Pai e que o Pai está nele. Por isso, não experimenta tristeza nem se sente desamparado. Mesmo quando os discípulos o abandonam, ele fará com que se lembrem de que não está triste. "E eis que chega a hora – e ela chegou – em que vos dispersareis, cada um para o seu lado, e me deixareis sozinho. Mas eu não estou só, porque o Pai está comigo" (João, 16, 32). No jardim do Cedron, onde deve acontecer a prisão, ele espera em pé a tropa que chega para detê-lo, com Judas à frente. E quando a coorte escuta seu nome, recua e cai por terra. Também é pelo fato de ele ter formado uma unidade com o Pai que nega a Pilatos qualquer poder quando este, para estimular a conciliação, lhe diz que tem o poder de crucificá-lo ou de liberá-lo.

Ao Jesus vaiado e cheio de dúvidas de Marcos e Mateus, ao Jesus de perdão e cura de Lucas, João opõe um Jesus triunfante. A morte o glorifica. Ele realiza aquilo que deveria realizar. Para matá-lo na cruz, os sacerdotes e Caifás são obrigados a renegá-lo, por duas vezes. A primeira quando, em uma armadilha de Pôncio Pilatos, que também se vinga por precisar condenar um justo, eles proclamam que só têm um rei e que o rei é César. Na segunda vez, quando Pilatos manda inserir sobre o *titulum* o letreiro que diz o motivo da condenação: "rei dos judeus". Pedem que o romano retifique, acrescentando: "Eu sou o rei dos judeus", mas o que Pôncio Pilatos escreveu está escrito.

Com frequência há objeções dizendo que a historicidade da Paixão é duvidosa, porque seus relatos invocam episódios de que todo mundo está ausente: a prece de Jesus quando todos os discípulos estão dormindo, a duração exata do processo perante o Sinédrio e perante Pilatos, a crucificação, o enterro. Na verdade, esses argumentos não se sustentam. Jesus chegou a Jerusalém acompanhado dos Doze. E mesmo que eles o tenham abandonado, com certeza não perderam o interesse por seu destino. Os rumores a respeito do que ele dizia, fazia e decidia longe deles lhes chegava aos ouvidos, em relatos de testemunhas oculares e auditivas presentes aos locais que os discípulos haviam desertado. "Transmiti-vos, em primeiro lugar, aquilo que eu mesmo recebi. Cristo morreu por nossos pecados, segundo as Escrituras. Foi sepultado, ressuscitou ao terceiro dia, segundo as Escrituras. Apareceu a Cefas, e depois aos Doze. Em seguida, apareceu a mais de quinhentos irmãos de uma vez, a maioria dos quais ainda vivem enquanto alguns já adormeceram" (1 Coríntios, 15, 3-6), escreveu Paulo na década de 30 d.C. Paulo estava ausente do teatro das operações – e é exatamente uma tragédia que vai se dar. Ele estava até ausente de Jerusalém. Alguns meses depois, os boatos relativos a Jesus chegaram até ele, em seus mínimos detalhes, da maneira como revelou em sua primeira epístola aos Coríntios.

Claro que vários episódios não tiveram nenhum discípulo como testemunha. Mas, mesmo que eles tivessem se escondido depois da prisão, todas as evidências apontam para o fato de que devem ter buscado obter informações sobre o que aconteceu com Jesus por todos os meios possíveis, e também sobre o que se falava a respeito desse assunto. Imaginar que não tinham mais interesse é um absurdo total: os Doze haviam passado quase três anos seguindo Jesus, assistindo a seus sinais e acreditando no Reino, e por isso, no momento mais terrível de sua história com ele, não iriam voltar para casa sem olhar para trás.

Todos eles estavam em Jerusalém durante o processo e a crucificação, como o decorrer dos episódios comprovaria. A cautela e a atenção só seriam motivadas por sua própria segurança. Eles não ignoraram nada a respeito da condenação à morte. A crucificação foi pública; o enterro também deve ter sido.* A aura de que Jesus gozava leva a crer que esses dois acontecimentos devem ter sido presenciados por grande número de espectadores.

No que diz respeito ao relato da Paixão, os historiadores se interrogam sobretudo em relação à data provável. O período da atuação de Pôncio Pilatos como prefeito da Judeia, entre 26 e 36, fornece um leque bastante amplo para fixar a data da morte de Jesus. Mas as indicações dadas pelos Evangelhos quanto ao dia de sua morte são bastante precisas. Segundo Marcos, Mateus e Lucas, teria sido em uma sexta-feira, o próprio dia da Páscoa judaica. Segundo João, teria sido na véspera da Páscoa, ou seja, no 14 de Nissan. A maioria dos historiadores prefere esta data, mais provável, porque não se

---

* No que diz respeito à questão de historicidade do enterro, Raymond E. Brown observa que o silêncio de certos autores não significa que o fato não ocorreu. Assim, nem Paulo nem o Talmude da Babilônia (Sinédrio 43 a) mencionam a participação de Pilatos na execução de Jesus, mas o fato é confirmado. E nem Paulo nem Tácito, em seus *Anais* (15, 44), mencionam o papel dos judeus.

executavam prisioneiros em dias de festa.* Alguns cientistas trabalharam com o fenômeno do escurecimento do céu no dia de sua morte. Baseando-se na possibilidade de um eclipse visível na Palestina, concluíram que deve ter acontecido no dia 3 de abril de 30 ou em 7 de abril de 33.

A semana santa tinha começado então, sem dúvida, no dia 2 de abril. Nesse dia, de manhã, Jesus pediu a seus discípulos que fossem buscar um jumento no vilarejo de Betfagé, para entrar em Jerusalém como Zacarias tinha profetizado nas Escrituras: "Exulta muito, filha de Sião! Grita de alegria, filha de Jerusalém! Eis que o teu rei vem a ti: ele é justo e vitorioso, humilde, montado sobre um jumento, sobre um jumentinho, filho da jumenta." (Zacarias, 9, 9).

---

* A proibição era válida para os judeus. Porém, a execução de Jesus foi ordenada pelos romanos, como atesta a escolha do suplício. Historiadores se baseiam nesse fato para rejeitar a suposição de que, na pressa de Caifás em fazer com que Jesus de Nazaré desaparecesse, as autoridades romanas tivessem deixado de respeitar alguma proibição religiosa que, na verdade, não lhes dizia respeito.

A Paixão

"Levaram a Jesus o jumentinho, sobre o qual puseram suas vestes. E ele o montou. Muitos estenderam as vestes pelo caminho, outros puseram ramos que haviam apanhado nos campos. Os que iam à frente dele e os que o seguiam chamavam: '*Hosana! Bendito o que vem em nome do Senhor*! Bendito o Reino que vem, do nosso pai Davi! *Hosana* no mais alto dos céus!' Entrou no Templo, em Jerusalém" (Marcos, 11, 7-11). Em Jerusalém, como menciona Mateus: "E entrando em Jerusalém, a cidade inteira agitou-se e dizia: 'Quem é este?' A isso as multidões respondiam: 'Este é o profeta Jesus, de Nazaré, na Galileia'." (Mateus, 21, 10-11). Dá para imaginar como foi a viagem de Jesus desde a Betânia, ao longo da estrada que subia até a Cidade Santa, frequentada por dezenas de peregrinos a caminho do templo. Depois da última curva, Jerusalém surgia de maneira brusca no horizonte. Suas torres quadradas e suas muralhas se perfilavam contra o céu transparente. Localizada sobre um platô alto, a setecentos metros de altitude, a cidade é rodeada por ravinas profundas que a protegem. Do monte das Oliveiras, a vista era de tirar o fôlego: os pórticos e as esplanadas do enorme Templo que Herodes mandara reconstruir 46 anos antes eram banhados pela luz projetada pelo ouro que revestia toda a fachada, de trinta metros de altura. Para entrar na cidade por esse caminho, era preciso descer uma encosta de cerca de duzentos metros. As muralhas, os guardas e a multidão não tinham como ter deixado de ver Jesus chegando em cima de seu jumentinho, e os peregrinos em regozijo que o aclamavam. "Já estava perto da descida do monte das Oliveiras, quando toda a multidão dos discípulos começou, alegremente, a louvar a Deus com voz forte por todos os milagres que eles tinham visto. (...) Alguns fariseus da multidão lhe disseram: 'Mestre, repreende teus discípulos'. Ele, porém, respondeu: 'Eu vos digo, se eles se calarem, as pedras gritarão'." (Lucas, 19, 37; 39-40). Apesar de uma calma relativa estar reinando sobre a região, existia o temor quanto a levantes e movimentos de multidões em períodos de festas – e a Páscoa era a festa por excelência. O Pessach é a festa das colheitas; as comemorações duram sete dias, do dia 15 ao 21 do mês de Nissan.* Festa da liberdade, ela comemora o fim da escravidão dos hebreus no Egito e prefigura a redenção que se cumprirá nos tempos messiânicos. Será que Jesus poderia escolher outra data mais emblemática?

Um milhão de pessoas, vindas das cidades longínquas da diáspora, chegavam até lá para esse momento culminante da vida religiosa judaica.** As coortes romanas, ausentes no resto do ano, instalavam-se na cidade para manter a ordem. Os centuriões se instalavam na fortaleza Antônia, um pouco afastada do centro. Os peregrinos ficavam ao redor da cidade, ao pé das muralhas, às margens do Cedron, o rio que passa perto da cidade, e sobre as colinas próximas, incluindo o monte das Oliveiras ou Getsêmani – compreendemos que os fariseus não sabiam onde encontrá-lo à noite se ignoravam o local de seu acampamento, e que eles temiam os movimentos da multidão.

Mais uma vez, Jesus estava nos portões de Jerusalém. E, mais uma vez, os fariseus tentaram expulsá-lo. Eles já o haviam aconselhado, em uma viagem anterior, que fosse embora. "'Parte e vai-te daqui, porque Herodes quer te matar.' Ele respondeu: 'Ide dizer a essa raposa: Eis que eu expulso demônios e realizo curas hoje e amanhã e no terceiro dia terei consumado! Mas hoje, amanhã e depois de amanhã, devo prosseguir o meu caminho, pois não convém que um profeta pereça fora de Jerusalém'." (Lucas, 13, 31-33). E mais, ao contemplar a cidade: "Jerusalém, Jerusalém, que matas os profetas e apedrejas os que te foram enviados, quantas vezes quis reunir teus filhos como a galinha recolhe seus pintinhos debaixo das asas, mas não quiseste! Eis que vossa casa ficará abandonada. Sim, eu vos digo, não me vereis até o dia em que direis: Bendito aquele que vem em nome do Senhor!" (Lucas, 13, 34-35).

---

* O mês de Nissan corresponde mais ou menos a março/abril.

** A avaliação de historiadores é feita a partir de Flávio Josefo, que estima em 250 mil o número de ovelhas degoladas no Templo para a Páscoa. Com a proporção de uma ovelha para cada família de quatro pessoas, esse é o número a que se chega.

Chegou o dia, exatamente. Jesus foi abençoado. Ele foi aclamado. Palmas se agitavam quando passava. "Hosana*! Bendito o que vem em nome do Senhor e o rei de Israel!" (João, 12, 13). A fórmula do triunfo ditava todo o mal-entendido que só se agravava. O filho de Davi é o Messias, o salvador de Israel, o libertador vitorioso, o rei messiânico que as multidões esperavam. É o "rei dos judeus", aquilo que ele tanto negava ser, e sob cujo título ele morreria, coroado com espinhos. Os discípulos que ontem se questionavam a respeito de sua identidade a proclamam hoje. Mas, apesar de o momento ser de alegria, e de a chegada ser real, Jesus chorava sobre a cidade. Ele profetizou: "Ah! Se nesse dia também tu conhecesses a mensagem de paz! Agora, porém, isso está escondido a teus olhos. Pois dias virão sobre ti, e os teus inimigos te cercarão com trincheiras, te rodearão e te apertarão por todos os lados. Deitarão por terra a ti e a teus filhos no meio de ti, e não deixarão de ti pedra sobre pedra, porque não reconheceste o tempo em que foste visitada!" (Lucas, 19, 42-44).**

Esse dia triunfal, que a tradição cristã transformaria no Domingo de Ramos, cristaliza toda a animosidade dos fariseus: eles não deixaram passar em branco o sinal que Jesus escolheu para entrar em Jerusalém com o jumento. O mesmo vale para a importância da multidão que acompanhava Jesus. E para o fato de que ela entoava um cântico com o fervor de um salmo. A partir desse instante, a questão era apenas encontrar um pretexto. Jesus lhes forneceu mais de um, ao mesmo tempo em que evitou cair em todas as armadilhas deles por meio do uso da ciência da retórica. De acordo com Lucas e Mateus, mal Jesus entra na cidade e já se apressa até o Templo para expulsar os vendedores*** (Marcos situa o episódio no dia seguinte, e João, nos primeiros dias da pregação pública). "Então Jesus entrou no Templo e expulsou todos os

---

* "*Hosana*" é tirado do salmo 118 (25-26).

** Os exegetas se questionam em relação à historicidade desses relatos: será que Lucas os redigiu depois da destruição do Templo em 70 d.C.? É preciso ressaltar, aqui também, que, para Lucas, Jesus chora devido a sua compaixão e a sua tristeza com a perspectiva dessa destruição.

*** O incidente é conhecido sob o nome de "purificação do templo".

vendedores e compradores que lá estavam. Virou as mesas dos cambistas e as cadeiras dos que vendiam pombas. E disse-lhes: 'Está escrito: *Minha casa será chamada de casa de oração.** Vós, porém, fazei dela um *covil de ladrões*!'" (Mateus, 21, 12-13). Essa frase de Isaías faz lembrar uma outra, que o profeta atribui ao Senhor: "Que me importam os vossos inúmeros sacrifícios?, diz Iahweh. Estou farto de holocaustos de carneiros e da gordura de bezerros cevados; no sangue de touros, de cordeiros e de bodes não tenho prazer. Quando vindes à minha presença quem vos pediu que pisásseis meus átrios? Basta de trazer-me oferendas vãs: elas são para mim incenso abominável" (Isaías, 1, 11-13). A descrição feita por João do escândalo no Templo é ainda mais violenta: "No Templo, encontrou os vendedores de bois, de ovelhas e de pombas e os cambistas sentados. Tendo feito um chicote de cordas, expulsou todos do Templo, com as ovelhas e com os bois; lançou ao chão o dinheiro dos cambistas e derrubou as mesas e disse aos que vendiam pombas: 'Tirai tudo isto daqui; não façais da casa de meu Pai uma casa de comércio'."** (João, 2, 14-16). Podemos medir a reprovação de Jesus pela maneira como a expressou quando o sacrilégio flagrante agrediu sua vista. Na passagem, ele acabava de atacar a própria instituição e de mostrar insistência ao retrucar aos fariseus que lhe perguntam com que direito se autoriza tais gestos: "Destruí este santuário, e em três dias eu o levantarei" (João, 2, 19). A declaração de guerra estava lançada. Todos a escutam. Isso explica sem dúvida por que a multidão não se ergueria para salvar Jesus quando ele fosse exposto nas ruas de Jerusalém, seminu, carregando um *patibulum* pesado, com o cuspe dos soldados brilhando sobre sua pele. Os judeus, todos os judeus,

---

* De acordo com a frase de Isaías: "Com efeito, minha casa será chamada casa de oração para todos os povos", que era inscrita na fachada de todas as sinagogas (Isaías, 56, 7).

** Sete mil e duzentos sacerdotes, em grupos de 24, garantiam o serviço do Templo em períodos de festa. O "sacrifício perpétuo" exigia que fosse imolado um cordeiro de manhã e um à noite; a esse ritual juntavam-se os sacrifícios particulares. Os levitas, cerca de dez mil homens cuja função era hereditária, encarregavam-se da música e dos cânticos.

tinham apego muito profundo ao Templo. Já por duas vezes o inimigo idólatra o destruíra e o povo judeu o reconstruíra. Ali, Iahweh se manifestava. Sua presença era atestada no Santo dos Santos. A organização das festas, a administração do Tesouro e a política jurídica e social eram a base de toda a vida social judaica. As oferendas, redistribuídas às viúvas e aos órfãos, permitiam que as pessoas muito pobres sobrevivessem, e que todo um entorno de mercadores e cambistas proliferasse. Os peregrinos da diáspora convertiam seu dinheiro comum em dracmas de prata cunhadas em Tiro, as únicas moedas autorizadas para a aquisição das oferendas sagradas. Que direito tinha aquele homem, que se dizia mestre do sabá, de destruir o Templo para reconstruí-lo em três dias?

Durante os dias que se seguiram, Jesus se instalou precisamente no Templo, onde ensinou os fiéis e curou os leprosos. A seu redor, o vaivém de escribas e de sacerdotes era incessante. Ele era inundado de perguntas. O poder sacerdotal ficou sabendo que Jesus, com um gesto da mão, tinha esterilizado uma figueira porque a árvore não rendia frutos. De onde vinha esse poder?, perguntam os sacerdotes. E de onde vinha o poder de João Batista?, ele se poupou de responder ao rebater com outra pergunta, consciente de que os fariseus não seriam capazes de responder: se o poder de João viesse de Deus, então eles permitiram que um grande profeta morresse; se fosse um impostor, então teriam que dizer isso perante a multidão que os cercava e que venerava João. As armadilhas se sucederam: deve-se pagar imposto a Roma? A réplica de Jesus ficou famosa. Como o nome de César* está inscrito na moeda, é a ele que ela pertence. Jesus ensinou a ressurreição; os saduceus, que não acreditavam nela, ironizaram ao colocar-lhe o enigma de uma mulher que se casou várias vezes. Quem seria seu marido no Céu? Jesus rebateu a zombaria contra eles: "Na ressurreição, nem eles se casam nem elas se dão em casamento, mas são todos como os anjos no céu" (Mateus, 22, 30).

---

* O nome, e não o rosto. Qualquer representação de figura humana era proibida pela Lei. César criou a convenção de cunhar uma moeda especial para a Judeia para não ferir a sensibilidade religiosa dos administrados.

No Templo, cujo acesso foi proibido pelos sacerdotes a qualquer um que aclamasse Jesus, as pessoas se aglomeravam ao redor dele. Como era seu hábito, ele ensinava por meio de parábolas e todos contavam a mesma história: o abandono da casa do Pai pelos filhos. Elas davam lugar a frases escandalosas a um ortodoxo: "Em verdade, vos digo que os publicanos e as prostitutas vos precederão no Reino de Deus" (Mateus, 21, 31). Elas também deixavam entrever a presciência de sua morte, que não abandonou mais Jesus: em uma de suas metáforas, o filho que vai, em nome do pai proprietário, recolher os frutos da vinha arrendada a cultivadores avaros é morto por eles. Assim como acontecia com a administração sacerdotal, os cultivadores monopolizaram um tesouro que não lhes pertencia, devoraram os frutos em vez de compartilhá-los; eles mataram o filho legítimo que tentava recuperar seu bem. "Por isso vos afirmo que o Reino de Deus vos será tirado e confiado a um povo que o fará produzir seus frutos" (Mateus, 21;43). Há muitas outras parábolas que anunciam a abertura do Reino às nações, porque ninguém compareceu ao casamento do Filho. Mas aquele integrante das nações que não se aprontar para o festejo da aliança será rejeitado como os outros às trevas exteriores: "Com efeito, muitos são chamados, mas poucos escolhidos" (Mateus, 22, 14). Seu Verbo agradava. Depois dos soldados, ele converteu um escriba, um dos mais brilhantes do Templo.

E depois, com brusquidão, Jesus repreendeu a multidão. Ele disse às ovelhas que se precavessem contra os falsos pastores, em termos de grande violência – atacando os sacerdotes: "Ai de vós, escribas e fariseus, hipócritas" (Mateus, 23, 13). A longa enumeração deixou o público estupefato, mas serviu de conforto àqueles que Jesus acabava de repreender em sua determinação de fazer com que ele desaparecesse. Mais do que nunca, estavam decididos a acabar com ele, com a maior discrição, e com a maior urgência possíveis. Era necessário detê-lo longe das vistas das pessoas. Mas onde encontrá-lo no meio dessa multidão imensa que acampava sob as muralhas da cidade durante as festas? Durante o dia, sabia-se que ele ficava no Templo, mas e durante a noite? "Aproximava-se a festa dos Ázimos, chamada Páscoa. E os chefes dos sacerdotes e os escribas procuravam de que modo eliminá-lo, pois temiam o povo" (Lucas, 22, 1-2).

Judas resolveu a questão: "Então um dos Doze, chamado Judas Iscariotes, foi até os chefes dos sacerdotes e disse: 'O que me dareis se eu o entregar?' Fixaram-lhe, então, a quantia de trinta moedas de prata. E a partir disso, ele procurava uma oportunidade para entregá-lo" (Mateus, 26, 14-16.). Segundo Marcos: "Judas Iscariot, um dos Doze, foi aos chefes dos sacerdotes para entregá-lo a eles. Ao ouvi-lo, alegraram-se e prometeram dar-lhe dinheiro. E ele procurava uma oportunidade para entregá-lo" (Marcos, 14, 10-11). No texto de Lucas, Judas só pôde cometer esse ato tão desonroso porque estava sob a influência do poder de Satanás: "Satanás entrou em Judas, chamado Iscariotes, do número dos Doze. Ele foi conferenciar com o chefe dos sacerdotes e com os chefes da guarda sobre o modo de lho entregar. Alegraram-se e combinaram dar-lhe dinheiro. Ele aceitou, e procurava uma oportunidade para entregá-lo a eles, escondido da multidão" (Lucas, 22, 3-6).

A opinião dos evangelistas no que diz respeito a Judas é unânime. Os relatos que eles fazem sobre ele são severos. É um traidor que entrega o Senhor. Um homem avaro. E hipócrita. Logo depois de se reunir com os sacerdotes e entregar Jesus, fez-se de inocente quando Jesus anunciou que um dos discípulos iria entregá-lo: "Eles, muito entristecidos, puseram-se – um por um – a perguntar-lhe: 'Acaso sou eu, Senhor?' Ele respondeu: 'O que comigo põe a mão no prato, esse me entregará. Com efeito, o Filho do Homem vai, conforme está escrito a seu respeito, mas ai daquele homem por quem o Filho do Homem for entregue! Melhor seria para aquele homem não ter nascido!' Então Judas, seu traidor, perguntou: 'Porventura sou eu, Rabi?'" (Mateus, 26, 22-25).

A conduta de Judas é incompreensível e inqualificável. Ela é tão deslocada que João, assim como Lucas, prefere atribuir ao diabo essa queda nos abismos do mal. "'Não vos escolhi, eu, aos Doze? No entanto, um de vós é um diabo!' Falava de Judas, filho de Simão Iscariotes. Este, um dos

Doze, o haveria de entregar" (João, 6, 70-71). "Durante a ceia, quando já o diabo pusera no coração de Judas Iscariotes, filho de Simão, o projeto de entregá-lo" (João, 13, 2). "Tendo umedecido o pão, ele o toma e dá a Judas, filho de Simão Iscariotes. Depois do pão, entrou nele Satanás. Jesus lhe diz: 'Faze depressa o que estás fazendo'." (João, 13, 26-27). No Antigo Testamento, o diabo já tinha inspirado Saul à mesma traição: Satanás tinha se esgueirado para dentro de Saul para incitar sua inveja e inspirar alguns estratagemas a fim de eliminar o jovem e belo Davi, que tinha derrotado Golias.

O caso de Judas é tão atormentador que diversas hipóteses foram apresentadas para isentar o discípulo de seu ato: a questão é tão perturbadora e tão desconcertante que encontrou sua solução em um Evangelho apócrifo, que teve um exemplar oficial revelado em 2005. O Evangelho de Judas faz parte de um códice*, chamado "Códice Tchacos" – que é o sobrenome da marchand de antiguidades suíça que foi sua última proprietária. Ele teria sido encontrado por volta de 1978 no Médio Egito, na região de Minié, perto da necrópole copta de Al Miniya. Aparentemente, estava guardado dentro de uma caixa de pedra, enterrada em uma tumba nas proximidades do Nilo. Tirando essas indicações, ignora-se quase tudo a respeito dessa descoberta: seriam folhas clandestinas? A notícia de sua existência começou a circular nos meios científicos no final de 1982, por meio de fotografias de qualidade medíocre. Trata-se de 62 fólios escritos em copta, com quatro tratados no total, sendo que as páginas de 33 a 58 constituem um texto inédito, que na época não foi identificado. Foi necessário esperar até 2000 para que o códice encontrasse uma compradora – Frieda Tchacos Nussberger, de Zurique – e para que dois pesquisadores da Universidade de Yale conseguissem ler no verso de um fólio e na sequência de um diálogo entre Jesus e Judas – Judas Tomé, pensava-se então – o título de "Evangelho de Judas". Os três milhões de dólares exigidos pelo primeiro dono tinham impedido sua aquisição e retardado o exame científico completo do documento. Mais de vinte anos se passaram entre a descoberta e a restauração.

---

* Conjunto de folhas de papiro unidas ao modo de um livro, que substitui o rolo como volume a partir do século I d.C.

O manuscrito frágil iria se deteriorar nesse intervalo, viajando entre os Estados Unidos e a Suíça, guardado em caixas de sapato forradas com jornal ou trancado em um cofre em Long Island. A restauradora Florence Dabre e os especialistas que a auxiliaram, Rodolphe Kasser e Gregor Wurst, seriam os responsáveis por sua publicação definitiva, que ainda demoraria cinco anos.

Sabe-se da existência de um Evangelho de Judas graças ao testemunho de um dos Pais da Igreja, Irineu de Lyon, que o menciona em *Sobre a detecção e a derrubada da assim-chamada gnose*, obra comumente chamada de *Contra as heresias*, redigida por volta do ano 180. A versão que chegou até nós é a cópia em copta de um original escrito em grego em meados do século II d.C. Como havia atestado Irineu de Lyon*, o Evangelho de Judas é partidário do pensamento gnóstico**, no cerne do qual ele provavelmente nasceu. Com

---

* "Eles declaram que Judas, o traidor, conhecia perfeitamente essas coisas, e que apenas ele, conhecendo a verdade como nenhum dos outros conhecia, realizou o mistério da traição; por meio dele todas as coisas, tanto terrenas como celestiais, foram lançadas na confusão. Eles produzem uma história fictícia desse tipo, que chamam de 'Evangelho de Judas'" (Irineu de Lyon, *Contre les hérésies*, citado em *L'Évangile de Judas,* Paris: Flammarion, 2006).

** A gnose (do grego *gnosis,* conhecimento) é uma atitude intelectual que se encontra à margem de quase todas as religiões do mundo. No Oriente, foi como o princípio e o alimento de toda a especulação religiosa. Ciência revelada do mundo, da vida e, por consequência, da salvação, ela não se confunde com o conhecimento adquirido pelo estudo e pela experiência dos sentidos – a ciência humana –, porque lhes é infinitamente superior. Ela é a ciência de si mesma, total, absoluta, emancipada do controle da razão do homem. Como a suprema revelação da Verdade metafísica, ela combina visões cosmológicas e especulações sobre a matéria, sobre a natureza das forças que a organizaram e que a regem, além da origem e do destino dos seres vivos, principalmente o homem. Ela se incorpora ao cristianismo primitivo por volta do século II, e marcaria seu pensamento até o século IV. Os livros do Novo Testamento, e sobretudo os textos de João, contêm alusões frequentes à gnose e manifestam vontade expressa de combatê-la (cf. 1 João, 1). Assim, a primeira epístola de João vilipendia a negação da humanidade de Jesus. De fato, os gnósticos afirmavam que Jesus se revestira de um corpo aparente. Seja em relação à doutrina da criação, à doutrina da redenção, à cristologia ou à escatologia, os ensinamentos dos gnósticos eram radicalmente diferentes dos efetuados pelos apóstolos. Por essa razão, nenhum de seus textos foi conservado no cânone do Novo Testamento. Consultar, a esse respeito, a introdução de Jean-Pierre Mahé a *Écrits gnostiques,* Paris: Gallimard, coleção "Bibliothèque de la Pléiade", 2007.

a colocação de Judas como complemento do nome, o título difere da formulação clássica dos Evangelhos canônicos (Evangelho segundo Mateus etc.). Ele não tem a intenção de apresentar Judas como suposto autor da obra, mas sim de dar uma informação a respeito do conteúdo desse "relato secreto", como o designam as primeiras palavras do texto: "O relato secreto da revelação feita por Jesus em conversa com Judas Iscariotes" (33).

O Evangelho de Judas consiste de um diálogo entre o mestre e seu discípulo, o único depositário de uma informação que deve permanecer secreta, reservada a um pequeno número de eleitos. A revelação diz respeito aos "mistérios além do mundo" (47), seu fim e o fim dos homens, que Judas é o único, entre os discípulos, capaz de entender. Para compreendê-lo, é necessário familiarizar-se com a gnose: segundo esta doutrina, a salvação advém aos homens por meio do conhecimento das realidades espirituais. O ser humano carrega em si um princípio de vida, a alma espiritual, que o corpo prende na matéria corruptível. Essa alma tem origem divina, sua aspiração é se elevar à sua fonte e abandonar o mundo dos fenômenos que procede de uma divindade inferior ao Deus supremo. Trata-se do mau Demiurgo, que exerce o peso de sua lei sobre o mundo e sobre o espírito humano. Para se libertar disso, o homem deve encontrar essa luz interior que o liga a Deus. Tomar consciência é conhecer-se a si mesmo, e ao mesmo tempo acessar o conhecimento salvador sobre o qual se baseia a gnose. "Jesus lhes disse: 'Como me conheceis? Verdadeiramente [eu] vos digo, nenhuma das gerações das pessoas que estão entre vós me conhecerá'." (34). Não enxergar isso é o mesmo que permanecer submisso às leis da história e do tempo, perecer sem perspectiva de salvação do jugo do demiurgo e de suas forças do mal. Libertar-se das leis da finitude não está ao alcance de todos. Apenas a geração escolhida, "grande e santa", como a qualifica Jesus, tem acesso ao "conhecimento".

Este provém de uma "outra semente", a de Seth*, o terceiro filho de Adão e Eva, que por sua vez teve um descendente, Enoque. O Gênesis conta que é nessa época que se começa a invocar o Senhor por seu verdadeiro nome. No Evangelho de Judas, o Deus supremo continua sendo infalível, porque Judas não ousa pronunciar seu nome. O discípulo se dirige a Jesus depois de ele perguntar aos Doze qual deles "é forte o bastante entre os seres humanos" para que se coloque frente a ele: "Eu sei quem és e de onde vieste. És do reino imortal de Barbelo.** E eu não sou digno de proferir o nome daquele que te enviou" (35).

Entre os doze discípulos, apenas Judas entrevê a essência espiritual de Jesus e se coloca em pé perante ele. O fato de ele virar o rosto no momento de se manifestar é sinal ao mesmo tempo de temor, modéstia e respeito.*** Ele encarna nada menos do que o "homem perfeito", "forte entre os seres humanos", pertencente à "geração incorruptível" (53) e esclarecida que é definida por Jesus no Evangelho apócrifo. Judas se distingue dos outros discípulos e Jesus o chama de lado para revelar-lhe os "mistérios do Reino". Será que ele era o discípulo favorito? É a ele que Jesus pede que cumpra o mistério da traição: "Mas tu suplantarás a todos [os poderes

---

* O Evangelho de Judas seria parte de um gnosticismo antigo – surgido por volta do ano 70 d.C. –, chamado de gnosticismo setiano pelos especialistas em razão da posição atribuída a Seth. "Segundo a história contada no Livro do Gênesis, Seth, o terceiro filho de Adão e Eva, nasceu depois do trágico ato de violência ocorrido com a primeira família disfuncional, que culminou na morte de Abel e o banimento de Caim. Sugere-se que Seth represente um recomeço para a humanidade. Então, de acordo com o Evangelho de Judas e livros setianos similares, pertencer à geração de Seth significa fazer parte da humanidade iluminada. Esta é a boa notícia da salvação em textos setianos como o Evangelho de Judas" (*L'Évangile de Judas, op. cit.*).

** Nos textos setianos, Barbelo é a Mãe divina de todos. Ela com frequência é definida como sendo a presciência (conhecimento que Deus tem de todas as coisas) do Pai.

*** Consulte os comentários dos professores Rodolphe Kasser, Marvin Meyer e Gregor Wurst em *O Evangelho de Judas*, Rodolphe Kasser, Marvin Meyer e Gregor Wurst, Ediouro, 2006.

negativos do universo]. Pois sacrificarás o homem que me veste" (56). Judas entrega Jesus ao chefe dos sacerdotes, como ele tinha formulado seu pedido.

O fato de o discípulo se tornar instrumento de um plano divino é uma ideia menos original do que parece. Os Evangelhos canônicos apresentam o germe dessa noção, já que Jesus não faz nada para escapar de uma manobra de que tem consciência com antecedência. O Evangelho de João é explícito em relação a esse ponto, quando Jesus parece intimar Judas a entregá-lo: "Jesus lhe diz: 'Faze depressa o que estás fazendo'." (João, 13, 27). E ainda, falando dos discípulos, Jesus disse a Deus: "Quando estava com eles, guardava-os em teu nome que me deste; guardei-os e nenhum deles se perdeu, exceto o filho da perdição para cumprir-se a Escritura" (João, 17, 12). Mas, enquanto o Evangelho de João não se opõe à sua origem sobrenatural, o Evangelho de Judas coloca a encarnação como um mal do qual Jesus deve se libertar por meio da morte, o único modo que o permitirá retornar ao reino do além. Para os gnósticos, o corpo é uma prisão da qual é necessário se livrar para alcançar a verdade sublime. Se essa libertação só pode ser efetuada com a ajuda de um intermediário, neste caso Judas, a salvação só lhe chega por meio do conhecimento. A morte e a ressurreição de Jesus pressagiam a salvação do gnóstico, mas não condicionam a salvação da humanidade inteira. É por isso que o Evangelho de Judas termina com a conversa entre Judas e os chefes dos sacerdotes, sem dizer nada em relação ao que acontece a seguir[1]: "E ele recebeu algum dinheiro e entregou-o a eles" (58). Judas entrega Jesus. Em grego, o verbo *paradidômi* significa "remeter", "transmitir" ou "entregar", sem conotação pejorativa. Como esse discípulo, que Paulo jamais menciona, veio a estigmatizar a figura do traidor?

Não conheceremos jamais as razões que levaram Judas a colaborar com os chefes dos sacerdotes. Mas, durante muito tempo, buscaram-se os motivos de sua ação por meio de seu sobrenome. "Iscariotes" (ou Iscariot) também deu lugar a várias interpretações, todas sujeitas a controvérsia. Benjamin Smith buscou no radical *skr* o sentido de *entregar*. O nome de

Judas então deveria ser compreendido como *o que entrega*, *o traidor*, que o discípulo personificou na sequência. Julius Wellhausen considerou um apelido, o bandido, o sicário, do latim *sicarius*, "aquele que carrega adaga", e sinônimo de Zelota. Judas podia ter sido uma das pessoas que esperava a chegada de um profeta guerreiro que liberaria o povo judeu da tutela romana. Decepcionado em suas expectativas, o discípulo o teria traído, certo que, perante os soldados, Jesus, *o Messias* verdadeiro, teria enfim recorrido às armas, e o mesmo faria a multidão para segui-lo. Mas por que então, nesse caso, Simão, o Zelota, ou Cananeu, não era confidente de Judas? E ainda, como provaram as mais recentes pesquisas históricas, o movimento dos Zelotas, no sentido que seria utilizado a partir da dominação romana sobre toda a Palestina, só seria constituído depois da morte de Jesus. Mas "Iscariotes" pode ainda significar, em aramaico, "o homem de Kerioth", cidade não identificada até hoje. João, em seu Evangelho, indica Judas como "Judas, filho de Simão Iscariotes" (João, 13, 26).

Nos Evangelhos que se tornaram canônicos, Judas age movido pela cobiça. O exemplo mais claro é o da cena da "Unção de Betânia", em que uma mulher derrama perfume caríssimo sobre os pés (ou a cabeça) de Jesus. Os quatro evangelistas relatam que há indignação com o desperdício, mas apenas João especifica que se trata de "Judas Iscariotes, um de seus discípulos, aquele que o entregaria"* (João, 12, 4). O evangelista calunia o retrato do personagem e chega até a demonizá-lo, participando assim plenamente da tradição que veria em Judas um ladrão, um avaro e um incrédulo, como Jesus preconiza no Evangelho de Judas: "Tu te transformarás no décimo terceiro, e serás amaldiçoado pelas outras gerações" (46).

O redator do Evangelho de Judas – que devia conhecer o de João – reabilita o personagem epônimo ao transformá-lo em confidente de Jesus. O mestre sabe que o sacrifício que pede

---

* "'Por que não se vendeu este perfume por trezentos denários para dá-los aos pobres?' Ele disse isso, não porque se preocupasse com os pobres, mas porque era ladrão e, tendo a bolsa comum, roubava o que aí era posto" (João, 12, 4-6).

a seu discípulo fará com que este seja banido da história da sociedade humana. Mas as consequências desse ato no mundo terreno não têm nenhuma importância dentro da perspectiva gnóstica, em comparação com o que acontece com o discípulo que atinge o conhecimento. Nesse Evangelho, Judas não se suicida, ele se salva. "'Ergue teus olhos e olha para a nuvem e a luz dentro dela e as estrelas que a rodeiam. A estrela que aponta o caminho é a tua estrela'. Judas ergueu os olhos e viu a nuvem luminosa, e entrou nela" (57).

O Evangelho de Judas foi declarado herético. E a morte do discípulo, enforcado segundo Mateus*, estripado segundo Lucas** em Atos dos Apóstolos, invalida a tese desse texto apócrifo. Muita gente gostaria que não fosse assim. Deixando de lado a heresia, essa hipótese acabaria com o sentimento de mal-estar se Jesus fosse de certa maneira cúmplice do traidor que iria entregá-lo. Claro, é necessário que Jesus seja entregue para que tudo se cumpra. Sem morte, não pode haver ressurreição. Mas não está dito nas Escrituras que um homem também se torna culpado se conhecer a culpa de outro, se não precavê-lo, se não repreendê-lo e se não tentar colocá-lo de volta no caminho certo? Será por respeito a esse código legal que Jesus anunciou, no decurso da Última Ceia, que um dos Doze iria entregá-lo? Estaria Jesus lhe oferecendo uma última chance de se arrepender?

Seja como for, Judas pagaria caro por sua renegação. O incentivo do ganho fez com que ele não enxergasse a consequência de sua traição – a condenação de Jesus a morrer na Cruz. Quando recebeu a notícia, aterrorizado, arrependeu-se. "Então Judas, que o entregara, vendo que Jesus fora condenado, sentiu remorsos e veio devolver aos chefes dos sacerdotes

---

* "Ele, atirando moedas no Templo, retirou-se e foi enforcar-se" (Mateus, 27, 5).

** "Ora, este homem adquiriu um terreno com o salário da iniquidade e, caindo de cabeça para baixo, arrebentou pelo meio, derramando-se todas as suas entranhas. O fato foi tão conhecido de todos os habitantes de Jerusalém que esse terreno foi denominado na língua deles, Hacéldama, isto é, 'Campo de Sangue'" (Atos dos Apóstolos 1, 18-19).

e aos anciãos as moedas de prata, dizendo: 'Pequei, entregando sangue inocente'. Mas estes responderam: 'Que temos nós com isso? O problema é teu'." (Mateus, 27, 3-4).

Apenas Mateus narra o arrependimento e a morte de Judas. Em seu texto, o tema da culpa passa de um personagem do drama ao outro. Ele se enraíza nas prescrições do Antigo Testamento, que acusa de assassinato aqueles que são responsáveis por deixar que o sangue de um inocente se derrame injustamente. Ele surge nos ataques de Jesus contra os escribas e os fariseus: "Com isso testificais, contra vós, que sois filho daqueles que mataram os profetas. (...) Por isso vos envio profetas, sábios e escribas. A uns matareis e crucificareis, a outros açoitareis em vossas sinagogas e perseguireis de cidade em cidade. E assim cairá sobre vós todo o sangue dos justos derramado sobre a terra, desde o sangue do inocente Abel* até o sangue de Zacarias, filho de Baraquias, que matastes entre o santuário e o altar" (Mateus, 23, 31; 34-36).

Judas tentou se livrar da culpa com a devolução das trinta moedas que tinha recebido para entregar Jesus. Trinta denários, quer dizer, o preço de um escravo.** Como os chefes dos sacerdotes se recusaram a aceitar o dinheiro, Judas o jogou no Templo e fugiu. "Não é permitido jogá-lo às oferendas, já que é o preço do sangue", disseram as autoridades religiosas. Então, os chefes dos sacerdotes recolheram os denários e, com a soma, compraram o campo do moleiro que estava à venda. O terreno serviria para sepultar os estrangeiros mortos em Jerusalém. Mas a antipatia pelo lugar não foi enterrada com isso. A tradição viria a rebatizar o local com o nome de "campo de sangue".

O sangue de Jesus ainda nem tinha sido derramado e Judas já foi se enforcar. Ele acordou a esposa de Pilatos, que tinha sido atormentada por um sonho premonitório e que suplicou a seu marido que não condenasse Jesus, um justo.

---

* O inocente Abel, assassinado por seu irmão Caim, que tinha inveja porque Deus dera preferência à sua oferenda.

** Segundo uma profecia das Escrituras: "E eles pesaram o meu salário: trinta siclos de prata" (Zacarias, 11, 12).

Quanto a Pôncio Pilatos, depois de pronunciar a condenação, limpou sua consciência ao se proclamar inocente de uma morte da qual "lava as mãos" – uma terrível zombaria, já que lembra o ritual de purificação judeu! Ao entregar Jesus, Judas se transforma no primeiro suicida famoso da história e esse ato dá a medida de seu remorso: o judaísmo considera que a vida, dada por Deus, não pode ser tirada por ninguém além d'Ele! "Pedirei contas, porém, do sangue de cada um de vós" (Gênesis, 9, 5), estipula o Gênesis.

O suicida fica portanto parecido com o assassino. O valor supremo da vida obriga aquele que a detém a preservá-la. "Guardeis os meus estatutos e as minhas normas: quem os cumprir encontrará neles a vida" (Levítico, 18, 5), ordena o Levítico. Apenas a obrigação forçada de transgredir os mandamentos relativos à idolatria, à morte e ao incesto justifica que se prefira a morte. Há três suicídios relatados pela Bíblia além do de Judas: o de Sansão, que arranca as colunas do palácio dos filisteus para que morram com ele o povo e os chefes que o fizeram prisioneiro e lhe arrancaram os olhos (Juízes 16, 30); o de Saul, que se entrega à morte com seu servo para não cair nas mãos do exército dos filisteus que matou todos os seus filhos (1 Samuel 31, 4-5); e o de Aquitofel, que se enforca. Apenas a morte desse último é um verdadeiro suicídio – e, portanto, caso único. Aquitofel tinha tramado um complô para exterminar Davi e seu exército; seu conselho não foi escutado por Absalão, o inimigo de Davi. Ressentido, ele monta em seu asno, volta para casa e se enforca. Mateus retomaria os termos com os quais esse suicídio é evocado no segundo livro de Samuel (2 Samuel 17, 23) para relatar o de Judas. Posteriormente, aconteceriam os suicídios de Massada, na ocasião da grande revolta judaica contra Roma, em 70. Os Zelotas entrincheirados na fortaleza construída por Herodes resistiriam três anos às legiões romanas antes de se matarem. Antes de morrer, eles destruiriam todos os seus bens, menos um estoque de provisões, o que serviria para mostrar aos romanos que não tinham se suicidado para evitar os sofrimentos da fome, mas para não se entregarem e assim se colocarem nas mãos dos ímpios. Israel os reconheceu como mártires por não terem cedido à tentação de negar sua fé e cair na idolatria.

"O grande problema apologético de Judas – como Judas e a traição de Judas foram possíveis, e por que necessários –, o mais espinhoso de todos os problemas de justificativa, ocupa os cristãos há dois milênios", escreveu Ernst Bertram.[2] E completou: "O ato e o destino de Judas foram, para a cristandade, logo depois da queda de Adão, a encarnação mais sensível, por assim dizer, da questão eterna de sempre: o sentido do mal, a relação entre liberdade e necessidade. Nenhuma interpretação se detém na figura de Judas"[3]. E cita Dante que o precipita ao inferno; os "mistérios" das lendas populares em que Judas é a encarnação da maldade; Klopstock que vê o ato de Judas como um drama da inveja, a vingança do menos amado, devorado de amor, contra João, o discípulo favorito de Jesus:

> E nós tomamos posse finalmente dessa lenda poética em que Judas aparece como o segundo prato da balança na grande obra da Redenção, como a segunda e mais obscura vítima da Nova Aliança. Ali, Judas se sacrifica porque sabe que a escritura deve se cumprir e que, se ele deixar de cometer o ato predestinado, a obra da Redenção permanecerá irrealizada, e toda a criação, tudo que respira, estará condenado a não ter mais sentido; ele se sacrifica ao se encarregar conscientemente da pior maldição que existe no mundo, e vai trair Aquele que precisa ser traído por alguém.[4]

Então, ao se suicidar, Judas não age movido por um arrependimento qualquer, mas sim imitando aquele que realiza a Obra sobre a Cruz. Ele morreu ao mesmo tempo em que seu Senhor, com seu destino consumado; ele se enterrou enquanto o restante dos discípulos fugiu e renegou.

"No primeiro dia dos ázimos, os discípulos aproximaram-se de Jesus dizendo: 'Onde queres que te preparemos para comer a Páscoa?'" (Mateus, 26, 17). O ritual de Pessach se abre com um jantar no decurso do qual se compartilha o pão ázimo, quer dizer, sem fermento, para lembrar do êxodo precipitado dos israelitas que foram obrigados a deixar o Egito sem ter tempo de preparar o pão com o fermento usual. A proibição do fermento perdura durante toda a festa. Em seguida, é tradicional comer um cordeiro cozido com ervas amargas, para comemorar o sangue do cordeiro com que os hebreus marcaram suas portas, para que o Anjo da Morte passasse por cima de suas casas sem levar o primogênito. Na época do faraó, esse sangue sela a primeira aliança entre Deus e seu povo, que ele poupa.

Para este primeiro jantar das comemorações, chamado de *seder*, os discípulos procuram uma residência onde, como todos os seus correligionários, poderiam observar o ritual do Pessach. Jesus não se dirigiu a Judas, mas falou como o líder dos Doze, para todos os presentes. Ele tinha consciência da traição próxima. Já tinha demonstrado seus dons de premonição várias vezes; antes mesmo que os homens falassem perante ele, Jesus já sabia o que tinham em mente. Assim, trouxe à tona os complôs que amadureciam no espírito dos fariseus. Ele também sempre conhecia o raciocínio dos discípulos ou as questões levantadas por eles, por meio de uma espécie de empatia. Sem dúvida, Jesus desejava jantar em paz. Sem temer uma irrupção precoce demais dos soldados de Caifás. Ele ainda tinha palavras a pronunciar, e gestos a realizar antes de sua prisão. Assim, foi Pedro que saiu em busca do "homem levando uma bilha d'água" (Marcos, 14, 13) sobre o qual Jesus fala, aquele cuja casa tinha uma sala no andar superior, abrigada da multidão, onde os Doze poderiam se reunir.

Os gestos realizados por Jesus naquela noite se tornam os mais célebres entre todos que ele realizou na vida. Ele lavou os pés dos discípulos, algo que nunca era feito na liturgia habitual do asseio de purificação – lavavam-se as mãos e os braços, até os cotovelos. Esse ato, que era efetuado pelos servos e pelos escravos para seus mestres, foi um dos últimos ensinamentos de Jesus – o da humildade extrema e da devoção. É quase a última manifestação (a final será a Cruz) do rebaixamento sobre o qual ele escolheu caminhar na terra – rebaixamento este explorado em todos os seus símbolos por

Sören Kierkegaard em *Exercice en christianisme*. Jesus pediu que cada um deles, começando por Pedro, fizesse o gesto para os outros, seus irmãos a partir de então. Em seguida ele instituiu a eucaristia. Partiu o pão. Bebeu do cálice de vinho pela última vez antes do Reino de Deus, e o vinho seria renovado. Ele compartilhou com seus discípulos e, de acordo com Lucas, pediu que eles fizessem isso em sua memória (Lucas, 22, 19). O vinho é seu sangue. O pão é sua carne.

O ritual do *seder* era muito bem regrado: era necessário comer o cordeiro comprado no Templo e sacrificado pelos sacerdotes, depois assado no fogo de lenha em ervas amargas: "É assim que devereis comê-lo: com os rins cingidos, sandálias nos pés e vara na mão; comê-lo-ei às pressas: é uma páscoa para Iahweh" (Êxodo, 12, 11), estipula o livro do Êxodo. Ao mesmo tempo em que se comia, bebiam-se quatro cálices de vinho abençoados em um ritual. Diversos exegetas se questionam em relação à ausência do cordeiro pascal durante a Última Ceia. Entre os sinóticos, poucos a explicam. Em João, a ausência é evidente. Jesus substitui o cordeiro. O símbolo traz de volta à tona as declarações de João Batista, no início do relato: "Eis o Cordeiro de Deus". E no texto de João, Jesus morre no momento em que os cordeiros são imolados no Templo. Jesus é a nova Páscoa.

Não há eucaristia na Última Ceia de João, mas sim um discurso de amor. Quando Judas saiu para entregá-lo, Jesus anunciou as horas que se abriam diante dele: "Agora o Filho do Homem foi glorificado e Deus foi glorificado nele" (João, 13, 31). Ele anunciou-lhes sua morte, e a Pedro, que protesta, o fato de que ele o renegará três vezes antes de o galo cantar.

Para cada evangelista, a Última Ceia é ocasião de dar sentido à morte de Jesus na Cruz – um escândalo absolutamente incompreensível, inaceitável, uma ignomínia. Um profeta podia morrer se fosse decapitado como João Batista, ou apedrejado segundo a lei, como prevê o *baraita* do Talmude da Babilônia. Mas a cruz? A cruz, "a linguagem da cruz é uma loucura" segundo Paulo (1 Coríntios, 1, 18). Ela é tão inaceitável que Paulo tentará explicá-la e minimizá-la tomando o viés dos refinamentos da Torá, que ele cita como propósito. Segundo ele, se Cristo aceitou uma morte de maldito, foi para livrar os judeus de uma maldição original, o não obedecimento da Lei: "Cristo nos resgatou da maldição da Lei tornando-se maldição por nós, porque está escrito: Maldito todo aquele que é suspenso ao madeiro, a fim de que a bênção de Abraão em Cristo Jesus se estenda aos gentios, e para que, pela fé, recebamos o espírito prometido" (Gálatas, 3, 13-14).

Para muitos judeus, a morte de Jesus na cruz é a prova gritante de que ele não era o messias esperado: se fosse, não morreria, não teria sido executado dessa maneira; teria se colocado à frente de todo o povo judeu, como resume o fariseu Gamaliel quando intervém perante o Sinédrio na ocasião do processo de Pedro e dos Apóstolos: "Deixai de ocupar-vos com estes homens. Soltai-os. Pois, se o seu intento ou a sua obra provém dos homens, destruir-se-á por si mesma; se vem de Deus, porém, não podereis destruí-los" (Atos, 5, 38-39). Para os judeus, Jesus foi destruído pela crucificação. Ele não corresponde em nada ao rei que é mencionado no salmo 2, o messias estabelecido por Iahweh no monte Sião, contra o qual se unem em vão todas as forças da terra. O Messias é ungido por Deus que o protege, instaura seu reino e o consolida para as gerações a seguir. Ele não seria pregado na cruz como um escravo. A zombaria dos soldados no "monte da Caveira" no momento da morte exprime aquilo que muitos judeus pensavam e que o Islã retomaria: Deus não permitiria que um profeta morresse dessa maneira. Os muçulmanos imaginam, aliás, uma substituição de corpo no último instante, que teria evitado que o profeta Jesus morresse na cruz. Mesmo depois da ressurreição, os primeiros cristãos relutaram em admitir a cruz. Eles prefeririam imaginar um veneno, que evoca o acrônimo IKTUS *(Iésus Kristos Theou Uios Sôter*: Jesus Cristo filho de Deus Salvador).

Para responder a este escândalo, ou pelo menos lhe atribuir um código de leitura que o tornasse inteligível, os evangelistas recorreriam às Escrituras, e ali encontrariam elementos de profecia que viriam a preencher o vazio atroz aberto pela cruz. Judas traiu Jesus como diz o salmo 41 (Salmos 10), citado por João: "Mas é preciso que se cumpra a Escritura: Aquele que come o meu pão levantou contra mim o seu calcanhar!" (João, 13;18). A partir daí, as referências vão se multiplicar para provar que a cruz fazia parte do desígnio divino. A partilha das vestes de Jesus? Está dita no salmo 22 (Salmos, 22, 19). A flagelação? Isaías (Isaías, 50, 6). Jesus recebe um golpe de lança do lado do corpo? Isaías já tinha anunciado (Isaías, 3, 5-12). A crucificação? (Salmo 22 e Isaías 3, 5-12). A presença dos malfeitores a seu redor no monte da Caveira? Mais uma vez Isaías (Isaías, 53, 12). O vinagre? O livro dos Provérbios (Provérbios, 31, 6) e o salmo 69 (Salmos, 69, 22).

Nos cinco últimos capítulos de Marcos, quanto mais nos aproximamos da Paixão, mais numerosas são as citações da Escritura judaica. Há, de fato, dezessete referências ao Antigo Testamento em Marcos, dez em Lucas, oito em João e 22 em Mateus. Esse último introduz a noção salvadora da morte na cruz, noção que, como já vimos, é desenvolvida por Paulo e seria aperfeiçoada por santo Agostinho. O sangue foi derramado por todos. Jesus era o redentor: "Bebei dele todos, pois isto é o meu sangue, o sangue da Aliança, que é derramado por muitos para a remissão dos pecados" (Mateus, 26, 27-28).

"Para a remissão dos pecados" e, como especifica Paulo, "para a remissão do pecado original" (Romanos, 5, 12). Da mesma maneira que um único homem, Adão, fez o pecado entrar no mundo, um único homem, Jesus, vai consertar tudo. Esse sangue derramado está ancorado na tradição. Abraão não hesita em degolar o filho Isaac para selar seu pacto de obediência a Iahweh. E Iahweh, no último instante, salva o filho, e Abraão sacrifica um carneiro no lugar dele. Mas, em Jerusalém, Deus não falta e sacrifica seu próprio filho, que não é carneiro, mas sim cordeiro de Deus, na Cruz. Seria necessário dizer ainda: no anonimato da Cruz. Quem poderia encontrar um profeta com um fim assim tão vergonhoso?

Como diz Henri Guillemin, em *L'Affaire Jésus* [O caso Jesus], é necessário ressaltar que, nos Evangelhos, não se trata de pecado original nenhuma vez; e também se deve observar que essa noção de pecado original redimido pela morte de Jesus é uma invenção de são Paulo. Quanto à noção de remissão, sua ambiguidade é grande nos textos dos quatro evangelistas. Marcos e Mateus (Marcos, 10, 45; Mateus 20, 28) falam de resgate. Mas, como observa ainda Henri Guillemin: "Um resgate não é uma dívida. Um resgate é o preço que se deve pagar a quem detém um prisioneiro, para recuperar o refém. Por consequência, nesses textos, não se trata de mencionar um Deus rígido, exigindo tal quantia pela graça de um culpado, mas sim uma ideia bem diferente, de um pagamento que se deve fazer ao Demônio, a Satanás, para que ele liberte a humanidade da qual se apoderou[5]". Jesus, segundo Mateus, entregou sua vida em remissão dos pecados. Mas a remissão é o perdão. É a referência explícita de um tema que se encontra em todas as mitologias primitivas: para se conciliar com a benevolência das forças ocultas que reinam sobre o mundo, o sacrifício humano é o melhor método. "Sem efusão de sangue, não há remissão" (Hebreus, 9, 22), escreve Paulo em sua epístola aos hebreus.

Para Lucas, o sangue derramado é o da Nova Aliança. Mas ele não está relacionado à remissão dos pecados. Lucas, em seu relato sobre a Paixão, continua apresentando Jesus como um profeta, um "justo sofredor". Ele lhe empresta os atos e as palavras de Elias e de Eliseu. E se Jesus vai morrer em Jerusalém, isso ocorre porque todos os profetas morrem ali, como Jesus ressalta nos portões da cidade (Atos, 7, 52). E todos – João mais do que os outros três juntos – apresentam essa morte como fato conhecido com antecedência por Jesus, inscrito nas Escrituras, consentido pelo Filho do Homem, para a chegada do Reino. Enfim, e sobretudo, a infâmia da Cruz anunciada pelas Escrituras seria apagada pela Ressurreição.

Depois que Judas saiu da sala onde todos ceavam e desapareceu para ir entregar Jesus, ele e seus discípulos entoaram cânticos, sem dúvida o salmo 113, cantado especialmente na liturgia das três grandes festas de peregrinação. Era mais um sinal, já que a última das três quadras diz:

> Ele ergue o fraco da poeira
> e tira o indigente do lixo,
> fazendo-o sentar-se com os nobres,
> ao lado dos nobres do seu povo.

Depois o grupo se levantou e tomou o caminho do jardim do Getsêmani, no alto do monte das Oliveiras (o jardim do Cedron para João). Jesus escolheu esse lugar alto porque desejava se retirar para orar. De acordo com Mateus, Jesus atravessava um momento terrível. Experimentava dúvida, medo. Sua parte humana desta vez o submergia. Ele estava tomando conhecimento daquilo que o homem vive diante da morte e tentava rejeitar a provação. Sua alma estava "triste até a morte" (Mateus, 26, 38). Ele pediu a Pedro, Tiago e João, que estavam a seu lado quando ele se transfigurou no monte Hermon, que orassem com ele. Mas, como tinha acontecido no Hermon, os três dormem. "Meu pai, se é possível, que passe de mim este cálice" (Mateus, 26, 39), suplica Jesus pela primeira vez. Na segunda, ele se inclina; na terceira, ele se rende: "Meu pai, se não é possível que esta taça passe sem que eu a beba, seja feita a tua vontade!" (Mateus, 26, 42). "Quando Jesus pede a seu Pai que afaste dele o cálice, quem estava com o dedo sobre o pulso do Filho do Homem para saber se as lágrimas de sangue vinham da fraqueza humana ou do desabrochar do coração que se partia com a caridade?", pergunta Chateaubriand[6], estabelecendo para sempre a questão da dúvida que parece colocar Jesus à prova, e a resposta, por meio desta outra questão, que é conveniente colocar.

É possível medir a diferença entre este e o Jesus triunfante, em glória, apresentado por João, que se mostra quase impaciente para que tudo se cumpra logo. Assim, quando Judas, "seguido por uma coorte e guardas fornecidos pelos chefes dos sacerdotes e os fariseus*", apareceu sob as árvores, ele não

---

* Uma coorte compreendia oitocentos soldados. No relato de João, é um exército romano que chega para prender Jesus e que acompanha os sacerdotes. Judeus e romanos são portanto solidários na prisão de Jesus. E o número de homens que é mandado para pegá-lo revela o temor que eles tinham de um levante popular.

tinha nenhuma necessidade de beijar Jesus para designá-lo. A palavra do Filho do Homem fez com que todos caíssem no chão. "Quando Jesus lhes disse 'Sou eu', recuaram e caíram por terra" (João, 18, 6). Se os legionários recrutados pelos fariseus foram capazes de prender Jesus, foi só porque ele permitiu. Impressionados por sua força, eles preferiram amarrá-lo.

Para Marcos, Mateus e Lucas, o beijo de Judas selou o destino de Jesus. Quando os homens do Sumo Sacerdote colocaram a mão nele, Jesus ressaltou a baixeza de seus algozes que não tentaram fazer nada quando ele estava no Templo e que agora, no meio da cumplicidade das trevas, o lugar do mal, tratavam-no como bandido.

O protesto de Pedro foi decepar a orelha de Malco, o servo do Sumo Sacerdote, mas Jesus ordenou a rendição. Ela foi total: todos os discípulos fugiram e abandonaram Jesus a um destino terrível. De acordo com o texto de João, Jesus tinha anunciado a fuga para tranquilizar os discípulos: "Eis que chega a hora – e ela chegou – em que vos dispersareis, cada um para o seu lado, e me deixareis sozinho. Mas eu não estou só, porque o Pai está comigo" (João, 16, 32). Pedro seguiu Jesus durante um tempo, mas de longe. Levaram então o Messias para dentro da casa do Sumo Sacerdote Anás. Pedro entrou no pátio e se aqueceu perto de um braseiro, porque a noite estava fresca. O medo o torturava. O que ele poderia tentar? Pelo menos dar um passo na direção de seu Senhor. Mas não foi capaz. Pedro foi reconhecido e por três vezes, a terceira vez com o sotaque da Galileia, tosco e risível para ouvidos da Judeia, negou fazer parte do grupo dos discípulos; negou até conhecer aquele homem – como Jesus havia dito que aconteceria, ele se lembra ao fugir. No caminho, ele se recorda de sua resposta de fanfarrão: "Ainda que todos se escandalizem, eu não o farei!" (Marcos, 14, 29).

"O galo não cantará sem que me renegues três vezes"

Jesus seria levado a julgamento. Para compreender o mecanismo, convém conhecer o sistema judiciário em Jerusalém na década de 30 d.C. Roma compartilhava algumas de suas prerrogativas com o Sinédrio. Roma dava a última palavra sobre todas as decisões de ordem política que eram delegadas a seu governador; ele carregou o título de prefeito entre 6 (a data em que a Judeia passa a fazer parte da jurisdição direta de Roma) e 41, e de procurador entre 41 e 66 (a data da revolta judaica). De acordo com Flávio Josefo, em 6, Augusto nomeou Copônio e lhe deu plenos poderes, entre eles o de aplicar a pena capital. Pôncio Pilatos, vinte anos depois, dispunha da mesma ferramenta legislativa. Ele tinha poderes para condenar Jesus à morte. Ainda assim, era necessário ter um motivo – por exemplo, deslealdade para com o imperador e revolta. Esse delito era sancionado pela crucificação, o tipo de execução mais vergonhoso, reservado aos escravos e aos estrangeiros. A crucificação pertencia ao arsenal repressor da justiça romana, ao lado do pelourinho, da pala e da forca. Cícero escreve (*In Verrem*, 5, 64): aos olhos dos romanos, é o meio mais "cruel e mais infame". A flagelação fazia parte do suplício. Seu objetivo era enfraquecer o condenado, que em seguida era desnudado e obrigado a carregar o *patibulum*, a barra transversal da cruz, arrastada pelo caminho mais longo para servir de exemplo às multidões, sob os golpes dos soldados. Quando chegava a um local bem à vista de todos, o homem era fixado por cordas e cravos na cruz, e a cruz era erguida. O *titulus*, que especificava o motivo da condenação, era fixado à madeira. Para acelerar a agonia, o costume ditava que se fraturassem as pernas (trata-se do *crurifragium*). Os cadáveres ficavam expostos até a decomposição total, menos na Judeia, onde esse tipo de morte, considerado desonroso, lançava uma maldição sobre o condenado. "Se um homem, culpado de um crime que merece a pena de morte, é morto e suspenso a uma árvore, seu cadáver não poderá permanecer na árvore à noite; tu o sepultarás no mesmo dia, pois o que for suspenso é um maldito de Deus. Deste modo não tornarás impuro o solo que Iahweh teu Deus te dará como herança" (Deuteronômio, 21, 22-23).* Todos aqueles que se beneficiavam da cidadania romana escapavam da crucificação. Assim, Pôncio Pilatos tinha todo o direito de condenar Jesus à morte em primeiro lugar, ao suplício da cruz em seguida. Para escapar da crucificação e morrer de maneira menos desonrosa, teria sido necessário que Jesus fizesse valer sua cidadania romana. Mas mesmo que tivesse desejado fazer isso, uma hipótese inconcebível, Pilatos não poderia ter reconhecido a cidadania romana, impedido pelo motivo da condenação, fornecido pelo Sumo Sacerdote: "rei dos judeus".

O sistema jurídico judaico do século I é mais complexo de estabelecer devido às interações com o sistema romano. Em períodos normais, ele era perfeitamente codificado pelas Escrituras. O livro de Reis, o Êxodo, o Deuteronômio, o Levítico, os Números, só para citar alguns, fornecem o conjunto de códigos a que os antigos se referiam para fazer justiça, em geral publicamente, nos portões da cidade. Desde a época da monarquia, os reis escolhiam juízes para fazer as leis vigorarem, segundo o Deuteronômio: "Estabelecerás juízes e escribas em cada uma das cidades que Iahweh teu Deus vai dar para as tuas tribos. Eles julgarão o povo com sentenças justas" (Deuteronômio, 16, 18). Esse livro codificou a supremacia do clérigo em matéria de Direito, principalmente em relação a todos os casos graves como o dos homicidas, que deviam ser levados perante o clérigo de Jerusalém, o único habilitado a fazer cumprir as leis. "O homem que agir com presunção, não obedecendo ao sacerdote, que está ali para servir a Iahweh teu Deus, nem ao juiz, tal homem deverá ser

---

* Nesse caso previsto pelo Deuteronômio, o fato de o corpo ser pendurado na árvore se dava depois da morte, para expor o cadáver aos olhos da população e, assim, edificá-la.

morto" (Deuteronômio, 17, 12). Ele especifica as condições de aceitabilidade de um processo; a regra fundamental é a existência de uma queixa corroborada por diversas testemunhas confiáveis, para confirmar a culpa do acusado. Em caso de pena de morte, pelo menos duas testemunhas são exigidas. "Somente pela deposição de duas ou três testemunhas poder-se-á condenar alguém à morte; ninguém será morto pela deposição de uma só testemunha" (Deuteronômio, 17, 6); e, em caso de apedrejamento, "a mão das testemunhas será a primeira a fazê-lo morrer, e, depois a mão de todo o povo" (Deuteronômio, 17, 7). Doze delitos são passíveis da pena capital segundo as Escrituras: o homicídio, o rapto de um ser humano com a intenção de vendê-lo, a idolatria, a blasfêmia, a transgressão do sabá, a feitiçaria, as faltas graves contra os pais, a prostituição – se a mulher é de família sacerdotal –, o adultério, o incesto, a homossexualidade masculina e a zoofilia. As penas capitais eram executadas por apedrejamento e por cremação. O *Michnah* especifica que o poder secular pode praticar a decapitação ou o estrangulamento.

O Sinédrio, presidido pelo Sumo Sacerdote, exercia a alta jurisdição em Jerusalém. Mais uma vez de acordo com Flávio Josefo, essa corte suprema se compunha do Sumo Sacerdote, do profeta e do conselho dos anciãos[1]. Aquele que Flávio Josefo chama de profeta na verdade era um oficial real, nomeado especificamente pelo monarca. Na época da dominação romana, a função desapareceu e o Sumo Sacerdote a herdou, junto com os acessórios de premonição do cargo, que conferiam clarividência profética àquele que os detinha. "Porás também no peitoral do julgamento o *Urim* e o *Tummim*" (Êxodo, 28, 30). Caifás, Sumo Sacerdote, usava esse peitoral. Esse detalhe explica a expressão de João no que diz respeito a ele: "Não dizia isso por si mesmo, mas sendo Sumo Sacerdote naquele ano, profetizou que Jesus morreria pela nação – e não só pela nação, mas também para congregar na unidade todos os filhos de Deus dispersos" (João, 11, 51-52). Por fim, de acordo com o código de procedimento, o Sinédrio não podia dar seu veredicto no dia da condenação. Pelo menos

24 horas deviam se passar depois de as testemunhas terem sido ouvidas. É surpreendente o fato de não existir nenhuma transcrição do processo de Jesus. A regra de procedimento que proibia a convocação de um tribunal para julgar um delito que pudesse acarretar a pena capital na véspera de uma festa ou do sabá, por causa desse intervalo de deliberação, explica perfeitamente essa ausência, e também serve para esclarecer por que o processo de Jesus não se deu na sala da Pedra Talhada do Templo, como deveria ter sido, mas na residência do Sumo Sacerdote.

O processo de Jesus se anunciou como um simulacro, decidido em total desrespeito à Lei; a mesma Lei que os adversários de Jesus tinham a intenção de defender.

"Tudo estava consumado"

Será que a morte de Jesus é pura invenção? A escolha do suplício, inconcebível para um judeu, atesta a veracidade histórica do acontecimento. Na epístola aos Coríntios, Paulo escreveu que a Cruz é um escândalo e uma loucura. Jesus foi crucificado, e isso, de acordo com o olhar histórico, estabelece que ele foi executado pelos romanos: essa punição não existe na Lei judaica, apenas os romanos detinham o direito de vida e morte sobre seus súditos. Ele foi crucificado por atos criminosos estritamente políticos, cometidos contra Roma: esta não intervinha nas disputas religiosas internas dos judeus; deixava a cargo do Sinédrio toda a liberdade de resolver essas questões. Mas será que o procedimento, da prisão à morte, passando pela condenação do Nazareno, foi mesmo iniciado pelos romanos? Para descobrir a resposta, é necessário estudar a fundo os quatro Evangelhos, sem deixar de contextualizá-los: quer dizer, sem jamais esquecer que foram redigidos depois dos fatos, à luz do mistério pascal, e por comunidades cristãs distintas. Essas diretrizes explicam as divergências entre os quatro relatos da Paixão do Cristo, apesar de serem coerentes em relação às linhas gerais.

Então, quem estava interessado em se livrar de Jesus? Não os judeus como um todo, mas sim os saduceus em particular, guardiões do Templo e do dogma nu e cru, aristocratas que Jesus atacou diversas vezes com virulência. É necessário notar que, nos Evangelhos, quando Jesus critica os fariseus e os escribas, sempre está especificado que os fariseus vêm de Jerusalém ou são enviados pelo Templo. Assim, os quatro Evangelhos estão repletos de referências às vinganças tramadas pelos sacerdotes contra Jesus quando ele se encontrava na Cidade Santa. Como escreve Raymond Brown: "Em todos os Evangelhos, os chefes dos sacerdotes são os oponentes de Jesus mais ativos durante o relato da Paixão. Nenhum dos Evangelhos menciona os sacerdotes simples. Isso deve ser ressaltado, já que em João (João, 1, 19) os sacerdotes são hostis a João Batista e em Atos (Atos 4, 1-3) os sacerdotes estão envolvidos na prisão de Pedro e de João. Também devemos supor que não é a atividade sacerdotal desses oponentes de Jesus que faz com que eles lhe sejam hostis, mas sim seu cargo de *chefes* dos sacerdotes"[1].

Os escribas "de Jerusalém" ainda são descritos por Marcos (Marcos, 3, 22) como ferozmente hostis a Jesus durante suas pregações na Galileia, e tendo ligações próximas com os chefes dos sacerdotes no complô de que Judas participa (Marcos, 14, 1). Algumas vezes, alguns chegaram a pegar pedras para apedrejá-lo ali mesmo, em um tipo de justiça imediata, como queriam fazer com a mulher adúltera. Fica evidente que a popularidade extraordinária de Jesus e sua cólera legítima inquietavam as autoridades religiosas de Jerusalém. Como observa Charles Perrot: "Não apenas a Lei parecia ter sido colocada a perigo; a ligação surpreendente que Jesus estabelecera com Aquele que chamava de seu Pai não podia ser ignorada: Tu és o Cristo, o Filho do Abençoado? é a primeira pergunta de Caifás. É a identidade de Jesus finalmente colocada em questão, e não apenas sua ação"[2]. Jesus foi detido no monte das Oliveiras (onde acampava a multidão de peregrinos vindos para celebrar a Páscoa) por "uma multidão trazendo espadas e paus" (Marcos, 14, 43), excluindo assim a possibilidade de que se tratasse de romanos, como João dá a entender ao mencionar uma coorte – um verdadeiro batalhão de soldados. Esse bando foi enviado "da parte dos chefes dos sacerdotes, escribas e anciãos", afirma Marcos (Marcos, 14, 43). Depois Jesus foi levado à presença do Sumo Sacerdote Anás, aposentado – ao qual Jesus se recusou a responder (João, 18, 19-21) –, e, enfim, perante o genro de Anás, Caifás, que no momento cumpria a função.

A responsabilidade dos judeus pela prisão de Jesus foi assumida totalmente em um texto do Talmude da Babilônia. Escritas no século IV, estas linhas relatam aquilo que a tradição oral apregoava até então em relação à prisão de Jesus: "Na véspera da Páscoa, Yeshu o Nazareno foi pendurado. O arauto havia caminhado quarenta dias na frente dele, dizendo: aqui está Jesus o Nazareno, que vai ser apedrejado porque praticou feitiçaria e seduziu e desencaminhou Israel. Mas ele não encontra ninguém para defendê-lo, e é pendurado na véspera da Páscoa". Esse texto também expõe os motivos da condenação: Jesus é um falso profeta que deseja desencaminhar Israel. Ele tenta ainda negar a acusação, feita pelos cristãos, de que o processo tenha sido malconduzido: durante quarenta dias, um arauto faz um apelo às testemunhas. É uma precaução curiosa essa de convocar testemunhas para defendê-lo, já que, segundo a lei, é necessário primeiro encontrar duas testemunhas para fundamentar a acusação. Como essas testemunhas podem estar ausentes, se são indispensáveis em um processo que conduza à pena capital? Será possível que isso tenha acontecido porque Jesus foi entregue aos romanos, os únicos que detinham o direito de exercer a força na Judeia? "Disse-lhes Pilatos: 'Tomai-o vós mesmos, e julgai-o conforme vossa Lei'. Disseram-lhe os judeus: 'Não nos é permitido condenar ninguém à morte'." (João, 18, 31).

Em suma, seria abusivo corroborar, de olhos fechados, a tese de Mateus, de Lucas, de Marcos e de João, segundo a qual Pilatos teria se mostrado de todo hostil à ideia de condenar Jesus. Roma, como já vimos, estabeleceu um *modus vivendi* com as autoridades judaicas. César delegou-lhes o recolhimento dos impostos, a manutenção da segurança interna e a resolução dos litígios exclusivamente religiosos. A ausência de incidentes graves durante o período de colaboração entre Pôncio Pilatos e Caifás comprova um certo entendimento entre os dois homens. Pôncio Pilatos aceitou julgar Jesus em nome da razão do Estado. As autoridades romanas ficavam sempre em estado de alerta quando ocorriam grandes ajuntamentos religiosos. Se um espião tivesse denunciado Jesus como "Zelota", não há dúvidas de que Pilatos teria mandado prendê-lo de imediato: ele acabara de prender Barrabás (Mateus, 27, 16), bandido bem conhecido de todos, "preso com outros amotinados que, numa revolta, haviam cometido um homicídio" (Marcos, 15, 7). Se acreditarmos em Marcos e Lucas,

Pôncio Pilatos não hesitava em jogar na prisão os causadores de problemas – assim como Barrabás, acusado de insurreição. Nem em mandar que fossem executados, como relata Lucas: "Vieram algumas pessoas que lhe contaram o que acontecera com os galileus, cujo sangue Pilatos havia misturado com o das suas vítimas" (Lucas, 13, 1).

Se, em teoria, a pena de morte era uma exclusividade romana, na prática, Pilatos e Caifás fizeram um acordo que autorizava o Sinédrio a decidir sobre um apedrejamento no enquadramento estrito de disputas religiosas internas.* Então, era este o caso nessa situação: um processo entre judeus, por um motivo religioso estabelecido com toda a clareza pelo código religioso de Israel, o Deuteronômio: "Quanto ao profeta ou um intérprete de sonhos, deverá ser morto, pois pregou a rebeldia contra Iahweh vosso Deus" (Deuteronômio,13, 6).

Jesus era, portanto, criminoso aos olhos da lei judaica. Muito antes dele, o profeta Jeremias tinha sido condenado à morte por profetizar a destruição do Templo. Mas, então, por que os judeus o entregaram às autoridades romanas? Por que ele não foi apedrejado, como aconteceu com Tiago e com Estevão antes dele? Ora, porque Jesus foi crucificado pelos romanos. Essa questão levanta ainda a dúvida relativa ao número de processos de Jesus: um ou dois? Até recentemente, os historiadores especializados no Novo Testamento, baseados nos Evangelhos de Marcos e de Mateus, tinham estabelecido que Jesus primeiro passara por julgamento perante o Sinédrio, por motivos religiosos, e depois perante Pilatos, por motivos políticos. Historicamente, a sucessão desses dois processos, um à noite e o outro cedo pela manhã, parece pouco provável: o Sinédrio se reuniria sob a autoridade da força de ocupação romana. Além do mais, o dia é a véspera da Páscoa: os saduceus, tão supersticiosos em relação ao cumprimento da Lei, teriam então defendido a proibição de qualquer sessão de um

---

* *Michnah* (Sinédrio 7, 2) relata a execução da filha de um sacerdote que tinha cometido adultério: "Colocaram feixes de gravetos ao redor dela e a queimaram". As autoridades judaicas também tinham a autorização de Roma para executar qualquer pessoa que penetrasse na zona proibida do Templo.

órgão administrativo judeu? Será que Caifás teria interesse em reunir todos os membros do Sinédrio, constituído de diversos fariseus, os quais aplicavam escrupulosamente o rigor frente à Lei e suas interpretações, e tinham o cuidado de respeitar os direitos de cada judeu? Entre os integrantes do Sinédrio, havia também partidários de Jesus, como os ricos e respeitados Nicodemos e José de Arimateia. João, o evangelista mais eloquente em relação ao processo de Jesus, não menciona jamais o Sinédrio em seu relato. É possível então supor que, a partir do momento em que Jesus é detido, Caifás, impossibilitado de reunir o Sinédrio antes do fim da Páscoa, só tivesse como recurso o tribunal romano, que se reunia todos os dias ao amanhecer, independentemente de haver uma festa judaica ou não. Não há dúvidas de que Caifás temia, desde o início, que o anúncio da prisão do Nazareno desencadeasse uma revolta, que seria então reprimida pela legião com derramamento de sangue. Já vimos que ele e os chefes dos sacerdotes resolveram matar Jesus com a maior rapidez e discrição possíveis. Ao submetê-lo aos romanos, as autoridades judaicas evitam de fato o processo religioso, aquele que as obrigaria a debater a verdadeira natureza de Jesus e, portanto, a reconhecê-lo no mínimo como profeta, no máximo como o Messias. Vimos também que os chefes dos sacerdotes, em interrogatório anterior a Jesus, quando perguntam de onde vinha seu carisma, desviam-se da pergunta de Jesus em relação ao poder de João Batista – porque, como explicam os evangelistas, se eles a respondessem, teriam que admitir que tinham mandado matar um profeta.

O *titulus* – quer dizer, a tabuleta de madeira que seria pregada na cruz – exibia, em três línguas (grego, hebraico e aramaico), o motivo da condenação. Era inequívoco: "Jesus Nazareno, o rei dos judeus" (João, 19, 19). Mas esse título nunca é mencionado nos Evangelhos, nem por Jesus, claro, nem por seus discípulos. É a primeira vez que ele aparece no Novo Testamento. Seria esse o motivo fornecido por Caifás a Pilatos para que Jesus fosse condenado? Sem dúvida sim; se não, como explicar a questão abrupta que Caifás levanta a

Jesus: "'És tu o rei dos judeus?' Respondendo, ele disse: 'Tu o dizes?'" (Marcos, 15, 2-15). Lucas escreveu que os chefes dos sacerdotes enunciaram contra Jesus acusações humilhantes aos olhos de Roma quando o apresentaram a Pilatos: "Encontramos este homem subvertendo nossa nação, impedindo que se paguem os impostos a César e pretendendo ser Cristo Rei" (Lucas, 23, 2). E, no entanto, ainda de acordo com os Evangelhos, Pilatos não desejava se apossar do criminoso: "Tomai-o vós mesmos e julgai-o conforme vossa Lei" (João 18, 31). Os chefes dos sacerdotes insistiram! De acordo com Lucas, Pilatos então mandou Jesus a Herodes Antipas, tetrarca da Galileia, que por sua vez se recusou a julgar o caso. Ao fazê-lo, o procurador romano estava respeitando o código legal e a atribuição de competências: Jesus era da Galileia, devia ser julgado por um representante do poder dessa região. Assim (se esse episódio for comprovado, e não adicionado para comprovar a culpa dos chefes dos sacerdotes), Herodes mandou Jesus de volta a Pilatos: ele já tinha o sangue de João Batista nas mãos, um sangue pelo qual o povo judeu não o perdoava, e por isso sem dúvida recusou-se a se prejudicar mais ainda. Mais uma vez, Pilatos, "querendo soltar Jesus" (Lucas, 23, 20), tentou salvá-lo. De acordo com o texto de Lucas, o governador propôs três vezes aos chefes dos sacerdotes e aos líderes que "o solto depois de o castigar" (Lucas, 23, 22). Para Mateus, Pilatos, convencido da inocência de Jesus pelo sonho de sua esposa, Prócula*, desejava se aproveitar da graça ritualística para libertá-lo, porque "ele sabia, com efeito, que eles o haviam entregue por inveja" (Mateus, 27, 18; Marcos, 15, 10). No texto de João, Pilatos renovou várias vezes sua tentativa de reconciliação, apesar de os chefes dos sacerdotes negarem a graça à Jesus, preferindo dá-la a Barrabás. Depois que Jesus foi açoitado, depois que os soldados fizeram para ele uma coroa de espinhos e o vestiram com um manto púrpura, ele apresentou Jesus com esses trajes lastimosos para a multidão, como que para enternecê-la, e repetiu a convicção que tinha a respeito de sua inocência. Quando a multidão berrava

---

* Nome especificado pelos Evangelhos apócrifos.

para que ele fosse crucificado, Pilatos decidiu que cabia aos judeus cometer o homicídio: "Tomai-o vós e crucificai-o, porque eu não encontro nele motivo de condenação" (João, 19, 6). Os judeus logo o forneceram: "Nós temos uma Lei e, conforme essa Lei, ele deve morrer, porque se fez de Filho de Deus" (João, 19, 7).

Mas será que Pilatos poderia não ter condenado Jesus? Se Lucas tiver razão, e se os chefes dos sacerdotes formularam os motivos de sua acusação (que são explosivos!), por que Pilatos hesitaria? Como justificar sua crise de consciência quando os testemunhos históricos (segundo Fílon de Alexandria e Flávio Josefo) o apresentavam como especialista em violências, torturas e crueldades contra os judeus? Quando sabemos, por meio desses mesmos historiadores, que o prefeito foi nomeado ao cargo por Sejano, braço direito de Tibério, ele mesmo conhecido por seu antissemitismo virulento? Então, será que Pilatos não ficaria satisfeito de se opor aos chefes dos sacerdotes, que ele odiava e desprezava? Ou então, como observa Mateus, será que o governador compreendeu que sua clemência desencadearia uma revolta e que seria melhor entregar Jesus à multidão? "Vendo Pilatos que nada conseguia, mas, ao contrário, a desordem aumentava" (Mateus, 27, 24): os chefes dos sacerdotes e os anciãos incitavam a multidão contra Jesus, como Mateus mais uma vez testemunha (Mateus, 27, 20).

Segundo João, a questão da confecção do *titulus* também foi perturbadora. Os chefes dos sacerdotes disseram a Pilatos: "Não escrevas: 'O rei dos judeus', mas: 'Este homem disse: Eu sou o rei dos judeus'." (João, 19, 21). Por que o pedido? É porque o motivo da condenação fazia toda a diferença. Com a denominação de "rei dos judeus", ele deixava de ser um simples indivíduo colocado na cruz com uma coroa de espinhos na cabeça a denegri-lo, ridicularizado em sua pretensão de se dizer rei, mas passava a ser tudo o que significava, do ponto de vista religioso, político e escatológico, o título messiânico de rei dos judeus. "O que escrevi, escrevi" (João, 19, 22), respondeu Pilatos. Pôncio Pilatos, que até então não tinha parado de tergiversar, perdeu a paciência.

Para alguns exegetas contemporâneos, a recusa categórica ao pedido do chefe dos sacerdotes seria a prova da convicção que Pilatos de repente tem a respeito da verdadeira identidade de Cristo. Segundo Hyam Maccoby: "Pilatos faz uma profecia. Ele tem uma visão: Jesus é o rei dos judeus"[3]. A partir de então, trata-se realmente de condená-lo: Jesus ameaça a segurança do império. Não há mais por que se constranger com as pressuposições de inocência que as respostas de Jesus acarretam: "Meu reino não é deste mundo" (João, 18, 36). Como observa Jean-Pierre Lémonon, especialista do Novo Testamento: "O rei de Israel (usado pelo povo para receber Jesus quando entra em Israel) é um título solene, que lembra o passado grandioso desse povo. A denominação de rei dos judeus é o motivo pelo qual o homem é executado, aos olhos do governador romano. Ele é executado porque, de uma maneira ou de outra, pode ser apresentado como alguém que pretendia conduzir o povo judeu. E, de fato, isso significava a ameaça de um levante contra a ocupação romana[4]". Roma, portanto, crucificou "o rei dos judeus". A acusação é política. Roma eliminaria Bar Kosba, "o Filho da Estrela", da mesma maneira – este seria um judeu que, cem anos depois da morte de Jesus, viria a se apresentar como messias e tomaria a liderança da segunda revolta judaica.* A Judeia então seria rebatizada de Palestina, e os judeus seriam proibidos de entrar em Jerusalém.

Os Evangelhos não concordam em suas versões do processo de Jesus. Ainda assim, todos passam uma imagem forte de Pôncio Pilatos, um dos raros – se não o único – retratos multifacetados e ambíguos desses relatos. Aquilo que os evangelistas dizem não se assemelha ao retrato traçado por Flávio Josefo e Fílon de Alexandria. De acordo com eles, o romano contava com a proteção de Sejano, chefe da guarda pretoriana do imperador Tibério. A situação estratégica da Ju-

---

* As autoridades judaicas prenderiam um outro Jesus, que entregariam, em 60, aos romanos. Jesus, filho de Ananias, blasfemo de Jerusalém e do santuário, só ameaçava a vida religiosa do Templo. Mesmo assim, seria crucificado pelos romanos como agitador e causador de confusão.

deia tinha sempre atiçado sua cobiça e incentivado seu desejo de integrá-la ao império. No entanto, a partir do momento em que é nomeado, ele manifesta sua incapacidade de compreender o povo judeu em seus rituais e em sua mentalidade. Convencido da boa causa da construção de um aqueduto, ele recorre ao tesouro do Templo. Decidido a marcar a presença de Roma, ele mandou que as efígies imperiais fossem afixadas em Jerusalém, onde as imagens eram proibidas. Em 36, depois de receber informações de um traidor, mandou massacrar um ajuntamento de samaritanos a caminho da montanha sagrada de Garizim antes que um suposto complô explodisse. O passo em falso faria com que ele fosse dispensado de suas funções e exilado na Gália. Lucas e Mateus atestam sua violência ao relatar a repressão de um levante que deixou pelo menos um morto, bem como a permissão de deter Barrabás e o extermínio, com derramamento de sangue, de um grupo de peregrinos. Também é importante observar que a presença de Pôncio Pilatos foi confirmada por descobertas arqueológicas na Cesareia, em 1961. Uma placa de mármore, enterrada no local de um antigo teatro, traz o nome do prefeito da Judeia, Pôncio Pilatos, sob o reino de Tibério.

A imagem apresentada pelos evangelistas, de maneira geral, é cheia de nuances. Percebemos um Pôncio Pilatos atento ao respeito da lei. Ele deu a palavra às duas partes, e quis escutar Caifás e Jesus; ele pediu a cada um deles que se explicasse e, a Jesus, que respondesse às acusações. Parece que ele era contrário à ideia de condenar Jesus, por ter um certo respeito por ele. A retórica dos sacerdotes o irritou. No texto de João ele perguntou aos sacerdotes, que o tinham feito sair do pretório porque eles próprios não quiseram entrar ali, para não se contaminar antes de comer a Páscoa: "'Que acusação trazeis contra este homem?'. Responderam-lhe: 'Se não fosse malfeitor, não o entregaríamos a ti'." (João, 18, 30). O que Pôncio Pilatos pergunta?

> Então Pilatos entrou novamente no pretório, chamou Jesus e lhe disse: "Tu és o rei dos judeus?". Jesus lhe respondeu:

"Falas por ti mesmo ou outros te disseram isso de mim?".
Respondeu Pilatos: "Sou, por acaso, judeu? Teu povo e os
chefes dos sacerdotes entregaram-te a mim. Que fizeste?".
Jesus respondeu: "Meu reino não é deste mundo. Se meu reino
fosse deste mundo, meus súditos teriam combatido para que
eu não fosse entregue aos judeus. Mas meu reino não é daqui".
Pilatos lhe disse: "Então, tu és rei?". Respondeu Jesus: "Tu o
dizeis: eu sou rei. Para isso nasci e para isto vim ao mundo:
para dar testemunho da verdade. Quem é da verdade escuta
a minha voz". Disse-lhe Pilatos: "O que é verdade?". E tendo
dito isso, saiu de novo e foi ao encontro dos judeus e lhes
disse: "Não encontro nele nenhum motivo de condenação"
(João, 18, 33-38).

Em seguida, Pilatos propôs que, por ser Páscoa, um malfeitor fosse solto, como era o costume. Os judeus desejavam que ele libertasse o rei dos judeus? O motivo da acusação acabava de aparecer, de maneira absolutamente inofensiva, e Pôncio Pilatos mostrou ter bastante traquejo. Da mesma maneira que os sacerdotes o obrigaram a condenar Jesus, ele os obrigaria a condenar, por sua vez, não Jesus, mas o suposto rei dos judeus. Depois de fazer com que ele fosse vestido como um monarca deplorável, coroado de espinhos pelos soldados e coberto com um manto púrpura, Pilatos entregou Jesus aos sacerdotes. Mais uma vez, ele tentou devolver o homem à sua nação. Mas foi aí que os judeus finalmente admitiram por que desejavam matá-lo, por causa de uma blasfêmia terrível a seus olhos: "Nós temos uma Lei, e conforme essa Lei, ele deve morrer, porque se fez Filho de Deus" (João, 19, 7).

João afirma que, nesse instante, Pôncio Pilatos ficou com medo. Ele tomou consciência da importância das imposições e dos motivos que lhe tinham sido escondidos até então. Ele indagou sobre a identidade de Jesus – "De onde és tu?" (João, 19, 9) –, mas como este permaneceu em silêncio, Pilatos buscou uma escapatória para se livrar dele. Como reagiria o povo se ele condenasse aquele que alguns judeus proclamavam como o Filho de Deus e que se considerava propriamente um rei? Como os sacerdotes teimaram, Pilatos se instalou em seu tribunal e expôs Jesus à visão da multidão. "Mas os judeus gritavam: 'Se o soltas, não és amigo de César! Todo aquele que se faz rei, opõe-se a César'." (João, 19, 12).

Foi aí que se deu a última reviravolta obtida por Pilatos. "Disse-lhes Pilatos: 'Crucificarei o vosso rei?!' Os chefes dos sacerdotes responderam: 'Não temos outro rei a não ser César!'" (João, 19;15). Seria possível esperar humilhação maior para um judeu ortodoxo do que essa aclamação pública? Haveria revanche mais doce para Pôncio Pilatos contra esses homens que se diziam incorruptíveis em sua fé? "Então Pilatos o entregou para ser crucificado" (João, 19, 16).

Para os sinóticos, Pilatos aparece sob a mesma fronte de um juiz zeloso pela igualdade, e respeitoso por Jesus: Lucas é preciso em relação ao motivo pelo qual as autoridades religiosas condenaram Jesus – a blasfêmia, já que Jesus era reconhecidamente filho de Deus: "Que necessidade temos ainda de testemunho? Nós ouvimos de sua própria boca!" (Lucas, 22, 71). Mas esse motivo não foi o que eles deram a Pilatos, a quem forneceram acusações unicamente políticas, e que serviriam para enviar qualquer indivíduo direito à cruz: recusa de pagar imposto, impostura, sedição. Mais uma vez no texto de Lucas, quando Jesus admite ser o rei dos judeus – "Pilatos o interrogou: 'És tu o rei dos judeus?' Respondendo, ele declarou: 'Tu o dizes'" (Lucas, 23, 3) –, Pilatos fez uma objeção em defesa de Jesus aos chefes dos sacerdotes e à multidão: "Não encontro nesse homem motivo algum de condenação" (Lucas, 23, 4; 14; 22). Sua escapatória foi a nacionalidade de Jesus – da Galileia. Que sorte! Jesus não dependia de sua jurisdição. Então Pilatos o enviou a Herodes, presente a Jerusalém naqueles dias de peregrinação. Herodes fez troça dele, cobriu-o com o manto real púrpura e devolveu Jesus a Pilatos, que tentou pela segunda vez soltá-lo, já que nem ele nem Herodes encontraram qualquer motivo para enviá-lo à morte, e propôs conceder-lhe graça. Mas foi Barrabás que o povo desejou salvar.

Para Mateus e Marcos, o roteiro é o mesmo, menos na passagem de Herodes. Mateus adiciona o detalhe de que

Pôncio Pilatos lava as mãos por ter tido que condenar um justo que tentou salvar, como tinha lhe pedido sua esposa, alertada por um sonho. Percebemos que nenhum dos evangelistas formula qualquer reprovação contra Pôncio Pilatos.* No entanto, é curioso notar que, no todo, a impressão que fica dele é de difamação, de covardia, nascida justamente do fato de os evangelistas fazerem com que ele reconhecesse a inocência de Jesus. De fato, o que aparece com clareza nos relatos do processo é o conluio, voluntário ou não, entre todos os envolvidos para condenar um justo: Razão de Estado, razão religiosa, medo de insurreição popular.

Insurreição popular? Ela ameaçava de dois lados. Tanto devido ao extermínio de um homem que dava ensinamentos às multidões, que as curava, que as aliviava, que as compreendia e as amava, esse filho de Davi abençoado, quanto porque existia a vontade de salvar Jesus, homem desprezível que se dizia rei, em detrimento do qual a multidão escolhe Barrabás. Será que isso aconteceu porque, quando se deixou prender, Jesus estava mostrando que ninguém teria nada a ganhar em defendê-lo? Aliás, será que ele mesmo se defendeu? Ou será que, mais provavelmente, como a guarda vigilante de Caifás estava na frente do pretório, ela manipulou os transeuntes presentes e respondeu em seu lugar?

A responsabilidade presumida dos judeus na morte de Jesus serviria para alimentar um ódio radical entre os dois campos judeus: entre aqueles que se recusavam a admitir Jesus como messias e aqueles que estavam convencidos de que o messias tinha sido assassinado. Os primeiros textos cristãos, o de Paulo em especial, são carregados nesse sentido. Essa animosidade duraria até muito depois do cisma que se consumou entre os cristãos e os judeus, e o suposto papel

---

* Uma tradição dos apócrifos, os Atos de Pilatos, pretensamente os processos verbais de Pilatos durante sua tutela na Judeia, chegam a representá-lo como simpatizante da causa de Jesus. Sua esposa, Procula, é honrada na hagiografia. Uma lenda até sugere que Pilatos tenha se convertido e morrido como mártir, decapitado, em Roma, sob ordens do imperador. Em contrapartida, Eusébio insinua que Pilatos se suicidou, como Judas.

nefasto dos últimos se propagaria com rapidez. Apesar de Tácito atribuir sem hesitar a morte de Jesus aos romanos ("Os cristãos: esse nome vem de Cristo que tinha sido entregue ao suplício pelo procurador Pôncio Pilatos, sob o principado de Tibério.[5]"), outros textos pagãos incriminam os judeus. Na carta do sírio Mara bar-Serapião, isso pode ser atestado sem equívocos. Esse homem, prisioneiro dos romanos na região da Samotrácia, escreveu ao filho que estudava em Odessa. Mara o questionava a respeito da utilidade do homicídio cometido pelos ateneus sobre a pessoa de Sócrates, pelo povo de Samos sobre a pessoa de Pitágoras, que tinha sido queimado, ou sobre "os judeus que crucificaram seu rei sábio, já que depois disso seu reino lhes foi tirado". Para Mara, a queda de Jerusalém foi resultado da vingança de Deus depois dessa morte: "Os judeus foram deportados e expulsos de seu reino e, desde então, vivem em diáspora". As disputas entre as primeiras comunidades judeu-judaicas e judeu-cristãs iriam ficar cada vez mais amargas, chegando a alimentar a Igreja primitiva de uma aversão profunda aos judeus. Infelizmente, essas guerras doutrinárias criaram uma cortina de fumaça que escondia a verdade mais límpida: o povo judeu não enviou Jesus para a morte. Também não foi o povo romano que fez isso. Foi o poder da representação judaica e romana, em total conluio, que decidiu eliminar Jesus, porque ele representava grave perigo tanto para o Templo quanto para o palácio.

Como Jesus foi levado ao Gólgota? Duas versões se opõem nos Evangelhos. Os sinóticos de um lado, João do outro. A primeira divergência aparece em relação à presença de Simão de Cirene. Mateus, Marcos e Lucas atestam que esse desconhecido foi requisitado pelos soldados romanos para carregar a cruz de Jesus – prova de que ele foi espancado no pretório e de que deu início à Via-Crúcis em estado físico deplorável. O chicote romano se compunha de pequenas correntes de ferro terminadas por ossinhos e bolas de chumbo; o número de chicotadas não era limitado (para a lei judaica, o máximo era quarenta). Flávio Josefo menciona "os corpos talhados a chicotadas" que eram colocados na cruz. Essa explicação, muito prática, é contestada. Com muita rapidez, a presença de Simão de Cirene vai criar diversas aberturas para teorizar sobre a morte de Jesus. Aos que não se recuperaram do escândalo da cruz, Simão de Cirene aparece como o candidato ideal para uma substituição. O raciocínio era quase matemático: como Jesus era Deus, como Deus não poderia morrer, Jesus não morreu, e Simão de Cirene foi crucificado em seu lugar. No Apocalipse de Pedro, apócrifo descoberto em Nag Hammadi, Jesus, dos céus mais altos, ficou contente com seu estratagema e contemplou Simão de Cirene na cruz em seu lugar.

Alguns exegetas contestaram a historicidade de Simão de Cirene como aquele que carrega a cruz. Eles se baseiam no código romano, citado por Plutarco: "Todo malfeitor que é executado carrega sua própria cruz"[6]. Além do mais, qualquer atividade era proibida, tanto durante as festas quanto durante o sabá. Como os romanos teriam forçado Simão a desrespeitar a lei, e como ele teria aceitado? Flávio Josefo atesta várias vezes a tenacidade dos judeus em sua recusa de transgredir as prescrições ritualísticas. E por que João nem menciona Simão de Cirene? Os defensores da historicidade desse personagem se baseiam em uma sutileza percebida em João. Sua intenção teria sido erradicar a tese gnóstica de substituição na cruz que circulava na época do evangelista. Ou então João, em referência às escrituras, para atenuar o escândalo da cruz, quis que, como Isaac (Gênesis 22, 6), Jesus carregasse madeira em seu sacrifício. Enfim, e sobretudo, o motivo é o viés escolhido por João no relato da paixão, claramente o de um Jesus triunfante, decidido a viver seu suplício e sua morte, aos quais consente plenamente, para que tudo se cumpra. Que símbolo seria melhor, então, que o Messias, o Cordeiro de Deus, carregando sozinho o instrumento de sua execução?

Mateus se estende em detalhes sobre o horror do suplício. A agonia começou no pretório. Desnudo, fantasiado, caçoado, surrado, empapado de cuspe, ele foi arrastado até o Gólgota para ser pregado na madeira, depois que o obrigaram a beber fel. Ela continuou na cruz, onde Jesus foi vítima de piadas e insultos.

Lucas é o mais discreto em relação à descrição do que Jesus faz na Via-Crúcis: Jesus teria profetizado a mulheres a queda futura de Jerusalém, e o evangelista conta que, uma vez crucificado, um dos dois ladrões pediu ao Cristo que se lembrasse dele quando chegasse a seu reino: "Em verdade, eu te digo, hoje estarás comigo no paraíso" (Lucas, 23, 43), Jesus promete a ele.

Marcos e Mateus são os dois únicos a afirmar que duas oferendas de vinho foram feitas a Jesus. Para Lucas, isso só aconteceu uma vez, no meio da agonia. Para João, esse único convite a beber se apresentou nos últimos instantes: os soldados colocaram sobre os lábios de Jesus uma esponja molhada com vinho avinagrado. "Estava ali um vaso cheio de vinagre. Fixando, então, uma esponja embebida de vinagre num ramo de hissopo, levaram-na à sua boca" (João 19, 29). Assim como a oferenda de vinho aromatizado com mirra de que falam Marcos e Mateus, o vinagre oferecido em João não é um ato agressivo. "O melhor vinho nos primeiros tempos era aquele aromatizado com o perfume da mirra", testemunha Plínio[7], e, para matar a sede, os soldados romanos colocavam vinagre na água, coisa que deixava a bebida mais refrescante, ao mesmo tempo em que a desinfetava.

Para a maior parte dos historiadores, a oferenda de bebida (e principalmente a taça de fel) faz alusão ao salmo 69 do sofredor justo: "Como alimento deram-me fel, e na minha sede serviram-me vinagre" (Salmos, 69, 22). Assim como a distribuição das roupas, descrita por João: "Os soldados, quando crucificaram Jesus, tomaram suas roupas e repartiram em quatro partes, uma para cada soldado, e a túnica. Ora, a túnica era sem costura, tecida com uma só peça, de alto a baixo. Disseram entre si: 'Não a rasguemos, mas tiremos a sorte, para ver com quem ficará'." (João, 19, 23). Esse incidente é especificado por corresponder às Escrituras, em particular ao salmo 22: "Repartem entre si as minhas vestes, e sobre a minha túnica tiram sorte" (Salmos, 22, 19).

É necessário especificar que a noção de Via-Crúcis e os detalhes abundantes em relação ao que aconteceu com Jesus durante sua subida ao Gólgota são intervenções posteriores. Depois da paz de Constantino, em 313, os peregrinos não pararam mais de se dirigir a Jerusalém para retraçar os passos do Cristo e reviver sua Paixão. Nos séculos XIV e XV, os franciscanos, que detinham a guarda dos lugares santos, em virtude de um acordo feito com os turcos, criaram, para responder a esse desejo, "a devoção da Via-Crúcis". Eles marcaram a Via-Crúcis, do pretório ao monte da Caveira, onde imaginavam que se localizasse, com estações próprias para meditação. O número varia até dezoito. Os papas Clemente XII e Bento XIV as fixaram em catorze. Entre os personagens lendários da Via-Crúcis, encontramos Verônica, uma mulher santa que enxuga o rosto de Cristo com um véu e descobre que o rosto ficou impresso de modo indelével no pano.*

A agonia de Jesus na cruz durou três horas, da sexta à nona. Jesus foi, portanto, crucificado ao meio-dia e morreu às quinze horas.** Os Evangelhos não dão nenhuma indicação em relação à forma da cruz. O horror desse suplício aos olhos dos judeus explica seu escrúpulo em fornecer detalhes. Sêneca apresenta alguns, que ilustram a boa fundamentação para tal aversão. "Eu vejo ali cruzes, não todas do mesmo modelo, mas confeccionadas de várias maneiras diferentes: em algumas, as vítimas ficam com a cabeça para baixo; outras empalam suas partes íntimas; em outras ainda, os braços se estendem pela barra transversal.[8]" Como Jesus carregou o *patibulum*, quer dizer, a barra transversal, porque Mateus especifica que o

---

* No apócrifo Atos de Pilatos, Verônica se chamava Berenice. Ela era a mulher com hemorragia curada por Jesus por ter tocado em seu manto. Ela apareceu no processo de Jesus perante Pilatos e enxugou seu rosto quando ele subiu o Calvário, mas não há menção de imagem impressa no pano.

** O local conhecido como monte da Caveira, onde Jesus foi crucificado, não foi identificado. Segundo Orígenes e o Pseudo-Basílio, o pico tem seu nome tirado de Adão, de modo que é o lugar de sepultura, onde seu crânio e seus ossos estariam enterrados, como vários artistas representariam posteriormente ao pintar Jesus na cruz.

titulus foi pregado por cima da cabeça de Jesus, e João afirma que foi necessário usar um galho para levar a esponja à boca de Jesus, podemos deduzir que a cruz utilizada para sua execução tinha quatro extremidades, e que seu centro se situava a dois metros do solo. Sobre a questão relativa ao uso de cravos ou cordas para fixar Jesus, nada se pode dizer com certeza. Se as mãos foram pregadas, como sugere Lucas (Lucas, 24, 39) quando Cristo mostra os membros para atestar a crucificação, o cravo deve ter sido colocado na altura do pulso – o peso do corpo teria rasgado as palmas das mãos se o cravo tivesse sido colocado nesse lugar. Mas as mãos poderiam estar pregadas e ao mesmo tempo amarradas com cordas.

A descoberta de um túmulo em 1968, em Jerusalém, em Giv'at ha-Mivtar, permitiu a exumação do esqueleto de Yehohanan, crucificado de cerca de vinte anos de idade. Ele tinha os ossos dos calcanhares furados por um cravo, aparentemente cada um de um lado do poste da cruz. Quantos cravos os soldados teriam usado para pendurar Jesus? A tradição dos primeiros séculos fixou o número em quatro, de maneira totalmente arbitrária. Helena, a mãe de Constantino, que desenterrou a cruz no local indicado a ela por um sonho, só encontra três.

Na terceira hora, Jesus expirou. No mesmo instante, as trevas que cobriam a terra havia já três horas, se acreditarmos em Marcos, se intensificaram: "E à hora nona, Jesus deu um grande grito, dizendo: '*Eloi, Eloi, lema sabachtháni**', que, traduzido, significa: 'Deus meu, Deus meu, por que me abandonaste?'" (Marcos, 15, 33-34). A versão de Mateus é similar à de Marcos em todos os pontos, as mesmas trevas nas mesmas horas, o mesmo véu rasgado, as mesmas últimas palavras. Mas, além de todos esses fenômenos, um tremor de terra abala a cidade, as rochas se fendem, os túmulos se abrem. "E muitos corpos dos santos falecidos ressuscitaram. E, saindo dos túmulos após a ressurreição de Jesus, entraram na Cidade Santa e foram vistos por muitos. O centurião e os que com

---

* Versículos do salmo 22 recitados pelos judeus no momento da morte.

ele guardavam a Jesus, ao verem o terremoto e tudo mais que estava acontecendo, ficaram muito amedrontados e disseram: 'De fato, este era filho de Deus'." (Mateus, 27;51-54). Como ainda aparece no texto de Marcos: "E o véu do Santuário se rasgou em duas partes, de cima a baixo. O centurião, que se achava bem defronte dele, vendo que havia expirado desse modo, disse: 'Verdadeiramente este homem era filho de Deus'." (Marcos, 15, 38-39). Lucas dá nome às trevas citadas. Trata-se de um eclipse solar*: "Tendo desaparecido o sol, o véu do Santuário rasgou-se ao meio e Jesus deu um forte grito: 'Pai, em tuas mãos entrego o meu espírito'. Dizendo isso, expirou. O centurião, vendo o que acontecera, glorificava a Deus, dizendo: 'Realmente, este homem era justo!'" (Lucas, 23, 45-47).

As trevas descritas pelos sinóticos têm importância simbólica profunda.** Elas ressaltam as referências ao Justo sofredor do salmo 22 e fazem eco à zombaria de que Jesus foi alvo durante toda a subida ao Calvário e ao longo de toda a sua agonia – zombarias suportadas pelo mesmo Jesus sofredor. O profeta Jeremias (Jeremias 33, 19-21) afirma que, se o ritmo natural da noite e do dia se rompe, é sinal que Deus quebrou sua aliança. A manifestação de Deus com a morte de seu filho,

---

* Pesquisadores trabalharam com a hipótese de que um eclipse de fato tivesse ocorrido. Encontram-se diversas alusões a esse fenômeno astrológico. Um deles, na Grécia e na Síria, no dia 24 de novembro de 29 (portanto, na primavera), durou um minuto e meio; dois outros ainda ocorreriam, respectivamente em 1º de junho de 32 e em 30 de junho de 33.

** Na antiguidade, as manifestações de Deus ou dos deuses no momento da morte de um Justo, de um herói ou de um grande homem são frequentes. O sangue de um mártir macabeu apaga o fogo da pira (4 M 9, 20); um eclipse oculta a lua na noite seguinte à execução – ordenada por Herodes, o Grande – de Matias, o purificador do Templo, depois das imundices romanas (Flávio Josefo, *Antiguidades judaicas*). Alguns eclipses se sucedem à morte de Rômulo e à de Júlio César, os templos perdem seus marfins, os bronzes choram, o Etna entra em erupção, as florestas se povoam de espectros, o céu, de relâmpagos (Virgílio, *Geórgicas*). Quando da morte de Cláudio, o céu é atravessado por um cometa e chora sangue (Cassius Dion, *Histoire*). Tácito – plagiando Flávio Josefo, talvez? – repete que, quando o Templo foi destruído por Tito, exércitos entraram em combate nos céus, as portas do Santo se abriram com brutalidade e uma voz sobre-humana anunciou a partida de Deus (*Histoire*, 5, 3).

apresentada por Mateus, oferece todas as semelhanças com o dia do Julgamento Final como Jesus o anunciava. Tremor de terra, abertura dos túmulos, ressurreição dos cadáveres dos santos que retornariam a Jerusalém. Não se trata de alusões escatológicas, mas sim da afirmação segura de uma teofania, de um apocalipse no sentido primordial do termo*, ao mesmo tempo em que pressagia tudo aquilo que Jesus de fato tinha anunciado durante sua pregação pública. A proclamação do centurião romano era como se fosse uma resposta em paralelo, uma espécie de jogo de espelho em relação à proclamação de Deus, que se manifestou com o véu que se rasgou**, no próprio coração do santuário, quer dizer, no lugar reservado às declarações que Deus tinha feito a Moisés. A voz do militar era a das nações a quem Jesus sempre abrira o acesso à Lei, e às quais oferecera sua palavra. Os três sinóticos conferem a um romano o privilégio de confessar a natureza e a grandeza de Jesus: "Realmente, este homem era justo" (Lucas, 23, 47); "Verdadeiramente este homem era filho de Deus" (Marcos, 15, 39); "O centurião e os que com ele guardavam a Jesus, ao verem o terremoto e tudo mais que estava acontecendo, ficaram muito amedrontados e disseram: 'De fato, este era filho de Deus'." (Mateus, 27, 54). O véu que se rasga anuncia, então, a destruição do Templo prevista por Jesus.

João, por sua vez, fala de uma morte quase suave, aceita e até esperada. Quando a fraqueza de seu corpo o avisa sobre a iminência do fim, "Tenho sede***!" (João, 19, 28), ele se apaga finalmente, em uma espécie de serenidade, porque "tudo estava consumado". Como observa Jean Grosjean:

---

* Do grego *apocalypsis*, "revelação". Na literatura referente ao Talmude, o Apocalipse é uma obra visionária que contém revelações sobre os mistérios divinos que dizem respeito aos anjos, ao Messias e ao dia do Julgamento Final. Vários apocalipses figuram entre os manuscritos encontrados em Qunran.

** Segundo Raymond Brown, o véu que se rasga marca a cólera de Deus contra as autoridades de Jerusalém que crucificaram o Filho cuja filiação Deus tinha estabelecido com força no momento do batismo, quando o Espírito rasga os céus (Marcos, 1, 10-11) e anuncia: "Tu és o meu Filho amado".

*** A sede de Jesus cumpre a profecia do salmo 69: "E na minha sede serviram-me vinagre" (Salmos, 69, 22).

João distingue a escritura que Jesus deve "consumar", quer dizer, "tornar completa" (literalmente, "preencher") ao unir ato e texto (como em 13, 18: "Mas é preciso que se cumpra a Escritura: Aquele que come o meu pão levantou contra mim o calcanhar". Em 15, 25: "Mas é para que se cumpra a palavra escrita na sua Lei: Odiaram-me sem motivo". Ou ainda, em 17, 12: "Guardei-os e nenhum deles se perdeu, exceto o filho da perdição, para cumprir-se a Escritura") e os trabalhos que Jesus precisa "terminar", quer dizer, levar a termo (como em 4, 34: "Jesus lhes disse: 'Meu alimento é fazer a vontade daquele que me enviou e consumar sua obra'". Em 5, 36: "Eu, porém, tenho testemunho maior que o de João: as obras que o Pai me encarregou de consumar. Tais obras eu as faço e elas dão testemunho de que o Pai me enviou". Ou em 17, 4: "Eu te glorifiquei na terra, concluí a obra que me encarregaste de realizar".). Mas aqui, no momento em que Jesus leva a último termo as obras do Pai ("Sabendo que tudo estava consumado", João 19, 28), ele chega também ao fim da consumação de toda a Escritura, e João diz dessa vez que ele terminou.[9]

"Quando Jesus tomou o vinagre, disse: 'Está consumado!' E, inclinando a cabeça, entregou o espírito" (João, 19, 30). Tudo então chegou ao fim, foi consumado. Esse último versículo de João sobre a morte de Jesus opera um jogo de espelhos com o primeiro versículo do capítulo 13 que abre, em João, o episódio da Paixão: "Antes da festa da Páscoa, sabendo Jesus que chegara a sua hora de passar deste mundo para o Pai, tendo amado os seus que estavam no mundo, amou-os até o fim" (João, 13, 1). Nenhuma dúvida, nenhum medo o assola, assombra nem atormenta: Jesus, em plena consciência de seu destino, cumpre a missão que lhe foi dada pelo Pai. E somente então, depois de morto, ele abaixa a cabeça.

As Sete Palavras do Cristo na Cruz representam de fato uma compilação das últimas palavras que Jesus pronunciou antes de morrer, segundo cada um dos evangelistas. Às últimas palavras pronunciadas por Jesus segundo Marcos e Mateus, "Eloi, Eloi, lema sabachthán, Deus meu, Deus meu, por que me abandonaste?" (Marcos, 15, 33-34; Mateus, 27, 46), a tradição juntou todas as de Lucas: "Pai, perdoa-lhes: não sabem o que fazem" (Lucas, 23, 34); e depois, as pronunciadas ao bom ladrão: "Em verdade, eu te digo, hoje estará comigo no paraíso" (Lucas, 23, 43); e enfim as de João, "Tudo estava consumado" (João, 19, 28), e as ditas à sua mãe e ao discípulo favorito: "'Mulher, eis teu filho!' Depois, disse ao discípulo: 'Eis a tua mãe!'." (João, 19, 26). Essa compilação ganhou fama com os músicos Heinrich Schütz (1645), Joseph Haydn (1787) e Sofia Goubaïdoulina (1982), que a musicaram. Os exegetas supõem que a última palavra do Cristo, segundo Marcos e Mateus, deve ser aquela tomada do salmo: "Deus meu, Deus meu, por que me abandonaste?". Mas o aspecto negativo desse enunciado levantou um problema para a adoção dessas palavras. Na memória, então, ficou: "Pai, em tuas mãos entrego o meu espírito", de Lucas (Lucas, 23, 46).

Assim então morreu Jesus de Nazaré. Ainda lhe desferiram um golpe de lança na lateral do corpo, e da ferida aberta de Jesus escorreram água e sangue – a água do batismo e o sangue da nova aliança, segundo os teólogos.

Jesus morreu em um escândalo e em uma loucura, abandonado por todos. A partir do momento em que a notícia de sua prisão correu, a maior parte de seus discípulos precisou abandonar Jerusalém. Uma prova disso é dada no texto de Lucas: os dois discípulos cheios de tristeza, ao se dirigirem para Emaús no domingo pela manhã, não conseguiam esconder sua decepção. Jesus não cumprira suas promessas. "Nós esperávamos que fosse ele quem redimiria Israel" (Lucas, 24, 21), eles confidenciaram ao homem que caminhava ao lado deles e que seus olhos estavam impedidos de reconhecer. Falaram também do túmulo encontrado vazio pelas mulheres que foram até lá para cumprir os cuidados com os mortos. Contaram sobre os anjos que apareceram para essas mulheres e que lhes disseram que Jesus estava vivo. Enfim, os discípulos de Emaús compreenderam tudo. Quando Jesus repetiu os gestos da Última Ceia, eles o reconheceram naquele Cristo transfigurado

É com essa visão que termina a história da existência terrena de Jesus. O resto faz parte do dogma e constitui aquilo que chamamos de mistério pascal. Como diz Charles Guignebert: "A lógica quis que tudo acabasse por aí". E, no entanto, alguns dias depois, como Henri Guillemin observa:

> Os dois homens arrasados se transfiguram. Todo o desencantamento é abolido. Uma felicidade o substitui, uma felicidade fulgurante. Uma alegria tão violenta, tão fogosa, que a felicidade de ontem, de caminhar ao lado do Nazareno pelas estradas, apesar de ardente, não passa de uma brasa ao lado desse fulgor. E o medo não existe mais. Desapareceu a ponto de fazer com que esses fugitivos desamparados do "sábado santo" afrontem o martírio em si – martírio no sentido correto, original, etimológico, que é "testemunho" – em vez de deixar de dizer o que têm a dizer, o que precisam dizer, custe o que custar, de tanto que isso é prodigioso, de tanto que confirma enfim, enfim, aquilo em que eles acreditavam.[10]

Não existe constante histórica para saber o que aconteceu entre a fuga dos discípulos e o surgimento dessas testemunhas, desses apóstolos da Boa Notícia que, em sua maior parte, transformaram-se em mártires alegres. Como escreve Pascal: "Acredito que sejam testemunhas que se deixam matar". A história termina no momento do enterro*, na sepultura deserta, emprestada por José de Arimateia.** E essa última informação ainda é contradita pelo texto dos Atos, segundo o qual foram os judeus (e não José e Nicodemo, como diz João) que realizaram o procedimento de colocar no túmulo...

---

* Alguns exegetas estimam que Jesus, depois de sua morte, tenha sido jogado em fossa comum sem nenhuma outra forma de cerimônia, como acontecia com a maior parte dos que eram submetidos a suplício. O "campo de sangue" seria sua sepultura. Outros se opõem à teoria de que as famílias podiam reclamar os corpos, como atestam Flávio Josefo e Fílon de Alexandria.

** Todos os evangelistas mencionam José de Arimateia pela primeira vez na Paixão. Eles dizem, aliás, que esse personagem "chega" depois da morte de Jesus. Arimateia designa o lugar de nascimento ou de residência de José e indica que ele não era da Galileia, mas sim da Judeia (Lucas, 23, 51). De acordo com Mateus, o túmulo em que Jesus foi enterrado era o túmulo do próprio José de Arimateia. Bernard Dubourg, em *L'Invention de Jésus* (Gallimard, 1987), introduz a ideia de que Arimateia seria uma corruptela do hebraico HRY MWT, que significa "depois da morte".

Curiosamente também, a localização desse túmulo cai no esquecimento de imediato. O Santo Sepulcro, no local que existe hoje, foi criado em 325, sob o reino de Constantino, que tem a intuição de sua localização durante um sonho. Se aceitarmos o fato de que Jesus de fato ressuscitou, o desaparecimento desse túmulo fica esclarecido – por que os judeus, que tinham o hábito de se recolher no túmulo de seus entes queridos falecidos, iriam prestar honras a um lugar vazio?

A história de Jesus chega ao fim, mas a do Cristo, toda teológica, assim como a da fé que ela suscita, começa com a confiança nas palavras das testemunhas que viram o Cristo ressuscitado, cerca de quinhentos discípulos, e que compartilharam mais uma refeição com ele. Prova ainda de que se trata de questão de fé, a que todos os leitores futuros dos Evangelhos são convidados, é o fato de que não há testemunhas dessa ressurreição, nem ninguém que tenha visto o Cristo ressuscitar, porque não há nenhuma pessoa presente no momento da ressurreição, e ninguém o reconhece como Jesus de Nazaré. Nem Maria Madalena, que o confunde com o jardineiro, nem os peregrinos de Emaús, nem os discípulos às margens do lago onde pescam e que voltam a se unir com o Cristo. Tomé, aliás, continua incrédulo, e Jesus faz com que este toque suas chagas para acreditar. E toda essa gente deve ter confiado na palavra dele e se baseado em seus *kérygmes**, suas proclamações em voz alta, essa profissão de fé dos primeiros cristãos que afirmariam três enunciados essenciais: Jesus Cristo é o Messias, o Filho de Deus. Ele ressuscitou e aquele que fala dá seu testemunho pessoal, como proclama Pedro no dia do Pentecostes.

> Homens de Israel, ouvi estas palavras! Jesus, o Nazareno, foi por Deus aprovado diante de vós com milagres, prodígios e sinais, que Deus operou por meio dele entre vós, como bem o sabeis. Este homem, entregue segundo o desígnio determinado e a presciência de Deus, vós o matastes, crucificando-o pela mão dos ímpios. Mas Deus o ressuscitou, libertando-o das angústias do Hades, pois não era possível que ele fosse

---

* *Kérygme*: do grego antigo *kêrugma*, "proclamação em voz alta", de *kêrux*, "o arauto".

retido em seu poder. (...) A este Jesus, Deus o ressuscitou, e disto nós todos somos testemunhas. (...) Arrependei-vos, e cada um de vós seja batizado em nome de Jesus Cristo para a remissão dos vossos pecados. Então recebereis o dom do Espírito Santo (Ac 2, 22-24; 32; 38).*

Ou ainda Paulo, em sua primeira epístola aos coríntios (1 Coríntios, 15, 1; 3-8):

Lembro-vos, irmãos, o evangelho que vos anunciei, que recebestes, no qual permaneceis firmes. (...) Cristo morreu por nossos pecados, segundo as Escrituras. Foi sepultado e ressuscitou ao terceiro dia, segundo as Escrituras. Apareceu a Cefas [Pedro] e depois aos Doze. Em seguida, apareceu a mais de quinhentos irmãos de uma vez, a maioria dos quais ainda vive, enquanto alguns já adormeceram. Posteriormente, apareceu a Tiago e, depois, a todos os apóstolos. Em último lugar, apareceu também a mim.

Paul Veyne, em sua obra *Quand notre monde est devenu chrétien*, busca compreender como o cristianismo, "essa obra-prima de criação religiosa, foi capaz de se impor em todo o Ocidente entre 300 e 400"[11] e de converter em um século cerca de cem milhões de pessoas. Paul Veyne apresenta três respostas: um imperador romano, Constantino, sinceramente convertido; o desejo que esse césar tinha de dar a seu império uma religião digna dele; e a vontade de colocar a administração imperial a serviço das primeiras igrejas. Essas três razões se articulam entre si para transformar o cristianismo na religião que conhecemos. Mas nenhuma das três, nem seu conjunto, teria sido suficiente sem o pressuposto do mistério pascal, o "grão de mostarda que um homem tomou e semeou no seu campo, (...) a menor de todas as sementes" (Mateus, 13, 31-32).

---

* Os judeus que não quiseram acreditar na ressurreição de Jesus disseram que o corpo tinha sido roubado durante o sono dos soldados romanos de guarda na frente da lápide, por pedido expresso dos chefes dos sacerdotes (Mateus, 28, 11-15). Os *Toledoth Yeshuh chegariam a dizer que* Judas tinha roubado o corpo de Jesus, o Judas que não era ninguém menos do que o jardineiro do cemitério.

ANEXOS

Cronologia

CRONOLOGIA GERAL
DOS ACONTECIMENTOS NA PALESTINA

63 a.C. Tomada de Jerusalém por Pompeu, que deixa o governo a cargo do idumeu Antípatro, ministro de Hircano II até 40 a.C.

55-51 a.C. Em Roma, guerra dos gauleses. Herodes, filho de Antípatro, é nomeado governador da Galileia por César. Ele ordena a morte do primeiro Zelota revoltado: Ezequias.

44-43 a.C. Envenenamento de Antípatro.

37 a.C. Herodes, o Grande, nomeado por Roma como rei dos judeus, entra em Jerusalém.

30 a.C. Herodes ordena a morte de Hircano e depois de sua esposa, Mariana, os últimos hasmoneus e todos os seus oponentes. Ele ergue palácios, constrói e reconstrói cidades (Sebaste e Cesareia), instala a paz e uma riqueza sem igual na Palestina.

20 a.C. Herodes empreende a reconstrução do Templo.

7 a.C. Herodes manda estrangular seus filhos Alexandre e Aristóbulo, que tinha tido com Mariana I.

6 a.C. Provável nascimento de Jesus.

4 a.C. Morte de Herodes. Arquelau herda a tetrarquia da Judeia e da Samaria até 6 d.C. Herodes Antipas, tetrarca da Galileia e da Pereia até 39 d.C.; Filipe, de Auranitis e da Betânia até 34 d.C.

4 d.C. Morte de Arquelau. A Judeia volta a ser acoplada à província da Síria, governada por um procurador: Quirino.

6 d.C. Roma ordena um novo recenseamento. Judas, o Galileu, incita uma revolta contra Roma e a coleta de impostos.

14-15 d.C. Morte de Augusto. Tibério imperador.

17 d.C. Fundação de Tiberíades por Herodes Antipas para substituir Séforis.

25 d.C. Caifás, genro de Anás, Sumo Sacerdote até 36.

26 d.C. Pôncio Pilatos, procurador da Judeia até 36.

28 d.C. Pregação de João Batista. Início da pregação pública de Jesus.

30 d.C. Decapitação de João Batista.

33 (?) d.C. Crucificação de Jesus.

37 d.C. Morte de Tibério. Calígula imperador.

41 d.C. Morte de Calígula. Cláudio imperador.

54 d.C. Morte de Cláudio. Nero imperador.

62 d.C. Primeiras perseguições de cristãos. Em Jerusalém, apedrejamento de Tiago.

64 d.C. Morte de Nero. Tito imperador. Perseguições. São Pedro decapitado.

68 d.C. Início da revolta judaica.

70 d.C. Tomada de Jerusalém por Tito. As muralhas são derrubadas. O Templo é destruído.

73 d.C. Tomada de Massada. Suicídio coletivo dos últimos Zelotas resistentes.

132 d.C. Segunda revolta judaica liderada por Bar Kosba. Os judeus são banidos de Jerusalém e proibidos de retornar.

135 d.C. Jerusalém se transforma em Aelia Capitolina.

325 d.C. O imperador Constantino se converte ao cristianismo.

Cronologia aproximada da vida de Jesus (segundo João, para o período da pregação pública)

6 a.C. ou 4 a.C. Nascimento de Jesus em Belém, apresentação no Templo de Jerusalém e retorno a Nazaré.

12 d.C. Fuga de Jesus para Jerusalém para sua primeira Páscoa.

28 d.C. Batismo de Jesus no Jordão por João Batista. Início de sua pregação pública. Jesus batiza e prega. Assiste ao casamento em Caná e transforma água em vinho, a pedido de sua mãe.

28-30 d.C. Jesus designa seus discípulos e parte com eles para Betsaida, na margem oposta do mar da Galileia. Ele vai para Jerusalém na Páscoa e expulsa os vendedores do Templo. Conversa com o rico Nicomedes, depois retorna à Galileia pelo caminho mais curto: a Samaria. Ali, revela sua identidade à samaritana.

Estabelece seu acampamento-base na casa de Simão Pedro e, a partir de lá, percorre as cidades de Corazim, Tiberíades e Séforis.

Jesus faz breves incursões em Cesareia, em Tiro, na Fenícia e em Jerusalém para a celebração da Páscoa.

Ele pronuncia o Sermão das Bem-Aventuranças.

É a época da pesca milagrosa, da cura do servo do centurião, da ressurreição do filho da viúva de Naim.

Jesus acalma a tempestade no lago de Tiberíades, expulsa os demônios de Gadara, volta a Cafarnaum, onde cura a mulher com hemorragia e ressuscita a neta de Jairo.

Sobre uma colina, à margem do lago, ele prega a uma multidão de cinco mil pessoas e multiplica os pães.

Tem um desentendimento tão violento com os fariseus que se refugia por alguns meses na Fenícia. Mais uma vez, multiplica os pães.

Volta à Judeia. Perto de Cesareia. É transfigurado.

30 d.C. Setembro: Jesus troca definitivamente a Galileia pela Judeia.

Em Jerusalém, para a festa dos Tabernáculos, ele perdoa a mulher adúltera, escolhe 72 novos discípulos entre as pessoas que o seguem.

Instala-se na casa de Marta e Maria na Betânia. Uma mulher unge seus pés.

31 d.C. Março: Jesus ressuscita Lázaro e vai para Jerusalém para sua última Páscoa.

Abril: Traído por Judas, detido pelos homens de Caifás e uma coorte romana, ele é julgado por Pôncio Pilatos e condenado à crucificação.

Referências

DOMÍNIO ESPIRITUAL

DE MAGDALA, Míriam. *O Evangelho de Maria*. Petrópolis: Vozes, 2006.

O Evangelho de Tomé, Vozes, 2001.

O Evangelho de João, Vozes, 2006.

O Evangelho de Felipe, Vozes, 2006.

ABECASSIS, Armand. *En vérité je vous le dis. Une lecture juive des Évangiles*. Le Livre de poche. Col. "Biblio essais". Paris: Albin Michel, 1999.

DAVY, Marie-Madeleine. *Le Désert intérieur*. Col. "Spiritualités vivantes". Paris: Albin Michel 1985.

DUBOSC, Monseigneur Michel. *Priez le Notre Père*. Paris: Desclée de Brouwer, 2007.

EISENBERG, Josy e ABECASSIS, Armand. *À Bible ouverte. La Genèse ou le Livre de l'Homme*. Col. "Spiritualités vivantes". Paris: Albin Michel, 2004.

GESCHE, Adolphe. *Le Christ*. Paris: Cerf, 2001.

LACARRIÈRE, Jacques. *Les Gnostiques*. Col. "Spiritualités vivantes". Paris: Albin Michel, 1994.

MEYNET, Roland. *L'Évangile de Luc*. Col. "Rhétorique sémitique". Paris: Lethielleux, 2005.

MOINGT, Joseph. *O homem que vinha de Deus*. São Paulo: Loyola, 2008.

PRIEUR, Jérôme e MORDILLAT, Gérard. *Jésus, illustre et inconnu*. Col. "Spiritualités vivantes". Paris: Albin Michel, 2004.

TRESMONTANT, Claude. *L'Enseignement de Ieschoua de Nazareth*. Paris: Seuil, 1970.

Sobre as origens do cristianismo

Abecassis, Armand. *L'Univers hebraïque. Du monde païen à l'humanisme biblique.* Paris: Albin Michel, 2003.

Cazelles, Henri. *Le Messie de la Bible. Christologie de l'Ancien Testament.* Col. "Jésus et Jésus-Christ". Paris: Desclée, 1995.

Houziaux, Alain. (organizador). *Jésus de Qumrân à l'Évangile de Thomas. Les judaïsmes et la genèse du christianisme.* Paris: Bayard, 1999.

Manns, Frédéric. *Les Racines juives du christianisme.* Paris: Presses de la Renaissance, 2006.

Mimouni, Simon Claude. *Les chrétiens d'origine juive dans l'Antiquité.* Col. "Présences du judaïsme". Paris: Albin Michel, 2004.

Mordillat, Gérard e Prieur, Jérôme. *Jésus après Jésus. L'origine du christianisme.* Col. "Points". Paris: Seuil, 2004.

Biografias de Jesus

Bessière, Gérard. *Jesus, o Deus surpreendente.* Rio de Janeiro: Objetiva, 2000.

Duquesne, Jacques. *Jésus.* Paris: Desclée de Brouwer/Flammarion, 1994.

Gibran, Khalil. *Jésus Fils de l'homme.* Col. "Spiritualité". Paris: Albin Michel, 1990.

Guignebert, Charles. *Jésus.* Col. "L'évolution de l'humanité". Paris: Albin Michel, 1969.

Le Guillou, Philippe. *Jésus.* Col. "Chemins d'éternité". Paris: Pygmalion/Gérard Watelet, 2002.

Meier, John Paul. *Un certain Juif, Jésus: les données de l'histoire.* Col. "Lectio divina", t. I: *Les Sources, les origines, les dates,* 2005; t. II: *La parole et les gestes,* 2005; t. III: *Attachements, affrontements, ruptures.* Paris: Cerf, 2006.

Men, Alexandre. *Jésus, le maître de Nazareth.* Bruyères-le-Châtel: Nouvelle Cité, 1999.

Ratzinger, Joseph (Bento XVI). *Jésus de Nazareth*. Paris: Flammarion, 2007.

Roux, Jean-Paul. *Jésus*. Paris: Fayard, 1989.

Spoto, Donald. *Un inconnu nommé Jésus*. Tradução do inglês para o francês por Jérôme Pernoud. Paris: Le Pré aux Clercs, 2000.

Sobre Judas

Kasser, Rodolphe; Meyer, Marvin e Wurst, Gregor. *O Evangelho de Judas*. Rio de Janeiro: Ediouro, 2006.

Bertram, Ernst. *Nietzsche. Essai de mythologie*. Paris: Éditions du Félin, 2007.

Dauzat, Pierre-Emmanuel. *Judas. De l'Évangile à l'Holocauste*. Paris: Bayard, 2006.

Krosney, Herbert. *O Evangelho perdido*. São Paulo: Prestígio, 2006.

Robinson, James M. *Les Secrets de Judas. Histoire de l'apôtre incompris et de son Évangile*. Neuilly-sur-Seine: Michel Lafon, 2006.

Dicionários e enciclopédias

Dictionnaire encyclopédique du Judaïsme. Col. "Bouquins", publicado sob a direção de Geoffrey Wigoder, adaptado para o francês sob a direção de Sylvie Anne Goldberg. Paris: Robert Laffont, 1996.

Théo. Nouvelle encyclopédie catholique. Paris: Droguet-Ardant/Fayard, 1989.

Gérard, André-Marie. *Dictionnaire de La Bible*. Col. "Bouquins". Paris: Robert Laffont, 1989.

Unterman, Alan. *Dicionário judaico de lendas e tradições*. Rio de Janeiro: Jorge Zahar, 1994.

História

Aux origines du christianisme. Texto apresentado por Pierre Geoltrain. In: Le Monde de La Bible. Col. "Folio histoire". Paris: Gallimard, 2000.

BORDREUIL, Pierre e BRIQUEL-CHATONNET, Françoise. *Le Temps de la Bible*. Col "Folio histoire". Paris: Gallimard, 2003.

BROSSIER, François. *La Bible dit-elle vrai?* Ivry-sur-Seineé: Éditions de l'Atelier, 1999.

BROWN, Raymond E. *La Mort du Messie: Encyclopédie de la Passion du Christ, de Gethsémani au tombeau*. Paris: Bayard, 2005.

_____. *Que sait-on du Nouveau Testament?* Paris: Bayard, 2000.

CORBIN, Alain (organizador). *História do cristianismo*. São Paulo: WMF Martins Fontes, 2009.

DELUMEAU, Jean; BILLON, Gérard. *Jésus et sa Passion*. Paris: Desclée de Brouwer, 2004.

EDELMANN, Éric. *Jésus parlait araméen. À la recherche de l'enseignement original*. Gordes: Éditions du Relié, 2005.

FINKELSTEIN, Israel e SILBERMANN, Neil Asher. *La Bible dévoilée*. Col. "Folio histoire". Paris: Gallimard, 2002.

FLORIS, Ennio. *Sous le Christ, Jésus*. Paris: Flammarion, 1987.

GRELOT, Pierre. *Jésus de Nazareth, Christ et seigneur*. Paris: Cerf, 1998.

GUIGNEBERT, Charles. *Le Monde juif vers le temps de Jésus*. Col. "L'évolution de l'humanité". Paris: Albin Michel, 1969.

GUILLEMIN, Henri . *L'affaire Jésus*. Paris: Le Seuil, 1982.

HADAS-LEBEL, Mireille. *Entre la Bible et l'Histoire. Le peuple hébreu*. Col. "Découvertes". Paris: Gallimard, 1997.

JERPHAGNON, Lucien. *Histoire de la Rome antique. Les armes et les mots*. Paris: Tallandier, 2002.

LEMONON, Jean-Pierre. *Pilate et le gouvernement de Judée*. Paris: Gabalda, 1981.

_____. *Le Monde où vivait Jésus*. Paris: Cerf, 1987.

MACCOBY, Hyam. *Paul et l'invention du christianisme*. Paris: Lieu commun, 1987.

MORDILLAT, Gérard e PRIEUR, Jérôme. *Corpus Christi. Enquête sur l'écriture des Évangiles*. Paris: Arte Éditions/Mille et Une Nuits, 1998.

PERRAULT, Charles. *Jésus et l'histoire*. Paris: Desclée, 1993.

_____. *Les Premiers Temps de l'Église, de saint Paul à saint Augustin*. Texto apresentado por Marie-Françoise Baslez. In: Le Monde de La Bible. Col. "Folio Histoire". Paris: Gallimard 2004.

PLÍNIO. *Historie naturelle*, 14, 15. Col. "Folio classique". Paris: Gallimard, 1999.

PLUTARCO. *Sur les délais de la justice divine*, § 554. Col. "Babel". Arles: Actes Sud, 1995.

SACHOT, Maurice. *Invenção de Cristo*. São Paulo: Loyola, 2004.

SENECA, Lucius Annaeus. "Consolo a Márcia". In: *Cartas Consolatórias*. Campinas: Pontes.

TÁCITO. *Anais*. Rio de Janeiro: Ediouro-Paradidático, 1998.

TEIXIDOR, Javier. *Le Judéo-Cnristianisme*. Col. "Folio histoire". Paris: Gallimard, 2006.

VERMES, Geza. *A paixão*. Rio de Janeiro: Record, 2007.

VEYNE, Paul. *Quand notre monde est devenu chrétien*. Lisboa: Texto & Grafia, 2009.

OBRAS BÍBLICAS DE REFERÊNCIA

BÍBLIA – *Bíblia de Jerusalém*. São Paulo: Paulus, 2002.

BOVON, François; GEOLTRAIN, Pierre e KAESTLY, Jean-Daniel (organizadores). *Écrits apocryphes chrétiens*. Col. "Bibliothèque de la Pléiade", t. I, 1997; t. II. Paris: Gallimard 2005.

DUPONT-SOMMER, André e PHILONENKO, Marc (organizadores). *Écrits Intertestamentaires*. Col. "Bibliothèque de la Pléiade". Paris: Gallimard 1987.

MAHÉ, Jean-Pierre e POIRIER, Paul-Hubert (organizadores). *Écrits gnostiques*. Col. "Bibliothèque de la Pléiade". Paris: Gallimard, 2007.

FILMES DISPONÍVEIS EM DVD

Pier Paolo Pasoline, *O Evangelho segundo são Mateus*, 1964.

Franco Zeffirelli, *Jesus de Nazareth*, 1976.

Martin Scorsese, *A última tentação de Cristo,* 1989.

Mel Gibson, *A paixão de Cristo,* 2005.

Notas

ABORDAGENS DE JESUS

1. Todas as citações dos Evangelhos foram extraídas do Novo Testamento da *Bíblia de Jerusalém – Nova edição, revista e ampliada*. São Paulo: Paulus, 2002.

2. HOUZIAUX, Alain. *Jésus-Christ, de quoi est-on sûr?* Ivry-sur-Seine: L'Atelier, 2006.

3. RENAN, Ernest. *La Vie de Jésus*. Col. "Bouquins". Paris: Robert Laffont, 2007.

4. Ibid.

5. NIETZSCHE, Friedrich. *L'Antéchrist*, traduzido do alemão para o francês por Eric Blondel. Paris: Garnier-Flammarion, 1994.

6. BULTMANN, Rudolf. *Jésus, mythologie et démythologisation*. Paris: Seuil, 1968.

7. Ibid.

8. JOSÈPHE, Flavius. *Antiquités judaïques*. Paris: Les Belles Lettres, 2003 (XX, 200).

9. JOSÈPHE, Flavius. *Le Témoignage de Flavien* (XVIII, 63-64). Paris: Les Belles Lettres, 2003.

10. AGÁPIO. *Histoire universelle*. Consulte Serge Bardet, *Le Testimonium Flavianum. Considérations historiques*. Paris: Cerf, 2002.

11. *Aggadoth du Talmud de Babylone*. Paris: Verdier, 1983.

12. TACITE, *Annales*. Col. "Folio classique". Paris: Gallimard, 1993.

13. Todas as citações do Antigo Testamento foram extraídas do Novo Testamento da *Bíblia de Jerusalém – Nova edição, revista e ampliada*. São Paulo: Paulus, 2002.

14. FLORIS, Ennio. *Sous le Christ, Jésus*. Paris: Flammarion, 1987.

15. MEIER, John Paul. *Un certain Juif, Jésus*. Paris: Cerf, 2006.

"NO INÍCIO..."

1. JOSÈPHE, Flavius, *Antiquités judaïques*. Paris: Cerf, 4 volumes, 1992-2005.

2. JOSÈPHE, Flavius, *Antiquités judaïques*, op. cit., 13. 10. 5, § 288-296.

3. *Le Livre d'Esther, Ancien Testament*, TOB. Paris: Cerf, 1979.

"Eis o homem"

1. Josèphe, Flavius. *La Guerre des Juifs*. Paris: Les Belles Lettres, 1975-1982.
2. Ibid.
3. Josèphe, Flavius. *Antiquités judaïques*, op. cit., XX, 97-99.
4. Josèphe, Flavius. *Antiquités judaïques*, op. cit., 17, 273-281; *La Guerre des Juifs*, op. cit. 2, 117-118 e 433-434.
5. Josèphe, Flavius. *La Guerre des Juifs*, op. cit.
6. Josèphe, Flavius. *Le Témoignage de Flavien*, op. cit. Paris: Les Belles Lettres, 2003.
7. Grosjean, Jean. Prefácio de *L'Évangile selon Jean, Nouveau Testament*. Coleção "Bibliothèque de la Pléiade". Paris: Gallimard, 1971.
8. Ibid.
9. Meier, John Paul. *Un certain Juif, Jésus*. Paris: Cerf, 2005.

O Deus oculto

1. Kierkegaard, Sören. *Exercice en christianisme*. Apresentação e tradução [para o francês] de Vincent Delecroix. Paris: Éditions du Félin, 2006.
2. Brown, Raymond E. *Que sait-on du Nouveau Testament?* Paris: Bayard, 2000.
3. *Opera Omnia Bernardini Senensis*, ofm edit. Quaracchi, 9 vol. (1950-1965).

A nova vida

1. Strauss, David Friedrich. *Das Leben Jesus*, 1835. Fortress Press: Filadélfia, 1977.
2. Irineu. *Contre les hérésies*, §4. Col. Sagesses Chrétiennes. Paris: Cerf, 1984.
3. Wigoder, Geoffrey e Goldberg, Sylvie Anne. *Dictionnaire encyclopédique du judaïsme*. Coleção "Bouquins". Pais: Robert Laffont, 1996.
4. *Lettre de Lentulus. Écrits apocryphes chrétiens*, tomo II. Col. "Bibliothèque de la Pléiade". Paris: Gallimard, 2005.
5. Ver Philon, *De la vie contemplative*. Paris: Cerf, 1963.
6. Davy, Marie-Madeleine. *Le Désert intérieur*. Paris: Albin Michel, 2005.
7. Sobre este assunto, ver Rudolf Bultman, *Jésus et le Monde*. Paris: Seuil, 1968; Becker, Jürgen. *Johannes der Täufer*. Berlin: De Gruyter, 1998.
8. Kierkegaard, Sören. *Exercice en christianisme*, op. cit.

O REINO DE DEUS

1. MEIER, John Paul. *Un certain juif, Jésus*, op. cit., vol. III §B, p. 120.
2. PERRIN, Norman. *Rediscovering the Teaching of Jesus*, citado por John Paul Meier, *op. cit.*
3. A respeito dessa ideia de "símbolo de grande potencialidade", consulte Wheelwright, Philip. *Metaphor and Reality*. Bloomington: Indiana University Press, 1971.
4. MOINGT, Joseph. *L'Homme qui venait de Dieu*. Paris: Cerf, 2002.

"JESUS REALIZAVA AÇÕES ADMIRÁVEIS..."

1. JOSÈPHE, Flavius. *Antiquités judaïques*, 18. 3. 3., § 63.
2. Ibid.
3. Ibid., 8. 2. 5, § 45.

"E EU VOS DIGO..."

1. SACHOT, Maurice. *L'Invention du Christ, Genèse d'une religion*. Paris: Odile Jacob, 1998.
2. JOSÈPHE, Flavius. *Antiquités judaïques*, op. cit., 3, 10. 6, § 298; 18. 1. 4, § 16.

"E VÓS, QUEM DIZEIS QUE SOU?"

1. BROWN, Raymond E. *La Mort du Messie*, op. cit.

A PAIXÃO

1. Consulte o artigo de Maurice Sartre, professor da universidade de Tours, "'Évangile de Judas': retour sur une découverte", *L'Histoire*, n° 315, dezembro de 2006.
2. BERTRAM, Ernst. *Nietzsche. Essai de mythologie*. Paris: Éditions du Félin, 2007.
3. Ibid.
4. Ibid.
5. GUILLEMIN, Henri. *L'Affaire Jésus*. Paris: Seuil, 1984.
6. CHATEAUBRIAND, René de. *Vie de Rancé*. Col. "Folio classique". Paris: Gallimard, 1986.

"O GALO NÃO CANTARÁ SEM QUE ME RENEGUES TRÊS VEZES"

1. Josèphe, Flavius. *Antiquités judaïques*, op. cit., 4, 218.

"TUDO ESTAVA CONSUMADO"

1. Brown, Raymond E. *La Mort du Messie. Encyclopedie de la Passion du Christ*. Paris: Bayard, 2005.
2. Perrot, Charles. *Jésus et l'histoire*. Paris: Desclée, 1993.
3. Maccoby, Hyam. *Paul et l'invention du christianisme*. Paris: Lieu commun, 1987.
4. Lémonon, Jean-Pierre. *Pilate et le gouvernement de Judée*. Paris: Gabalda, 1981.
5. Tacite. *Annales*, 15, 44. Paris: Garnier-Flammairon, 1999.
6. Plutarque. *Sur les délais de la justice divine*, § 554. Col. "Babel". Arles: Actes Sud, 1995.
7. Pline. *Histoire naturelle*, 14, 15. Coleção "Folio Classique". Paris: Gallimard, 1999.
8. Sénèque. "Consolation à Marcia", em *Entretiens, Lettres à Lucilius*, 20, 3. Coleção "Bouquins". Paris: Robert Laffont, 1993.
9. Grosjean, Jean. *Le Nouveau Testament, Évangile selon Jean*. Col. "Bibliothèque de la Pléiade". Paris: Gallimard, 1971.
10. Guillemin, Henri. *L'Affaire Jésus*. Col. "Points". Paris: Seuil, 1982.
11. Veyne, Paul. *Quand notre monde est devenu chrétien*. Col. "Idées". Paris: Albin Michel, 2007.

Sobre o autor

Christiane Rancé é escritora. Entre suas publicações mais recentes estão um romance – *On ne fait que passer* (Paris: NiL, 2000) –, um ensaio político – *Ingrid, ma fille mon amour* (Paris: Robert Laffont, 2006), obra de Yolanda Betancourt por ela traduzida para o francês e prefaciada – e um belo livro de fotos de Jean-Luc Manaud – *Chroniques sahariennes* (Paris: Éditions du Chêne, 2006) –, do qual fez os textos. Grande repórter, ela foi chefe do serviço "Enquêtes" da revista *Figaro Magazine*.